esculpir o tempo

esculpir o tempo
ANDREI TARKOVSKI

martins fontes

© Verlag Ullstein GmbH.
© 1990, 2023 Livraria Martins Fontes Editora Ltda.,
São Paulo, para a presente edição.
Esta obra foi originalmente publicada sob o título
Die Versiegelte Zeit.

Publisher *Evandro Mendonça Martins Fontes*
Coordenação editorial *Vanessa Faleck*
Produção editorial *Carolina Cordeiro Lopes*
Tradução do inglês *Jefferson Luiz Camargo*
Tradução dos poemas *Luís Carlos Borges*
Revisão da tradução *Luís Carlos Borges*
Revisão *Pier Luigi Cabra*
Maria Corina Rocha
Lucas Torrisi
Foto da capa *Ernesto Neto*
Projeto gráfico da capa *Marcus Wagner*
Diagramação *Renato Carbone*

Capa sobre trabalho do artista Ernesto Neto,
Sol na ilha (2010)

Dados Internacionais de Catalogação na Publicação (CIP)
Angélica Ilacqua CRB-8/7057

Tarkovski, Andrei
  Esculpir o tempo / Andrei Tarkovski ; tradução Jefferson Luiz Camargo, Luís Carlos Borges. – 4. ed. – São Paulo : Martins Fontes – selo Martins, 2023.
  320 p.

  ISBN 978-65-5554-052-9
  Título original: Die Versiegelte Zeit

  1. Cinema 2. Arte 3. Comunicação I. Título II. Camargo, Jefferson Luiz III. Borges, Luís Carlos

23-5508   CDD-778.5

Índice para catálogo sistemático:
1. Cinema

Todos os direitos desta edição reservados à
Martins Editora Livraria Ltda.
Av. Dr. Arnaldo, 2076
01255-000 São Paulo SP Brasil
Tel.: (11) 3116 0000
info@emartinsfontes.com.br
www.emartinsfontes.com.br

Sumário

Introdução   1

I. O início   11

II. Arte – Anseio pelo ideal   38

III. O tempo impresso   64

IV. Vocação e destino do cinema   95

V. A imagem cinematográfica   122
    Tempo, ritmo e montagem   134
    Roteiro e decupagem técnica   148
    A realização gráfica do filme   161
    O ator de cinema   167
    Música e sons   187

VI. O autor em busca de um público   197

VII. A responsabilidade do artista   211

VIII. Depois de *Nostalgia*   242

IX. *O Sacrifício*   260

Conclusão   276

Notas   291

Filmografia   293

Introdução

Há cerca de quinze anos, ao fazer anotações para o primeiro esboço deste livro, comecei a me perguntar se valia a pena escrevê-lo. Não seria melhor continuar a fazer um filme atrás do outro, encontrando soluções práticas para os problemas teóricos que surgem sempre que se faz um filme?

Por muitos anos, no entanto, minha biografia artística não foi das mais felizes; os intervalos entre os filmes eram suficientemente longos e dolorosos para me darem todo o tempo livre de que necessitava para refletir – à falta de coisa melhor para fazer – sobre quais seriam, exatamente, os meus objetivos, quais fatores diferenciavam a arte do cinema de todas as outras artes, qual seria, para mim, a sua potencialidade específica e de que maneira a minha experiência poderia ser confrontada com a experiência e as realizações de meus colegas. Lendo e relendo livros de teoria do cinema, cheguei à conclusão de que não me satisfaziam, e surgiu-me o desejo de refletir e de expor as minhas concepções pessoais acerca dos problemas e objetivos da criação cinematográfica. Percebi que, em geral, o reconhecimento dos princípios de minha profissão dava-se em mim através do questionamento das teorias estabelecidas e do desejo de expressar a minha própria compreensão dos princípios fundamentais da arte que se tornou uma parte de minha pessoa.

Meus frequentes encontros com os mais diferentes tipos de público também me fizeram sentir a necessidade de exprimir as minhas ideias sobre esses temas da maneira mais completa possível. Eles desejavam seriamente saber como e por que o cinema, e a minha obra em particular, os afetava daquela maneira, queriam respostas para inumeráveis interrogações, que lhes permitissem algum tipo de denominador comum a que pudessem reduzir as suas ideias caóticas e heterogêneas sobre o cinema e sobre a arte em geral.

Devo confessar que lia com a máxima atenção e grande interesse – em alguns momentos com tristeza, mas, em outros, com extraordinário entusiasmo – as cartas de pessoas que haviam visto os meus filmes; nos anos em que trabalhei na União Soviética, essas cartas vieram a constituir uma coleção impressionante e variada de coisas que as pessoas desejavam saber, ou que se sentiam incapazes de compreender.

Gostaria de citar aqui algumas das cartas mais características, para ilustrar o tipo de contato – às vezes de absoluta incompreensão – que eu mantinha com o meu público.

Uma engenheira civil de Leningrado escreveu: "Vi seu filme *O espelho*. Assisti até o fim, apesar da grande dor de cabeça que me foi provocada na primeira meia hora pelas tentativas de analisá-lo, ou de ao menos compreender alguma coisa do que nele se passava, alguma relação entre os personagens, os acontecimentos e as recordações. [...] Nós, pobres espectadores, vemos filmes que são bons, maus, muito maus, banais ou extremamente originais. Porém, no caso de qualquer um desses filmes, podemos sempre entender, ficar entusiasmados ou entediados, conforme o caso, mas [...] o que dizer do seu filme?! [...]." Um engenheiro de equipamentos de Kalinin também ficou terrivelmente indignado: "Faz meia hora que saí do cinema, onde assisti ao seu filme *O espelho*. Pois muito bem, camarada diretor!! Também o viu? A impressão que tenho é a de que há algo de doentio nesse filme [...] Desejo-lhe todo o sucesso em sua carreira, mas asseguro-lhe que não precisamos de filmes assim." Outro engenheiro, desta vez de Sverdlovsk, foi incapaz de conter a sua profunda antipatia: "Que vulgaridade, que porcaria! Bah, que revoltante! De qualquer forma, creio que seu filme não irá mesmo fazer muito sucesso. Com toda a certeza, não conseguiu atingir o público, e, afinal, é isso o que importa [...]." Esse homem chega até mesmo a pensar que os responsáveis pela indústria cinematográfica devem ser chamados a justificar-se. "É de admirar que as pessoas responsáveis pela distribuição dos filmes aqui na União Soviética deixem passar tais disparates." Para fazer justiça à administração dos cinemas, tenho de dizer que "tais disparates" só muito raramente eram permitidos – em média, uma vez a cada cinco anos. Quanto a mim, ao receber cartas como essa, costumava desesperar-me: afinal, para quem eu estava trabalhando e por quê?

O que me reconfortava um pouco era um outro tipo de espectador, com suas cartas cheias de incompreensão, mas em que ao menos se percebia o desejo verdadeiro de compreender a minha maneira de ver as coisas. Por exemplo: "Certamente não sou o primeiro, nem serei o último a escrever-lhe completamente desnorteado, pedindo ajuda para entender *O espelho*. Em si, os episódios são muito bons, mas como ligá-los entre si?" De Leningrado, outra mulher escreveu: "O filme é tão diferente de tudo o que já vi que não estou preparada para entendê-lo, tanto no que diz respeito à forma quanto ao conteúdo. Você poderia explicá-lo? Não que se possa dizer que eu nada entenda de cinema em termos gerais... Vi os seus filmes anteriores, *A infância de Ivan* e *Andrei Rublióv*, e os entendi bem. Mas, quanto a *O espelho*... Antes da projeção do filme, seria necessário preparar os espectadores através de algum tipo de introdução. Depois de vê-lo, ficamos irritados com a nossa impotência e a nossa obtusidade. Com todo respeito, Andrei, se não lhe for possível responder detalhadamente a minha carta, diga-me ao menos onde posso ler alguma coisa sobre o filme."

Infelizmente, não havia quaisquer leituras que eu pudesse recomendar a esses correspondentes; não existiam publicações de nenhum tipo sobre *O espelho*, a menos que se considere como tal a condenação pública do meu filme como inadmissivelmente "elitista" feita pelos meus colegas numa reunião do Instituto de Cinematografia do Estado e do Sindicato dos Cineastas e publicada na revista *A Arte do Cinema*.

O que me impediu de desistir de tudo, porém, foi a convicção, cada vez maior, de que havia pessoas interessadas no meu trabalho, e que, na verdade, esperavam ansiosamente pelos meus filmes. O único problema, aparentemente, era que ninguém estava interessado em promover esse contato com o meu público.

Um dos membros do IFAC – Instituto de Física da Academia de Ciências, enviou-me uma nota publicada no jornal mural do Instituto: "O aparecimento do filme de Tarkovski

O espelho despertou grande interesse no IFAC, como, de resto, em toda a Moscou.

"Não foi possível a todos que assim o desejavam encontrar-se com o diretor, do que, infelizmente, também se viu impossibilitado o autor desta nota. Nenhum de nós pode entender como Tarkovski conseguiu, através dos recursos oferecidos pelo cinema, criar uma obra de tal profundidade filosófica. Habituado ao fato de que cinema é sempre história, ação, personagens e o costumeiro *happy end*, o público também tenta encontrar esses componentes no filme de Tarkovski, e, não os encontrando, sente-se frequentemente desapontado.

"De que fala esse filme? De um homem. Não daquele homem em particular, cuja voz ressoa por trás da tela, representado por Innokenti Smoktunovsky[1]. É um filme sobre você, o seu pai, o seu avô, sobre alguém que viverá depois de você, e que, ainda assim, será 'você'. Sobre um homem que vive na terra, que é parte da terra, a qual, por sua vez, é parte dele, sobre o fato de que um homem responde com a vida tanto ao passado quanto ao futuro. Deve-se ver esse filme com simplicidade e ouvir a música de Bach e os poemas de Arseni Tarkovski[2]; vê-lo da mesma maneira como se olha para as estrelas ou para o mar, ou, ainda, como se admira uma paisagem. Não há, aqui, nenhuma lógica matemática, pois ela não é capaz de explicar o que é o homem ou em que consiste o sentido de sua vida."

Devo admitir que, mesmo quando críticos profissionais elogiavam o meu trabalho, eu ficava muitas vezes insatisfeito com as suas ideias e os seus comentários – pelo menos, era bastante comum que eu sentisse que esses críticos eram indiferentes ao meu trabalho, ou então que não tinham competência para julgá-lo: recorriam excessivamente a clichês jornalísticos nas suas formulações, em vez de falarem sobre o efeito íntimo e direto que o filme exerce sobre o público. Mas então eu encontrava pessoas que se haviam deixado impressionar pelo meu filme, ou recebia cartas que me pareciam uma espécie de confissão sobre as suas vidas, e começava a compreender qual era o objetivo do meu trabalho e a ter consciência da minha vocação: deveres e responsabilidades para com as pessoas, se assim o preferirem (na verdade, nunca pude convencer-me de que um artista, sabendo que sua obra não era necessária para ninguém, conseguisse trabalhar apenas para si próprio... deixemos, porém, este assunto para mais tarde...).

Uma espectadora de Górki escreveu: "Obrigado por *O espelho*. Tive uma infância exatamente assim. [...] Mas você... como pôde saber disso?

"Havia o mesmo vento, e a mesma tempestade... 'Galka, ponha o gato para fora', gritava a minha avó. [...] O quarto estava escuro... E a lamparina a querosene também se apagou, e o sentimento da volta de minha mãe enchia-me a alma... E com que beleza você mostra o despertar da consciência de uma criança, dos seus pensamentos! [...] E, meu Deus, como é verdadeiro [...] nós de fato não conhecemos o rosto das nossas mães. E como é simples... Você sabe, no escuro daquele cinema, olhando para aquele pedaço de tela iluminado pelo seu talento, senti pela primeira vez na vida que não estava sozinha [...]."

Passei tantos anos ouvindo dizer que ninguém queria os meus filmes, e que eles eram incompreensíveis, que uma resposta assim enchia-me a alma de alegria, dando um sentido à minha atividade e reforçando a minha convicção de estar certo e de que o caminho que escolhera nada tinha de fortuito.

Um operário de uma fábrica de Leningrado, estudante de um curso noturno, escreveu-me: "Meu pretexto para escrever-lhe é *O espelho*, um filme sobre o qual nem posso falar, pois eu o estou vivendo.

"É uma grande virtude saber ouvir e compreender... Este, afinal, é um dos fundamentos básicos das relações humanas: a capacidade de entender as pessoas, de perdoar-lhes as faltas involuntárias, os seus defeitos naturais. Se, ao menos uma vez, duas pessoas foram capazes de experimentar a mesma coisa, poderão sempre compreender-se reciprocamente. Mesmo que uma delas tenha vivido na era dos mamutes, e a outra na era da eletricidade. E queira Deus que aos homens só seja dado compreender e vivenciar os impulsos humanos e comuns – os seus próprios e os dos outros."

Os espectadores me defendiam e incentivavam: "Escrevo-lhe em nome, e com a aprovação, de um grupo de espectadores de diversas profissões, todos amigos ou conhecidos do autor desta carta.

"Queremos que saiba que o número dos seus simpatizantes e dos admiradores do seu talento, que esperam ansiosamente por cada novo filme seu, é muito maior do que pode transparecer a partir dos dados estatísticos da revista *A Tela Soviética*. Não disponho de dados muito completos, mas nenhuma das pessoas de meu grande círculo de amigos, e dos amigos dos meus amigos, jamais respondeu a um só questionário de avaliação de filmes específicos. E todos vão ao cinema, embora não o façam com muita frequência; todos, porém, querem ver os filmes de Tarkovski. É uma pena que haja tão poucos de seus filmes."

Devo confessar que, para mim, é também uma pena... Porque ainda há tantas coisas que quero fazer, tanto a ser dito e tanto a concluir – e, aparentemente, essas coisas não são importantes só para mim.

Um professor de Novosibirsk escreveu: "Nunca escrevi a nenhum autor para dizer o que sinto sobre um livro ou filme. Este, porém, é um caso especial: o filme livra o homem do encantamento do silêncio, permite que ele liberte o espírito das ansiedades e das coisas vãs que o oprimem. Participei de um debate sobre o filme. Tanto os 'físicos' quanto os 'líricos'* foram unânimes: o filme é profundamente humano, honesto e relevante – tudo isso se deve ao seu autor. E todos os que falaram, disseram: 'Este filme fala de mim.'"

---

* Expressão cunhada no final da década de 1950, a propósito do debate entre aqueles que questionavam a importância da arte para os tempos modernos e os que viam a beleza como uma das necessidades fundamentais do homem, e a sensibilidade como uma de suas mais importantes qualidades. [N. T. ingl.]

E mais uma carta: "Quem lhe escreve é um homem já de idade avançada, aposentado, mas com grande interesse pelo cinema, muito embora a minha profissão nada tenha a ver com as artes (sou engenheiro radioeletricista).

"Estou aturdido e desorientado com o seu filme. O seu dom de penetrar no mundo emocional de adultos e crianças, de fazer-nos sentir a beleza do mundo que nos circunda, de mostrar os valores autênticos, e não os falsos, desse mesmo mundo, de fazer com que cada objeto represente seu papel, de transformar cada detalhe do filme num símbolo, de exprimir um significado filosófico geral a partir de uma extraordinária economia de meios, de encher de música e poesia cada imagem de cada fotograma... são todas qualidades típicas do seu, e exclusivamente do seu, estilo de exposição...

"Gostaria muito de ler seus comentários sobre o seu próprio filme. E pena que os seus escritos apareçam tão raramente na imprensa. Estou certo de que tem tanto a dizer!..."

Para dizer a verdade, coloco-me naquela categoria de pessoas que são mais aptas a dar forma às suas ideias através da polêmica – coloco-me inteiramente do lado daqueles para quem só se chega à verdade por intermédio do debate. Quando tenho de analisar sozinho uma determinada questão, a minha tendência é cair num estado contemplativo que se ajusta muito bem à tendência metafísica da minha personalidade, mas que não propicia um processo de criação ágil e vigoroso, uma vez que resulta apenas em material emocional para a elaboração – mais ou menos harmoniosa – de um arcabouço para as minhas ideias e concepções.

De uma forma ou de outra, foi o contato com o público, epistolar ou direto, que me levou a escrever este livro. Seja como for, não censurarei por um só momento aqueles que questionarem a minha decisão de discutir questões abstratas, assim como também não me surpreenderá constatar a existência de uma resposta entusiástica da parte dos leitores.

Uma operária de Novosibirsk escreveu: "Na semana passada, vi o seu filme quatro vezes. E não fui ao cinema simplesmente para vê-lo; mas, também, para passar algumas horas vivendo uma vida real, com artistas e seres humanos verdadeiros. [...] Todas as coisas que me atormentam, tudo o que não tenho e desejaria ter, que me deixa indignada, enojada ou que me sufoca, todas as coisas que me iluminam e me aquecem, pelas quais vivo, e tudo aquilo que me destrói – está tudo ali, no seu filme; vejo-o como se num espelho. Pela primeira vez na minha vida um filme tornou-se algo real para mim, e é por essa razão que vou vê-lo: quero impregnar-me dele, para que possa realmente sentir-me *viva*."

Impossível encontrar um reconhecimento maior daquilo que se está fazendo. O meu mais fervoroso desejo sempre foi o de conseguir expressar-me nos meus filmes, de dizer tudo com absoluta sinceridade, sem impor aos outros os meus pontos de vista. No entanto, se a visão de mundo transmitida pelo filme puder ser reconhecida por outras pessoas como parte integrante de si próprias, como algo a que nada, até agora, conseguira dar expressão, que estímulo maior para o meu trabalho eu poderia desejar? Uma mulher enviou-me uma carta que lhe fora escrita pela filha, e cujas palavras representam, ao meu ver, uma extraordinária afirmação da criação artística como uma forma de comunicação infinitamente sutil e versátil:

"[...] Quantas palavras uma pessoa conhece?", pergunta ela à mãe. "Quantas ela usa na sua linguagem cotidiana? Cem, duzentas, trezentas? Envolvemos os nossos sentimentos em palavras e tentamos expressar através delas a tristeza e a alegria e todo tipo de emoções, exatamente aquelas coisas que, na verdade, são impossíveis de expressar. Romeu disse belas palavras a Julieta, palavras vivas e expressivas, mas elas certamente não disseram nem a metade daquilo que dava a Romeu a sensação de que o coração ia saltar-lhe do peito, que lhe prendia a respiração, e que levava Julieta a esquecer-se de tudo, exceto do seu amor.

"Existe um outro tipo de linguagem, uma outra forma de comunicação: a comunicação através de sentimentos e imagens. Trata-se do contato que impede as pessoas de se tornarem incomunicáveis e que põe por terra as barreiras. Vontade, sentimento, emoção – eis o que elimina os obstáculos entre pessoas que, de outra forma, encontrar-se-iam nos lados opostos de um espelho, nos lados opostos de uma porta. [...] A tela se amplia, e o mundo, que antes se encontrava separado de nós, passa a fazer parte de nós, tornando-se uma coisa real... E isto não ocorre através do pequeno Andrei: trata-se do próprio Tarkovski dirigindo-se diretamente à plateia, sentada *do outro lado* da tela. Não existe morte, existe imortalidade. O tempo é uno e indiviso, como se diz num dos poemas: 'A uma mesa, sentam-se avós e netos [...]'. A propósito, mamãe, liguei-me a esse filme sobretudo por seu lado emocional, mas estou certa de que podem existir outras maneiras de vê-lo. E quanto a você? Por favor, escreva-me dizendo [...]."

Este livro amadureceu durante todo o período em que minhas atividades profissionais estiveram suspensas, um interlúdio que há pouco tempo, ao modificar minha vida, eu interrompi; a sua intenção não é nem ensinar as pessoas nem lhes impor os meus pontos de vista. Seu principal objetivo é ajudar-me a descobrir os rumos da minha trajetória em meio ao emaranhado de possibilidades contidas nesta nova e extraordinária forma de arte – em essência, ainda tão pouco explorada –, para que nela eu possa encontrar a mim mesmo, plenamente e com independência.

A criação artística, afinal, não está sujeita a leis absolutas e válidas para todas as épocas; uma vez que está ligada ao objetivo mais geral do conhecimento do mundo, ela tem um número infinito de facetas e de vínculos que ligam o homem a sua atividade vital; e, mesmo que seja interminável o caminho que leva ao conhecimento, nenhum dos passos que aproximam o homem de uma compreensão plena do significado da sua existência pode ser desprezado como pequeno demais.

O *corpus* da teoria do cinema é ainda muito incipiente; até mesmo o esclarecimento dos pontos menos importantes pode ajudar a lançar luz sobre os seus princípios fundamentais. Foi isso o que me predispôs a apresentar algumas de minhas ideias.

Resta-me apenas acrescentar que este livro ganhou forma a partir de esboços de capítulos, anotações em forma de diário, conferências, e, também, das discussões que mantive com Olga Surkova, que veio às filmagens de *Andrei Rublióv* quando ainda estudava história do cinema no Instituto de Cinematografia de Moscou, e que depois, como crítica profissional, colaborou estreitamente conosco nos anos subsequentes. Sou-lhe grato pela ajuda oferecida durante todo o tempo que levei para escrever o presente livro.

I.
O início*

A conclusão de *A infância de Ivan* marca o fim de um ciclo de minha vida e de um processo que eu definiria como de autodeterminação.

Desse processo fizeram parte os meus estudos no Instituto de Cinematografia, o trabalho num curta metragem para a obtenção de meu diploma e, depois, oito meses de trabalho no meu primeiro longa-metragem.

Então eu já podia avaliar a experiência de *A infância de Ivan*, aceitar a necessidade de assumir uma posição mais clara – ainda que temporária – sobre a minha concepção da estética do cinema e refletir sobre questões que poderiam ser resolvidas durante a realização do filme seguinte: em tudo isso, eu podia ver um sinal do meu avanço para novos territórios. A obra podia estar inteiramente pronta na minha cabeça. Existe, porém, certo perigo em não ter de chegar a conclusões definitivas: é fácil demais darmo-nos por satisfeitos com vislumbres de intuição, em vez de um raciocínio lógico e coerente.

O desejo de evitar que as minhas reflexões fossem assim consumidas facilitou-me a intenção de pôr mãos à obra, desta vez com lápis e papel.

O que me atraiu em "Ivan", o conto de Bogomolov[3]?

Antes de responder a essa pergunta, devo dizer que nem toda a prosa pode ser transferida para a tela.

Algumas obras possuem uma grande unidade no que diz respeito aos elementos que a constituem, e a imagem literária que nelas se manifesta é original e precisa. Os personagens são de uma profundidade insondável, a composição tem uma extraordinária capacidade de encantamento, e o livro é indivisível. Ao longo das suas páginas, delineia-se a personalidade única e extraordinária do autor. Livros assim são obras-primas, e filmá-los é algo que só pode ocorrer a

---

* Este capítulo é uma versão revista de um trabalho que apareceu numa coletânea de ensaios, *Depois de filmar* (*Iskusstva*, Moscou, 1967), depois que *A infância de Ivan* obteve o grande prêmio do Festival de Cinema de Veneza.

A infância de Ivan
Ivan explora a "floresta morta e inundada".

alguém que, de fato, sinta um grande desprezo pelo cinema e pela prosa de boa qualidade.

É extremamente importante enfatizar essa questão agora, quando chegou o momento de a literatura separar-se do cinema de uma vez por todas.

Outras obras em prosa distinguem-se pelas suas ideias, pela clareza e solidez da sua estrutura e pela originalidade do tema; esse gênero de literatura não parece preocupar-se com a elaboração estética das ideias que contém. Creio que *Ivan*, de Bogomolov, pertence a essa categoria.

Em termos puramente artísticos, permaneci frio diante do estilo narrativo seco, minucioso e fleumático desse conto, com as suas digressões líricas a partir das quais se configura o caráter do herói, o tenente Galcev. Bogomolov atribui grande importância à exatidão do seu registro da vida militar e ao fato de ter sido, como ele se empenha em fazer com que acreditemos, uma testemunha de tudo o que acontece no conto.

Todas essas circunstâncias ajudaram-me a ver o conto como uma obra de prosa que poderia ser facilmente adaptada para o cinema. Além do mais, a sua filmagem poderia conferir-lhe aquela intensidade estética de sentimentos que transformaria a ideia da história numa verdade confirmada pela vida.

Depois que o li, o conto de Bogomolov não me saía do pensamento; na verdade, algumas de suas particularidades haviam-me causado uma profunda impressão.

Em primeiro lugar, o destino do protagonista, que acompanhamos até a sua morte. Muitos outros enredos já foram certamente construídos dessa forma, mas é muito raro que o *dénouement*, como acontece em *Ivan*, seja inerente à concepção e ocorra por causa da sua própria necessidade interior.

Nesse conto, a morte do herói tem um significado especial. No ponto em que, no caso de outros autores, haveria uma confortadora continuação, o conto acaba. Nada ocorre em seguida. É comum que, em tais situações, um autor recompense o herói pelas suas façanhas militares. Tudo que é difícil e cruel recua para o passado, tornando-se, então, nada mais que uma etapa dolorosa da sua vida.

No conto de Bogomolov, essa etapa, interrompida pela morte, torna-se definitiva e única. Nela se concentra todo o conteúdo da vida de Ivan, a sua trágica força motriz. Não há espaço para mais nada: é esse fato terrível que nos torna, inesperada e agudamente, conscientes da monstruosidade da guerra.

A segunda coisa que me surpreendeu foi o fato de que esse austero conto de guerra não tratava de violentos choques militares nem das reviravoltas da frente de batalha. Não há descrições de atos de bravura. O que constitui o material da narrativa não é o heroísmo das operações de reconhecimento, mas o intervalo entre duas missões, que o autor impregnou de uma intensidade inquietante e contida, que lembra uma mola pressionada até o seu limite máximo.

A abordagem empregada na representação da guerra era convincente devido ao seu potencial cinematográfico oculto. Ela oferecia possibilidades de recriar a verdadeira atmosfera da guerra, com a sua concentração nervosa hipertensa, invisível na superfície dos acontecimentos, mas fazendo-se sentir como um rumor subterrâneo, surdo e prolongado.

Um terceiro elemento que me comoveu profundamente foi a personalidade do garoto. Ela me atingiu de imediato como uma personalidade destruída, deslocada do seu eixo pela guerra. Algo de incalculável, na verdade todos os atributos da infância, havia sido irreparavelmente subtraído de sua vida. E aquilo que ele obtivera, como um presente maléfico da guerra, no lugar do que perdera achava-se nele de forma concentrada e intensa.

Esse personagem comoveu-me pela sua intensa dramaticidade, para mim muito mais convincente que aquelas personalidades que se revelam durante o processo gradual do desenvolvimento humano, através de situações de conflito e choques de princípios opostos.

Num estado de tensão constante e sem desenvolvimento, as paixões alcançam o seu mais alto nível de intensidade, manifestando-se de modo mais vivo e convincente do que o fariam num processo de modificação gradual. Esta minha predileção é o que me leva a gostar tanto de Dostoiévski. Para mim, os personagens mais interessantes são aqueles exteriormente estáticos, mas interiormente cheios da energia de uma paixão avassaladora.

Ivan revelou-se um personagem desse tipo, e essa particularidade do conto de Bogomolov tomou conta da minha imaginação. No entanto, eu não podia acompanhar o autor para além de tais limites. A textura emocional do conto era-me estranha. Os acontecimentos eram expostos num estilo deliberadamente impassível, quase no tom protocolar de um relatório. Eu não poderia transpor tal estilo para o cinema, uma vez que isso iria contra os meus princípios.

Quando um escritor e um diretor partem de diferentes pressupostos estéticos, o impossível chega a um acordo. Trata-se de algo que destrói a própria concepção do filme. O filme não acontecerá.

Quando se verifica um tal conflito, só existe uma solução: transformar o roteiro literário em uma nova trama

A infância de Ivan
Ivan fazendo o reconhecimento na frente inimiga.

que, numa certa etapa da realização do filme, passa a chamar-se decupagem técnica. E, ao longo do trabalho sobre esse roteiro, o autor do filme (não do roteiro, mas do filme) tem o direito de introduzir no enredo as modificações que julgar necessárias. Tudo o que importa é que a sua visão seja coerente e integral, e que cada palavra do roteiro lhe seja cara e venha filtrada pela sua experiência criativa pessoal. Pois, entre as pilhas de páginas escritas, os atores, as locações escolhidas e até mesmo o mais brilhante dos diálogos e os desenhos dos artistas, predomina uma só pessoa: o diretor, e ninguém mais, como o filtro definitivo do processo de criação cinematográfica.

Portanto, sempre que o roteirista e o diretor não forem as mesmas pessoas, testemunharemos uma contradição insolúvel – isto, naturalmente, quando forem artistas de princípios íntegros. Eis porque vi o conteúdo do conto simplesmente como um possível ponto de partida, cuja essência vital teria de ser reinterpretada à luz de minha visão pessoal do filme a ser realizado.

Aqui nos vemos diante do problema de saber até que ponto um diretor tem o direito de ser roteirista. Algumas pessoas negar-lhe-iam categoricamente qualquer possibilidade de envolvimento com a criação do roteiro. Os diretores que se inclinam a escrever roteiros tendem a ser asperamente criticados, embora seja por demais óbvio que alguns escritores sintam-se muito mais distantes do cinema do que os diretores. A implicação contida em tal atitude é, portanto, bastante bizarra: *todos* os escritores têm o direito de escrever roteiros, o que não se permite a *nenhum* diretor fazer. Ele deve aceitar humildemente o texto que lhe é oferecido e transformá-lo numa decupagem técnica.

Voltemos, porém, ao nosso tema: o que me agrada extraordinariamente no cinema são as articulações poéticas, a lógica da poesia. Parecem-me perfeitamente adequadas ao potencial do cinema enquanto a mais verdadeira e poética das formas de arte. Estou por certo muito mais à vontade com elas do que com a dramaturgia tradicional, que une imagens através de um desenvolvimento linear e rigidamente lógico do enredo.

Esta forma exageradamente correta de ligar os acontecimentos geralmente faz com que os mesmos sejam forçados a se ajustar arbitrariamente a uma sequência, obedecendo a uma determinada noção abstrata de ordem. E, mesmo quando não é isso o que acontece, mesmo quando o enredo é determinado pelos personagens, constata-se que a lógica das ligações fundamenta-se numa interpretação simplista da complexidade da existência.

O material cinematográfico, porém, pode ser combinado de outra forma, cuja característica principal é permitir que se exponha a lógica do pensamento de uma pessoa. Esse é o fundamento lógico que irá determinar a sequência dos acontecimentos e a montagem, que os transforma num todo. A origem e o desenvolvimento do pensamento estão sujeitos a leis próprias e às vezes exigem formas de expressão muito diferentes dos padrões de especulação lógica. Na minha opinião, o raciocínio poético está mais próximo das leis através das quais se desenvolve o pensamento e, portanto, mais próximo da própria vida, do que a lógica da dramaturgia tradicional. E, no entanto, os métodos do drama tradicional são vistos como os únicos modelos possíveis, e são eles que, há muitos anos, determinam a forma de expressão do conflito dramático.

Através das associações poéticas, intensifica-se a emoção e torna-se o espectador mais ativo. Ele passa a participar do processo de descoberta da vida, sem se apoiar em conclusões já prontas, fornecidas pelo enredo, ou nas inevitáveis indicações oferecidas pelo autor. Ele só tem à sua disposição aquilo que lhe permite penetrar no significado mais profundo dos complexos fenômenos representados diante dele. Complexidades do pensamento e visões poéticas do mundo não têm de ser introduzidas à força na estrutura do que é manifestamente óbvio. A lógica comum da sequência linear assemelha-se de modo desconfortável à demonstração de um teorema. Para a arte, trata-se de um método incomparavelmente mais pobre do que as possibilidades oferecidas pela ligação associativa, que possibilitam uma avaliação não só da sensibilidade, como também do intelecto. E é um erro que o cinema recorra tão pouco a esta última possibilidade, que tem tanto a oferecer. Ela possui uma força interior que se concentra na imagem e chega ao público na forma de sentimentos, gerando tensão numa resposta direta à lógica narrativa do autor.

Quando não se disse tudo sobre um determinado tema, fica-se com a possibilidade de imaginar o que não foi dito. A outra alternativa é apresentar ao público uma conclusão final que não exija dele nenhum esforço; não é disso, porém, que ele necessita. Que significado ela poderia ter para o espectador que não compartilhou com o autor a angústia e a alegria de fazer nascer uma imagem?

Nossa abordagem tem ainda outra vantagem. O método pelo qual o artista obriga o público a reconstruir o todo através das suas partes e a refletir, indo além daquilo que foi dito explicitamente, é o único capaz de colocar o público em igualdade de condições com o artista no processo de percepção do filme. E, na verdade, do ponto de vista do respeito mútuo, só esse tipo de reciprocidade é digno dos procedimentos artísticos.

Quando falo de poesia, não penso nela como gênero. A poesia é uma consciência do mundo, uma forma específica de relacionamento com a realidade. Assim, a poesia torna-se uma filosofia que conduz o homem ao longo de toda a sua vida. Lembremo-nos do destino e da personalidade de um artista como Alexander Grin[4] que, morrendo de fome, foi para as montanhas com arco e flecha a ver se caçava algo com que pudesse alimentar-se. Relacionemos esse fato com a época em que esse homem viveu, e tal relação nos revelará a figura trágica de um sonhador.

Pensemos também no destino de Van Gogh.

Pensemos em Prishvin[5], cujo próprio ser emerge das características daquela natureza russa que ele descreveu tão apaixonadamente.

A infância de Ivan
Ivan escreve um relatório para o Coronel Gryaznov.

A infância de Ivan
Foto de cena do sonho de Ivan.

    Pensemos em Mandelstam, em Pasternak, Chaplin, Dovjenko[6], Mizoguchi[7] para nos darmos conta da imensa força emocional dessas figuras sublimes que pairam altíssimo sobre a terra, e nas quais o artista aparece não como um mero explorador da vida, mas como alguém que cria incalculáveis tesouros espirituais e aquela beleza especial que pertence apenas à poesia. Tal artista é capaz de perceber as características que regem a organização poética da existência. Ele é capaz de ir além dos limites da lógica linear, para poder exprimir a verdade e a complexidade profundas das ligações imponderáveis e dos fenômenos ocultos da vida.

    Sem tal percepção, até mesmo uma obra que pretenda ser verdadeira para com a vida parecerá artificialmente uniforme e simplista. Um artista pode alcançar a ilusão de uma realidade exterior e obter efeitos cuja naturalidade os faça em tudo semelhantes à vida, mas isso seria ainda muito diferente de examinar a vida que está sob a sua superfície.

    Penso que, sem uma ligação orgânica entre as impressões subjetivas do autor e a sua representação objetiva da realidade, ser-lhe-á impossível obter alguma credibilidade, ainda que superficial, e muito menos autenticidade e verdade interior.

    Pode-se representar uma cena com precisão documental, vestir os atores de forma naturalisticamente exata, trabalhar todos os detalhes de modo a conferir-lhes uma grande semelhança com a vida real e, mesmo assim, realizar um filme que em nada lembre a realidade e que transmita a impressão de um profundo artificialismo, isto é, de não fidelidade para com a vida, ainda que o artificialismo tenha sido exatamente o que o autor tentasse evitar.

É estranho que, em arte, o rótulo de "artificial" seja aplicado ao que pertence inquestionavelmente à esfera da nossa percepção comum e cotidiana da realidade. Isto se explica pelo fato de a vida ser muito mais poética do que a maneira como às vezes é representada pelos partidários mais convictos do naturalismo. Muitas coisas, afinal, ficam em nossos corações e pensamentos como sugestões não concretizadas. Em vez de tentar captar essas nuances, a maior parte dos filmes despretensiosos e "realistas" não só as ignora, como faz questão de usar imagens muito nítidas e explícitas, o que no máximo consegue tornar o filme forçado e artificial. No que me diz respeito, só admito um cinema que esteja o mais próximo possível da vida – ainda que, em certos momentos, sejamos incapazes de ver o quanto a vida é realmente bela.

No começo deste capítulo, expressei minha alegria por ver delinear-se um divisor de águas entre o cinema e a literatura, os quais exercem uma enorme e benéfica influência mútua. No seu desenvolvimento ulterior, creio que o cinema irá distanciar-se não só da literatura, mas também de outras formas de arte contíguas, adquirindo, assim, uma autonomia cada vez maior. O processo é menos rápido do que se poderia desejar. Trata-se de um processo demorado e sem um ritmo constante. Isso explica por que o cinema ainda conserva alguns princípios que são próprios a outras formas de arte, nas quais os diretores frequentemente se baseiam ao fazerem um filme. Pouco a pouco, esses princípios passaram a representar um obstáculo para o cinema, impedindo-o de atingir sua especificidade própria. Um dos resultados é que, assim, o cinema perde algo da sua capacidade de encarnar a realidade diretamente e por seus próprios meios, sem ter que recorrer à literatura, à pintura ou ao teatro para transformar a vida.

Isso pode ser visto, por exemplo, na influência das artes visuais sobre o cinema, sempre que se fazem tentativas de transpor essa ou aquela pintura para o cinema. Na maioria das vezes, são transpostos princípios isolados, e, quer se trate de princípios de composição, quer de colorido, a realização artística não trará a marca de uma criação original e independente: será apenas um produto derivado.

A tentativa de adaptar as características de outras formas de arte ao cinema sempre privará o filme da sua especificidade cinematográfica, e tornará mais difícil lidar com o material de uma maneira que permita a utilização dos poderosos recursos do cinema como arte autônoma. Acima de tudo, porém, tal procedimento cria uma barreira entre o autor do filme e a vida. Os métodos estabelecidos pelas formas de arte mais antigas interpõem-se entre ambos. Isso impede, especificamente, que se recrie no cinema a vida da maneira como uma pessoa a sente e vê, ou seja, com autenticidade.

Chegamos ao fim do dia: digamos que durante esse mesmo dia algo de muito importante e significativo aconteceu, o tipo de coisa que poderia servir de inspiração para um filme, que tem as qualidades essenciais de um conflito de ideias que permitiriam a realização de um filme. De que forma, porém, esse dia se grava em nossa memória?

Como algo amorfo, vago, sem nenhuma estrutura ou organização. Como uma nuvem. E somente o acontecimento central daquele dia fixou-se, como um relato pormenorizado, lúcido no seu significado e claramente definido. Em contraste com o restante do dia, esse acontecimento aparece como uma árvore em meio à cerração (a comparação não é, por certo, muito exata, pois o que chamei nuvem e cerração não são coisas homogêneas). Impressões isoladas do dia geraram em nós impulsos interiores, evocaram associações; objetos e circunstâncias permaneceram em nossa memória, sem, no entanto, apresentarem contornos claramente definidos, mostrando-se incompletos, aparentemente fortuitos. Seria possível transmitir, através de um filme, essas impressões da vida? É evidente que sim; na verdade, a virtude específica do cinema, na condição de mais realista das artes, é ser o veículo de tal comunicação.

É claro que tal reprodução de sensações da vida não constitui um fim em si mesma, mas pode ser justificada esteticamente, tornando-se assim o meio de expressão de ideias sérias e profundas.

Para ser fiel à vida e intrinsecamente verdadeira, uma obra deve, a meu ver, ser ao mesmo tempo um relato exato e efetivo de uma verdadeira comunicação de sentimentos.

Você caminha por uma rua, e os seus olhos encontram-se com os de alguém que passou ao seu lado. Houve algo de surpreendente nesse olhar, que lhe transmitiu um sentimento de apreensão. A pessoa que passou influenciou-o psicologicamente, deixando-o num estado de espírito específico.

Se você se limitar a reproduzir com precisão mecânica as condições em que se deu tal encontro, vestindo os atores e escolhendo o local da filmagem com a exatidão de um documentário, não conseguirá obter na sequência fílmica a mesma sensação que teve quando do encontro na rua. O que aconteceria é que, ao filmar a cena do encontro, você não levaria em conta o fator psicológico, o estado mental que permitiu que o olhar do estranho o afetasse daquela forma específica. Portanto, para que o público se impressione com o olhar do estranho, da mesma maneira que você na ocasião, é preciso prepará-lo, criando um estado de espírito semelhante ao seu no momento em que ocorreu o verdadeiro encontro.

Isso representa um trabalho adicional por parte do diretor, e implica material suplementar acrescido ao roteiro.

Infelizmente, um grande número de clichês e lugares-comuns, alimentados por séculos de teatro, vieram também radicar-se no cinema. Fiz anteriormente comentários sobre o teatro e a lógica da narrativa cinematográfica. Para ser mais específico e dar a maior clareza possível ao que pretendo dizer, convém examinarmos por um momento o conceito de *mise en scène*, pois penso que é no tratamento dado a ela que se torna mais óbvia a abordagem do problema da expressão e da expressividade. Se procedermos a uma comparação da *mise en scène* no filme e na visão do escritor, alguns exemplos serão suficientes para mostrar com que intensidade o formalismo afeta o *set* do filme.

As pessoas tendem a pensar que uma *mise en scène* eficiente é simplesmente aquela que expressa a ideia, o ponto fundamental da cena e do seu subtexto (o próprio Eisenstein defendia essa concepção). Imagina-se que, assim, a cena terá toda a profundidade exigida pelo significado.

Trata-se de uma concepção simplista, que deu origem a muitas convenções irrelevantes que violentam a textura viva da imagem artística.

Como sabemos, *mise en scène* é uma estrutura formada pela posição dos atores entre si e em relação ao cenário. Na vida real, podemos-nos deixar impressionar pela maneira como um episódio assume o aspecto de uma "*mise en scène*" da máxima expressividade. Ao nos depararmos com ela, talvez exclamemos com prazer: "Mesmo que você tentasse, não conseguiria um resultado assim!" O que é isso que achamos tão extraordinário? A incongruência entre a "composição" e o que está acontecendo. Na verdade, o que nos encanta a imaginação é o absurdo da *mise en scène*; esse absurdo, porém, é apenas aparente e oculta algo de grande significado que confere à *mise en scène* a qualidade de absoluta convicção que nos leva a acreditar no acontecimento.

A questão fundamental é que não convém evitar as dificuldades e reduzir tudo a um nível simplista; é extremamente importante, então, que a *mise en scène*, em vez de ilustrar alguma ideia, exprima a vida – o caráter dos personagens e seu estado psicológico. Seu objetivo não deve reduzir-se a uma elaboração do significado de um diálogo ou de uma sequência de cenas. Sua função é surpreender-nos pela autenticidade das ações e pela beleza e profundidade das imagens artísticas – e não através da ilustração por demais

A infância de Ivan
O capitão Kholin e Masha, a enfermeira, na floresta de bétulas.

óbvia do seu significado. Como é tão comum acontecer, enfatizar excessivamente as ideias só pode restringir a imaginação do espectador, criando uma espécie de limite máximo às ideias, para além do qual se abre um grande vácuo. Não se trata de algo que defenda as fronteiras do pensamento, mas de algo que simplesmente limita as possibilidades de penetrar em suas profundezas.

Não é difícil encontrar exemplos. Basta que pensemos nas infinitas cercas, grades e treliças que separam os amantes. Outra variante significativa é o panorama estrepitoso e monumental de um canteiro de obras, cuja missão é fazer com que algum egoísta desencaminhado readquira seu senso de dever, infundindo-lhe o amor pelo trabalho e pela classe operária. Nenhuma *mise en scène* tem o direito de se repetir, da mesma forma que duas personalidades jamais serão idênticas. Assim que uma *mise en scène* transforma-se num signo, num clichê, num conceito (por mais originais que possam ser), a coisa toda – personagens, situações, psicologia – torna-se falsa e artificial.

Lembremo-nos do final de *O idiota*, de Dostoiévski. Que esmagadora verdade encontramos nos personagens e nas circunstâncias! Quando Rogozhin e Myshkin, os joelhos se tocando, estão sentados nas cadeiras daquela enorme sala, ficamos atônitos com a combinação do absurdo e da insensatez exteriores da *mise en scène* e da absoluta veracidade do estado interior dos personagens. O que torna a cena tão irresistível quanto a própria vida é a recusa em sobrecarregar a cena com ideias óbvias. E, no entanto, quantas vezes uma *mise en scène* construída sem nenhuma *ideia* óbvia é considerada formalista.

Frequentemente, o próprio diretor está tão decidido a ser grandioso que perde todo e qualquer senso de medida e ignora o verdadeiro significado de uma ação humana, transformando-a num receptáculo para a ideia que ele deseja enfatizar. É preciso, porém, observar a vida com os próprios olhos, sem se deixar levar pelas banalidades de uma simulação vazia que vise apenas ao representar pelo representar e à expressividade na tela. Creio que a verdade dessas observações ver-se-ia confirmada se pedíssemos que nossos amigos nos narrassem, por exemplo, as mortes que eles próprios presenciaram: estou certo de que ficaríamos espantados com os detalhes das cenas, com as reações individuais das pessoas envolvidas, e, sobretudo, com o absurdo de tudo – e ainda, se me permitem usar um termo tão pouco adequado, com a expressividade daquelas mortes.

Minha polêmica pessoal com a *mise en scène* pseudoexpressiva trouxe-me à lembrança dois incidentes que me foram contados. Não poderiam ter sido inventados, pois são a própria verdade – o que os diferencia claramente daquilo que se conhece como "pensar por imagens".

Um grupo de soldados vai ser fuzilado por traição diante da tropa. Eles aguardam, em meio às poças de água em volta de um hospital. É outono. Recebem ordem de tirar seus casacos e suas botas. Um deles fica muito tempo andando em meio às poças, calçando apenas meias esburacadas, enquanto procura um lugar seco onde possa colocar o casaco e as botas, dos quais, dali a um minuto, nunca mais precisará.

Mais uma história. Um homem é atropelado por um bonde e perde uma das pernas. As pessoas o colocam sentado junto à parede de uma casa: ele fica ali, diante do olhar descarado da multidão boquiaberta, esperando a chegada da ambulância. De repente, não suportando mais a situação, ele tira um lenço do bolso e o coloca sobre o que restou da perna.

Cenas expressivas, sem dúvida.

Não se trata, por certo, de recolher incidentes reais desse tipo para tempos de vacas magras. Trata-se de uma questão de ser fiel à verdade dos personagens e das circunstâncias, e não de apegar-se ao apelo superficial de uma interpretação por "imagens". Infelizmente, novas dificuldades tendem a surgir em qualquer discussão teórica nessa área, devido à abundância de termos e rótulos que servem apenas para obscurecer o sentido daquilo que se diz e acentuar a confusão no campo teórico.

A verdadeira imagem artística fundamenta-se sempre numa ligação orgânica entre ideia e forma. Na verdade, qualquer desequilíbrio entre forma e conceito irá frustrar a criação de uma imagem artística, pois a obra permanecerá alheia ao domínio da arte.

Quando iniciei *A infância de Ivan*, eu não tinha em mente nenhuma dessas ideias. Elas se desenvolveram à medida que o filme foi sendo realizado. Grande parte das coisas que agora são claras para mim ainda estavam bastante obscuras quando comecei a filmar.

Meu ponto de vista é certamente subjetivo, mas é assim que as coisas devem ser na arte: em sua obra, o artista decompõe a realidade no prisma da sua percepção e usa uma técnica pessoal de escorço para mostrar os mais diversos aspectos da realidade. Ao atribuir grande importância à concepção subjetiva do artista e à sua apreensão pessoal do mundo, não estou, contudo, defendendo uma abordagem anárquica e arbitrária. É uma questão de visão do mundo, de objetivos morais e de ideais.

As obras-primas nascem da luta travada pelo artista para expressar seus ideais éticos. Na verdade, é deles que nascem seus conceitos e suas sensações. Se ele ama a vida, se tem uma necessidade imperiosa de conhecê-la, de modificá-la, de tentar torná-la melhor – em resumo, se ele pretende cooperar para a elevação do valor da vida, então não vejo perigo no fato de sua representação da realidade ter passado pelo filtro das suas concepções subjetivas, dos seus estados de espírito. Sua obra sempre será um esforço espiritual que aspira à maior perfeição do homem: uma imagem do mundo que nos fascina por sua harmonia de sentimentos e ideias, por sua nobreza e seu comedimento.

A meu ver, então, quando nos apoiamos em fundamentos morais firmes, não há motivo para temer uma maior liberdade quanto à escolha dos meios. Além disso, essa liberdade não precisa necessariamente se restringir a um projeto definitivo que nos obrigue a escolher entre esse ou aquele método. É preciso também ser capaz de confiar nas soluções que surgem espontaneamente. É importante, sem dúvida, que não deixem o público desconcertado por sua excessiva complexidade. Isso, porém, não deve ser alcançado através de deliberações a respeito de quais procedimentos eliminar ou conservar no filme, mas através da experiência adquirida através do exame dos excessos presentes nas produções anteriores, que devem ser naturalmente eliminados à medida que a obra se vai desenvolvendo.

Para ser honesto, ao fazer meu primeiro filme eu tinha outro objetivo: descobrir se eu tinha ou não condições de me tornar um diretor. Para chegar a uma conclusão definitiva, dei rédeas à imaginação, por assim dizer. Fiz o possível para não refrear minhas ideias. Se o filme ficar bom, pensava, então terei conquistado o direito de trabalhar no cinema. *A infância de Ivan* teve, assim, uma importância especial: foi meu exame de qualificação.

Isso tudo não quer dizer que fiz o filme como uma espécie de exercício desestruturado, mas apenas que tentei não me reprimir. Precisava confiar apenas em meu próprio gosto e ter fé na eficácia das minhas opções estéticas. Com base no trabalho de realização do filme, tinha de estabelecer com o que poderia contar para a realização das minhas obras futuras e o que seria descartado.

Agora, por certo, tenho concepções diferentes sobre muitas coisas. Passado algum tempo, ficou claro que, dentre as coisas que eu descobrira, muito pouco era realmente vital; a partir dessa constatação, abandonei muitas das conclusões a que chegara na época.

Durante a realização do filme, foi muito instrutivo para nós, participantes, elaborar a textura estilística dos *sets*, da paisagem, transmutando as partes sem diálogos do roteiro na ambientação específica de cenas e episódios. Bogomolov descreve os cenários com a invejável precisão de uma testemunha ocular dos acontecimentos que constituem a base da história. O princípio pelo qual o autor se deixou conduzir foi o da minuciosa reconstituição de todos os lugares, como se ele os houvesse visto com os próprios olhos.

O resultado pareceu-me fragmentado e inexpressivo: arbustos na margem ocupada pelo inimigo; o abrigo subterrâneo de Galcev, com seu escuro alinhamento de vigas, e, idêntica a ele, a enfermaria do batalhão; a melancólica linha de frente ao longo da margem do rio; as trincheiras. Todos esses lugares são descritos com grande precisão, mas não apenas foram incapazes de provocar em mim qualquer emoção estética, como, de resto, eram também um tanto quanto destoantes. Tal ambientação não tinha condições de despertar as emoções apropriadas às circunstâncias de toda a história de Ivan da forma como a concebi. Senti, o tempo todo, que, para o filme ser bem-sucedido, a textura do cenário e das paisagens deveria ser capaz de provocar em mim recordações precisas e associações poéticas. Hoje, mais de vinte anos depois, estou firmemente convencido de uma coisa (o que não significa que ela possa ser analisada): se um autor se deixar comover pela paisagem escolhida, se esta lhe evocar recordações e sugerir associações, ainda que subjetivas, isso, por sua vez, provocará no público uma emoção específica. Episódios permeados pelo estado de espírito do próprio autor incluem a floresta de bétulas, a camufla-

A infância de Ivan
Recordações de tempos de paz: "um carregamento de maçãs e cavalos molhados pela chuva, cintilando ao sol".

gem de ramos de bétula na enfermaria, a paisagem no segundo plano do último sonho e a floresta morta e inundada.

Também os quatro sonhos baseiam-se todos em associações bastante específicas. O primeiro deles, por exemplo, do começo ao fim, até as palavras: "Mamãe, veja ali um cuco!", é uma de minhas primeiras recordações da infância. Eu tinha quatro anos, e estava começando a conhecer o mundo.

Em geral, as recordações são muito caras às pessoas. Não se deve ao acaso o fato de estarem sempre envolvidas por um colorido poético. As mais belas lembranças são as da infância. Antes de tornar-se o fundamento de uma reelaboração artística do passado, a memória deve, certamente, ser trabalhada; e, neste caso, é importante não perder a atmosfera emocional específica sem a qual uma lembrança evocada em todos os seus pormenores nada mais faz a não ser provocar um amargo sentimento de decepção. Existe, afinal, uma enorme diferença entre a maneira como nos lembramos da casa onde nascemos e que não vemos há muitos anos, e a visão concreta que se tem da casa depois de uma prolongada ausência. Em geral, a poesia da memória é destruída pela confrontação com aquilo que lhe deu origem.

Ocorreu-me, então, que se podia elaborar um princípio extremamente original a partir dessas propriedades da memória, o qual poderia servir de base para a criação de um filme de extraordinário interesse. Exteriormente, a disposição dos acontecimentos, das ações e do comportamento do protagonista seria alterada. O filme seria a história de seus pensamentos, lembranças e sonhos. E então, sem que ele aparecesse em momento algum – pelo menos da forma como se costuma fazer num filme tradicional – seria possível obter-se algo de extremamente significativo: a expressão, o retrato da personalidade individual do herói e a revelação do seu mundo interior. Em alguma parte, aqui, encontra-se um eco da imagem do herói lírico personificado na literatura e, certamente, na poesia; nós não o vemos, mas aquilo que pensa, o modo como pensa e sobre o que pensa criam dele uma imagem vívida e claramente definida. Isso tornou-se, subsequentemente, o ponto de partida para a criação de *O espelho*.

No entanto, o caminho que leva a essa lógica poética está cheio de obstáculos. As adversidades surgem a cada passo do caminho, embora o princípio em questão seja tão legítimo quanto o da lógica da literatura ou da dramaturgia; simplesmente, um componente diverso torna-se o elemento fundamental da construção. Ocorrem-nos, a esta altura, as tristes palavras de Hermann Hesse: "Você pode ser um poeta, mas não pode transformar-se num poeta." Como isso é verdade!

Ao longo do trabalho em *A infância de Ivan*, fomos censurados pelas autoridades cinematográficas toda vez que tentamos substituir a causalidade narrativa pelas articulações poéticas. E, mesmo assim, só o fazíamos muito experimentalmente, limitando-nos a testar o terreno. Não estávamos tentando rever os princípios básicos da criação cinematográfica. No entanto, sempre que a estrutura dramática revelava o mais leve indício de algo novo – quando os fundamentos lógicos da vida cotidiana recebiam um tratamento relativamente livre – sobrevinham, infalivelmente, manifestações de protesto e incompreensão, que quase sempre usavam como pretexto o público: era preciso oferecer-lhe um enredo que se desenvolvesse sem interrupções, pois as pessoas não conseguiam interessar-se por um filme sem uma linha narrativa eficaz. Os contrastes no nosso filme – cortes do sonho para a realidade e vice-versa, da última cena na cripta para o dia da vitória em Berlim – pareciam inadmissíveis para muitos. Para mim, foi uma grande alegria descobrir que o público pensava de forma diferente.

Há alguns aspectos da vida humana que só podem ser reproduzidos fielmente pela poesia. Mas é exatamente aí que muitos diretores costumam recorrer a truques convencionais, em vez de fazerem uso da lógica poética. Estou pensando no ilusionismo e nos efeitos extraordinários usados em sonhos, lembranças e fantasias. É por demais comum no cinema que os sonhos deixem de ser um fenômeno concreto da existência e se transformem numa coleção de antiquados truques cinematográficos.

Frente à necessidade de filmar os sonhos, tivemos que decidir qual seria a melhor forma de exprimir a poesia específica do sonho, como abordá-la de forma mais convincente e que meios usar. A solução não poderia ser de caráter especulativo. Em busca de uma resposta, experimentamos inúmeras possibilidades práticas, recorrendo a associações e vagas intuições. De forma totalmente inesperada, ocorreu-nos a ideia de usar imagens em negativo no terceiro sonho. Em nossa imaginação, entrevíamos um sol negro reluzindo por entre árvores brancas e o brilho de um aguaceiro. Os relâmpagos foram introduzidos para tornar tecnicamente possível a passagem do positivo para o negativo. Tudo isso, porém, só conseguia criar uma atmosfera de irrealidade. E quanto ao conteúdo? E a lógica do sonho? Para isso, recorremos às lembranças. Lembrei-me de ter visto a relva úmida, o caminhão carregado de maçãs, os cavalos molhados pela chuva, a água em seus corpos evaporando-se ao sol. Todo esse material veio da vida para o filme diretamente, e não pela mediação de artes visuais contíguas. Em busca de soluções simples para o problema de expressar a irrealidade do sonho, chegamos à panorâmica das árvores movendo-se em negativo, e, contra esse fundo, o rosto da garotinha passando três vezes diante da câmera, com uma expressão diferente a cada vez. Queríamos captar, nessa cena, o pressentimento da criança de que estava em curso uma tragédia iminente. A última cena do sonho foi deliberadamente filmada perto da água, na praia, para ligá-la ao último sonho de Ivan.

Voltando ao problema da escolha das locações, é preciso dizer que nossas falhas ocorreram exatamente nos trechos do filme em que as associações sugeridas pela experiência de lugares específicos foram preteridas em favor de alguma obra literária, ou como resultado de termos seguido fielmente o roteiro. Foi o que aconteceu na cena com o velho louco em meio aos restos do incêndio. Não me refiro ao conteúdo da cena, mas à sua realização plástica. No início, a cena fora concebida de outra forma.

Imaginamos um campo abandonado, encharcado pelas chuvas e atravessado por uma estrada cheia de água e lama.

Ao longo da estrada, salgueiros brancos, outonais, atarracados.

Não havia nenhuma ruína de um incêndio.

Só ao longe, na linha do horizonte, despontava uma chaminé solitária.

Tudo isso deveria estar dominado por um sentimento de solidão. Uma vaca esquelética estava atrelada à carroça em que seguiam Ivan e o velho louco (a vaca provinha das memórias do *front*, de E. Kapiyev[8]). No chão da carroça havia um galo e certo objeto pesado, embrulhado numa esteira suja. Quando surgia o carro do coronel, Ivan punha-se a correr pelo campo, até a linha do horizonte, e Kholin passava um bom tempo a persegui-lo, mal conseguindo arrastar as botas em meio à lama. Depois, o Dodge se afastava, e o velho ficava sozinho. O vento levantava a borda da esteira, mostrando um arado enferrujado. A cena era para ter sido filmada em plano geral e lento, e assim devia ter um ritmo bastante diferente.

Não se deve pensar que optei pela outra versão por razões de eficiência. Acontece que havia duas versões, e só mais tarde me dei conta de ter escolhido a pior delas.

Há, no filme, outros trechos mal-sucedidos, do tipo que geralmente ocorre quando o momento do reconhecimento não se definiu para o autor, e, portanto, também não o fará para o público. Fiz referência a isso anteriormente, quando abordei a poética da memória. Um exemplo é a tomada de Ivan caminhando no meio das colunas de tropas e veículos militares, quando está fugindo para juntar-se aos guerrilheiros. A cena não desperta em mim nenhum sentimento, e, por extensão, o público só pode ter o mesmo tipo de reação. Pelo mesmo motivo, a conversa entre Ivan e o coronel Gryaznov na cena da patrulha de reconhecimento é apenas parcialmente bem-sucedida. O interior é neutro e indiferente, apesar do dinamismo da agitação do garoto, e apenas o plano médio dos soldados trabalhando sob a janela introduz um elemento de vida, tornando-se o material de associações e reflexões que extrapolam o que ali se encontra afirmado.

Cenas como essa, que não têm um significado inerente, que o diretor não conseguiu esclarecer, destacam-se como algo alheio ao filme, incompatível com o seu padrão geral de composição.

Tudo isso, mais uma vez, prova que o cinema, como qualquer outra arte, é uma obra de autor. No decorrer do seu trabalho conjunto, os companheiros de trabalho podem dar uma contribuição inestimável ao diretor; no entanto, é somente a concepção deste que dará ao filme sua unidade final. Só o que foi decomposto através da sua visão pessoal de autor poderá tornar-se material artístico e fazer parte daquele mundo complexo e singular que reflete uma verda-

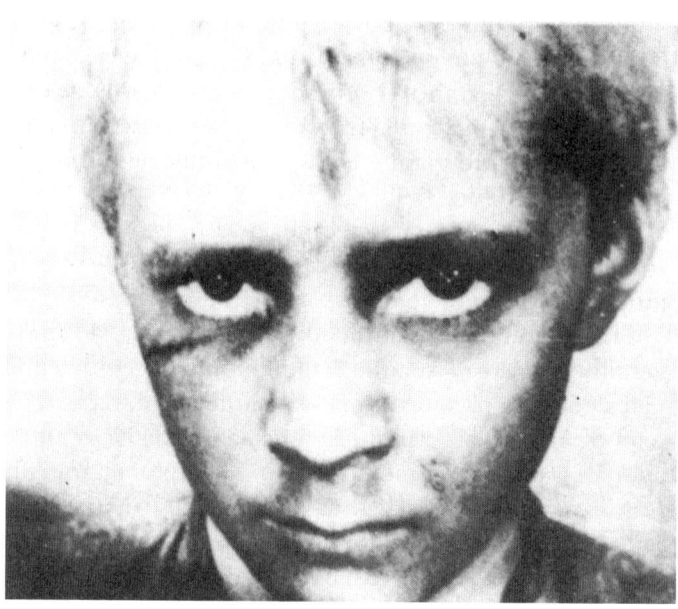

A infância de Ivan
Albrecht Dürer:
O apocalipse

A infância de Ivan
Foto de Ivan, tirada pela Gestapo antes da sua execução.

deira imagem da realidade. Naturalmente, a exclusividade da sua posição não diminui o enorme valor da contribuição dada à obra por todos os outros membros da equipe; porém, mesmo nessa situação de interdependência, as ideias dos outros só poderão realmente enriquecer a obra quando o diretor souber como escolhê-las. De outra forma, a unidade da obra será destruída.

Boa parte da responsabilidade pelo sucesso do nosso filme cabe aos atores, principalmente a Kolya Burlyaev, Valya Maliavina, Zhenya Zharikov, Valentin Zubkov. Muitos estavam filmando pela primeira vez, mas atuaram com grande seriedade.

Eu ainda era estudante quando notei Kolya, o futuro intérprete de Ivan. Sem exagero, posso dizer que o fato de tê-lo conhecido determinou minha decisão de filmar *A infância de Ivan*. O rígido prazo estipulado para o encerramento do filme impedia qualquer busca mais séria de um ator para o papel de Ivan, e a minha liberdade de ação estava restrita por um orçamento apertado em decorrência de termos iniciado o filme com outra equipe e obtido resultados insatisfatórios. No entanto, outras garantias da viabilidade do filme estavam ao nosso alcance nas pessoas de Kolya, do *camera-man* Vadim Yusov, do compositor Vieceslav Ovcínnikov e do cenógrafo Evgeni Cernaiev; eles me fizeram persistir nas filmagens.

Tudo na atriz Valya Maliavina estava em desacordo com o retrato que Bogomolov faz da enfermeira. No conto, ela é uma jovem loura, gorda, com grandes seios e olhos azuis. Valya era uma espécie de negativo da enfermeira imaginada por Bogomolov: cabelos pretos, olhos castanhos e um torso de rapaz. Mesmo assim, ela tinha algo de original, individual e inesperado, que não se encontrava no conto. E isso era muito mais importante e complexo; era algo que esclarecia muito a respeito de Masha e que prometia muito. Havia, portanto, mais uma garantia moral.

O ponto fundamental na interpretação de Valya era a vulnerabilidade. Por parecer tão ingênua, pura e confiante, ficava imediatamente claro que Masha-Valya era uma pessoa completamente indefesa diante daquela guerra que nada tinha a ver com ela. A vulnerabilidade era o aspecto fundamental da sua natureza e da sua idade. Tudo o que havia de ativo nela, tudo o que viria a determinar sua atitude diante da vida, encontrava-se ainda em estado embrionário. Isso permitia que sua relação com o capitão Kholin se desenvolvesse com naturalidade, uma vez que ele ficava desarmado por sua vulnerabilidade. Zubkov, que fazia o papel de Kholin, ficou num estado de total dependência em relação à colega, e, enquanto, com outra atriz, seu comportamento poderia parecer artificial e edificante, com ela, era de uma autenticidade absoluta.

Esses comentários não devem ser vistos como o alicerce sobre o qual *A infância de Ivan* foi criado. Eles são apenas uma tentativa de explicar a mim mesmo as ideias que foram aparecendo durante o trabalho e o modo como elas se transformaram numa espécie de sistema. A experiência de trabalhar no filme contribuiu para formar minhas concepções, reforçadas quando escrevia *Paixão de Andrei*, o roteiro sobre a vida de Andrei Rublióv, que terminei em 1967.

Depois de escrever o roteiro, fui tomado por muitas dúvidas sobre a possibilidade de realizar o filme. De qualquer modo, tinha certeza de que não pretendia criar uma obra de caráter histórico ou biográfico. Estava interessado em algo mais: queria investigar a natureza do gênio poético do grande pintor russo. A partir do exemplo de Rublióv, eu pretendia explorar a questão da psicologia da criação artística e analisar a mentalidade e a consciência cívica de um artista que criou tesouros espirituais de importância eterna.

O filme pretendia mostrar como o anseio popular de fraternidade, numa época de ferozes lutas intestinas e de domínio tártaro, deu origem à inspirada *Trindade* de Rublióv – sintetizando o ideal de fraternidade, amor e serena santidade. Essa era a base artística e filosófica do roteiro.

Escrevi-o em episódios distintos – novelas – dos quais o próprio Rublióv nem sempre participava. No entanto, mesmo quando ele não estava presente, era necessário que houvesse uma consciência da vida de seu espírito; era preciso que se respirasse a atmosfera que dava conta das suas relações com o mundo. Essas novelas não são ligadas por uma sequência cronológica tradicional, mas sim pela lógica poética da necessidade que levou Rublióv a pintar sua célebre *Trindade*. Os episódios, cada qual com sua trama e seu tema específicos, extraem sua unidade dessa lógica. Eles se desenvolvem em interação mútua, através do conflito interior inerente à lógica poética da sua sequência no roteiro: uma espécie de manifestação visual das contradições e complexidades da vida e da criação artística.

Quanto ao aspecto histórico, queríamos fazer o filme como se estivéssemos lidando com um nosso contemporâneo. Assim, os fatos históricos, as pessoas e os artefatos precisavam ser vistos não como a origem de futuros monumentos, mas como algo que estivesse vivo, respirando, que fosse até mesmo corriqueiro.

Objetos de cena, figurinos, utensílios – não queríamos ver nenhuma dessas coisas com olhos de historiador, arqueólogo ou etnógrafo, recolhendo objetos de museu. Uma cadeira tinha que ser um objeto onde as pessoas poderiam sentar-se, e não uma rara antiguidade.

Os atores tinham que representar o papel de personagens que compreendessem, essencialmente sujeitos aos mesmos sentimentos de pessoas que estão vivas hoje. Queríamos livrar-nos, de uma vez por todas, da concepção tradicional dos filmes históricos nos quais o ator a custo se equilibra em coturnos que, ao aproximar-se o final, transformaram-se imperceptivelmente em pernas de pau. Para mim, tudo isso era fundamental para que os resultados fossem os melhores possíveis. Estava decidido a fazer esse filme com as forças coletivas da equipe que já provara seu valor na batalha: Yusov como *camera-man*, Cernaiev como diretor de arte e o compositor Ovcínnikov.

Para concluir este capítulo, revelarei o objetivo secreto do livro: minha esperança é que os leitores aos quais eu consiga convencer (se não inteiramente, pelo menos em parte), tornem-se meus cúmplices espirituais, se não por outro motivo, em reconhecimento ao fato de que não tenho segredos para eles.

II.
Arte – Anseio pelo ideal

Antes de abordar os problemas específicos da natureza da arte cinematográfica, creio ser importante definir o meu modo de entender o objetivo fundamental da arte como tal. Por que a arte existe? Quem precisa dela? Na verdade, alguém precisa dela? Essas são questões colocadas não só pelo poeta, mas também por qualquer pessoa que aprecie arte – ou, naquela expressão corrente, por demais sintomática da relação entre a arte e seu público do século XX – o "consumidor".

Muitos fazem essa pergunta a si próprios, e qualquer pessoa ligada à arte costuma dar a sua resposta pessoal. Alexander Block[9] disse que "do caos, o poeta cria harmonia [...]". Púchkin acreditava que o poeta tem o dom da profecia... Todo artista é regido por suas próprias leis, mas estas não são, em absoluto, obrigatórias para as demais pessoas.

De qualquer modo, fica perfeitamente claro que o objetivo de toda arte – a menos, por certo, que ela seja dirigida ao "consumidor", como se fosse uma mercadoria – é explicar ao próprio artista, e aos que o cercam, para que vive o homem e qual é o significado da sua existência. Explicar às pessoas a que se deve sua aparição neste planeta, ou, se não for possível explicar, ao menos propor a questão.

Para partirmos da mais geral das considerações, é preciso dizer que o papel indiscutivelmente funcional da arte encontra-se na ideia do *conhecimento*, em que o efeito é expressado como choque, como catarse.

A partir do exato momento em que Eva comeu a maçã da árvore do conhecimento, a humanidade foi condenada a uma busca sem fim da verdade. Primeiro, como sabemos, Adão e Eva descobriram que estavam nus e ficaram envergonhados. Ficaram envergonhados porque haviam compreendido; a partir de então, teve início a trajetória e a alegria de se conhecerem um ao outro. Esse foi o começo de uma viagem que não tem fim. Pode-se compreender como esse momento foi dramático para aquelas duas almas, mal saídas de um estado de plácida ignorância e já arremessadas na vastidão da Terra, hostil e inexplicável.

"Comerás o pão com o suor do teu rosto..."

Assim foi que o homem, "o coroamento da natureza", chegou à Terra para *compreender* por que surgiu ou por que foi enviado.

E, com a ajuda do homem, o Criador vem a conhecer a si próprio. A esse avanço deu-se o nome de evolução, um avanço que vem acompanhado pelo torturante processo do autoconhecimento humano.

Num sentido muito real, todo indivíduo vivência por si próprio esse processo, à medida que vai conhecendo a vida, a si mesmo e os seus objetivos. É certo que todas as pessoas usam a soma dos conhecimentos acumulados pela humanidade, mas, mesmo assim, a experiência do autoconhecimento ético e moral representa, para cada um, o único objetivo da vida, e, em termos subjetivos, ela é vivenciada a cada vez como algo novo. O homem está eternamente estabelecendo uma correlação entre si mesmo e o mundo, atormentado pelo anseio de atingir um ideal que se encontra fora dele e de se fundir a ele, um ideal que ele percebe como um tipo de princípio fundamental sentido intuitivamente. Na inatingibilidade de tal fusão, na insuficiência do seu próprio "eu", encontra-se a fonte perpétua da dor e da insatisfação humanas.

E assim, a arte, como a ciência, é um meio de assimilação do mundo, um instrumento para conhecê-lo ao longo da jornada do homem em direção ao que é chamado "verdade absoluta".

Aqui, porém, termina toda e qualquer semelhança entre essas duas formas de materialização do espírito criativo do homem, nas quais ele não apenas descobre, mas também cria. No momento, é muito mais importante perceber a divergência, a diferença de princípio, entre as duas formas de conhecimento: o científico e o estético.

Através da arte, o homem conquista a realidade mediante uma experiência subjetiva. Na ciência, o conhecimento que o homem tem do mundo ascende através de uma escada sem fim, e a cada vez é substituído por um novo conhecimento, cada nova descoberta sendo, o mais das vezes, invalidada pela seguinte, em nome de uma verdade objetiva específica. Uma descoberta artística ocorre cada vez como uma imagem nova e insubstituível do mundo, um hieróglifo de absoluta verdade. Ela surge como uma revelação, como um desejo transitório e apaixonado de apreender, intuitivamente e de uma só vez, *todas* as leis deste mundo – sua beleza e sua feiura, sua humanidade e sua crueldade, seu caráter infinito e suas limitações. O artista expressa essas coisas criando a imagem, elemento *sui generis* para a detecção do absoluto. Através da imagem mantém-se uma consciência do infinito: o eterno dentro do finito, o espiritual no interior da matéria, a inexaurível forma dada.

Poder-se-ia afirmar que a arte é um símbolo do universo, estando ligada àquela verdade espiritual absoluta que se oculta de nós em nossas atividades pragmáticas e utilitárias.

Para poder penetrar em qualquer sistema científico, uma pessoa deve recorrer a processos lógicos de pensamento, deve chegar a um entendimento que requer como ponto de partida um tipo específico de educação. A arte se dirige a todos, na esperança de criar uma impressão, de ser sobretudo sentida, de ser a causa de um impacto emocional e de ser aceita, de persuadir as pessoas não através de argumentos racionais irrefutáveis, mas através da energia espiritual com que o artista impregnou a obra. Além disso, a disciplina preparatória que ela exige não é uma educação científica, mas uma lição espiritual específica.

A arte nasce e se afirma onde quer que exista uma ânsia eterna e insaciável pelo espiritual, pelo ideal: ânsia que leva as pessoas à arte. A arte contemporânea tomou um caminho errado ao renunciar à busca do significado da existência em favor de uma afirmação do valor autônomo do indivíduo. O que pretende ser arte começa a parecer uma ocupação excêntrica de pessoas suspeitas que afirmam o valor intrínseco de qualquer ato personalizado. Na criação artística, porém, a personalidade não impõe seus valores, pois está a serviço de uma outra ideia geral e de caráter superior.

Andrei Rublióv
O monge-pintor Andrei Rublióv (Anatoli Solonitsyn) admira um dos mais célebres ícones russos, Chudo o Georgiy Pobedonostse (O milagre do triunfante são Jorge).

O artista é sempre um servidor, e está eternamente tentando pagar pelo dom que, como que por milagre, lhe foi concedido. O homem moderno, porém, não quer fazer nenhum sacrifício, muito embora a verdadeira afirmação do eu só possa expressar-se no sacrifício. Aos poucos, vamos-nos esquecendo disso, e, inevitavelmente, perdemos ao mesmo tempo todo o sentido da nossa vocação humana...

Quando falo do anseio pelo belo, ideal como objetivo fundamental da arte, que nasce de uma ânsia por esse ideal, não estou absolutamente sugerindo que a arte deva esquivar-se da "sujeira" do mundo. Pelo contrário! A imagem artística é sempre uma metonímia em que uma coisa é substituída por outra, o menor no lugar do maior. Para referir-se ao que está vivo, o artista lança mão de algo morto; para falar do infinito, mostra o finito. Substituição... não se pode materializar o infinito, mas é possível criar dele uma ilusão: a imagem.

O horrível e o belo estão sempre contidos um no outro. Em todo o seu absurdo, esse prodigioso paradoxo alimenta a própria vida, e, na arte, cria aquela unidade ao mesmo tempo harmônica e dramática. A imagem materializa uma unidade em que elementos múltiplos e diversos são contíguos e se interpenetram. Pode-se falar da ideia contida na imagem, e descrever a sua essência por meio de palavras. Tal descrição, porém, nunca será adequada. Uma imagem pode ser criada e fazer-se sentir. Pode ser aceita ou recusada. Nada disso, no entanto, pode ser compreendido através de um processo exclusivamente cerebral. A ideia do infinito não pode ser expressada por palavras ou mesmo descrita, mas pode ser apreendida através da arte, que torna o infinito tangível. Só se pode alcançar o absoluto através da fé e do ato criador.

A única condição para lutar pelo direito de criar é a fé na própria vocação, a presteza em servir e a recusa às concessões. A criação artística exige do artista que ele "pereça por inteiro", no sentido pleno e trágico dessas palavras. E assim, se a arte carrega em si um hieróglifo da verdade absoluta, este será sempre uma imagem do mundo, concretizada na obra de uma vez por todas. E, se a cognição científica, fria e positivista do mundo, assemelha-se à ascensão por uma escada infinita, o seu equivalente artístico sugere, por outro lado, um infinito sistema de esferas, cada uma delas perfeita e autossuficiente. Esses dois fatos podem-se complementar ou contradizer reciprocamente; em nenhuma circunstância, porém, podem anular um ao outro. Pelo contrário, eles se enriquecem mutuamente e se juntam para formar uma esfera que a tudo abarca e que se lança para o infinito. Essas revelações poéticas, todas elas válidas e eternas, testemunham o fato de que o homem é capaz de reconhecer a imagem e a semelhança de quem o criou e de exprimir esse reconhecimento.

Além disso, a grande função da arte é a comunicação, uma vez que o entendimento mútuo é uma força a unir as pessoas, e o espírito de comunhão é um dos mais importantes aspectos da criação artística. Ao contrário da produção científica, as obras de arte não perseguem nenhuma finalidade prática. A arte é uma metalinguagem com a ajuda da qual os homens tentam comunicar-se entre si, partilhar informações sobre si próprios e assimilar a experiência dos outros. Mais uma vez, isso nada tem a ver com vantagens práticas, mas com a concretização da ideia do amor, cujo significado encontra-se no sacrifício: a perfeita antítese do pragmatismo. Simplesmente não posso acreditar que um artista seja capaz de trabalhar apenas para dar expressão a suas próprias ideias ou sentimentos, os quais não têm sentido a menos que encontrem uma resposta. Em nome da criação de um elo espiritual com outros, a autoexpressão só pode ser um processo torturante, que não resulta em nenhuma vantagem prática: trata-se, em última instância, de um ato de sacrifício. Mas valerá a pena o esforço apenas para se ouvir o próprio eco?

A intuição certamente tem um papel importante na ciência, assim como o tem na arte, o que poderia parecer um elemento comum a esses dois métodos antagônicos de domínio da realidade. No entanto, apesar da sua grande importância em ambos os casos, a intuição que opera na criação artística não é o mesmo fenômeno que encontramos na pesquisa científica.

Da mesma forma, a palavra *compreensão* não tem, absolutamente, o mesmo valor nessas duas esferas de atividade.

Em sentido científico, a compreensão significa um consenso num plano lógico e cerebral; é um ato intelectual que em muito se assemelha ao processo de demonstração de um teorema.

A compreensão de uma imagem artística representa uma aceitação estética do belo num nível emocional ou mesmo supraemocional.

Ainda que semelhante a uma iluminação ou inspiração, a intuição do cientista nunca deixará de ser um código indicativo de uma dedução lógica, no sentido de que nem todas as diferentes leituras baseadas nas informações disponíveis foram registradas; estão sendo consideradas como lidas, presentes na memória, sem que figurem como dados já processados. Em outras palavras, o conhecimento das leis pertinentes a um determinado campo da ciência permitiu que se queimassem algumas das etapas intermediárias.

E, embora uma descoberta científica possa parecer o resultado de uma inspiração, a inspiração do cientista não tem nada a ver com a do poeta.

Afinal, o processo empírico do conhecimento intelectual não pode explicar o nascimento de uma imagem artística – única, indivisível, criada e existente num plano diverso daquele do intelecto. Estamos, aqui, diante de um problema de consenso quanto à terminologia empregada.

Na ciência, quando ocorre o momento da descoberta, a lógica é substituída pela intuição. Na arte, como na religião, a intuição equivale à crença, à fé. É um estado de alma, não um método de pensamento. A ciência é empírica, ao passo que a criação de imagens é regida pela dinâmica da revelação. Trata-se de uma espécie de lampejos súbitos de iluminação – como olhos cegos que começam a enxergar; não em relação às partes, mas ao todo, ao infinito, àquilo que não se ajusta ao pensamento consciente.

A arte não raciocina em termos lógicos, nem formula uma lógica do comportamento; ela expressa o seu próprio postulado de fé. Se, na ciência, é possível confirmar a veracidade dos argumentos e comprová-los logicamente aos que a eles se opõem, na arte é impossível convencer qualquer pessoa de que você esteja certo caso as imagens criadas a tenham deixado indiferente e não tenham sido capazes de convencê-la a aceitar uma verdade recém-descoberta sobre o mundo e o homem se, na verdade, a pessoa ficou apenas entediada ao deparar-se com a obra.

Se tomarmos Lev Tolstói como exemplo – principalmente as obras nas quais ele insiste, com ênfase especial, na expressão ordenada e exata das suas ideias e da sua inspiração moral –, veremos como, a cada vez, a imagem artística por ele criada põe de lado, por assim dizer, suas próprias fronteiras ideológicas, recusa-se a ajustar-se à estrutura imposta por seu autor, discute com ele e, às vezes, em sentido poético, chega mesmo a contradizer a própria lógica do seu sistema. E a obra-prima segue vivendo por suas próprias leis, exercendo um tremendo impacto estético e emocional mesmo quando não concordamos com os princípios fundamentais do seu autor. É muito comum que uma grande obra nasça dos esforços feitos pelo artista no sentido de superar seus pontos fracos; não que estes sejam eliminados, mas a obra adquire vida apesar deles.

O artista nos revela seu universo e força-nos a acreditar nele ou a rejeitá-lo como irrelevante e incapaz de nos convencer. Ao criar uma imagem ele subordina seu próprio pensamento, que se torna insignificante diante daquela imagem do mundo emocionalmente percebida que lhe surgiu como uma revelação. Pois, afinal, o pensamento é efêmero, ao passo que a imagem é absoluta. Pode-se então afirmar que, no caso do homem espiritualmente receptivo, existe uma analogia entre o impacto produzido pela obra de arte, e o impacto de uma experiência puramente religiosa. A arte atua sobretudo na alma, moldando sua estrutura espiritual.

O poeta tem a imaginação e a psicologia de uma criança, pois as suas impressões do mundo são imediatas, por mais profundas que sejam as suas ideias sobre o mundo. É claro que, ao falarmos de uma criança, também podemos dizer que ela é um filósofo; isso, porém, só pode ser afirmado num sentido bastante relativo. E a arte se esvai diante de conceitos filosóficos. O poeta não usa "descrições" do mundo; ele próprio participa da sua criação.

Uma pessoa só será sensível e receptiva à arte quando tiver a vontade e a capacidade de confiar e de acreditar num artista. No entanto, como é difícil, às vezes, superar o limiar de incompreensão que nos separa da imagem emocional e poética. Exatamente da mesma forma, no caso da verdadeira fé em Deus, ou até mesmo para sentir a necessidade de ter essa fé, uma pessoa precisa ter certa predisposição de alma, uma potencialidade espiritual específica.

A esse respeito, convém lembrar o diálogo entre Stavrogin e Shatov em *Os possessos*, de Dostoiévski:

Andrei Rublióv
Andrei Rublióv na nova catedral.

Ainda que eu falasse as línguas dos homens e dos anjos, e não tivesse caridade, seria como o metal que soa ou como o sino que tine. E ainda que tivesse o dom de profecia, e conhecesse todos os mistérios e toda a ciência, e ainda que tivesse toda a fé, de maneira tal que transportasse os montes, e não tivesse caridade, nada seria. E ainda que distribuísse toda a minha fortuna para sustento dos pobres, e ainda que entregasse o meu corpo para ser queimado, e não tivesse caridade, nada disso me aproveitaria. A caridade é sofredora, é benigna; a caridade não é invejosa; a caridade não trata com leviandade, não se ensoberbece. Não se porta com indecência, não busca os seus interesses, não se irrita, não suspeita mal; Não folga com a injustiça, mas folga com a verdade; Tudo sofre, tudo crê, tudo espera, tudo suporta. A caridade nunca falha; mas havendo profecias, serão aniquiladas; havendo línguas, cessarão; havendo ciência, desaparecerá.

i Cor. 13, 1–8

– Gostaria de saber uma coisa: acreditais ou não em Deus? – Nikolai Vsevolodovich [Stavrogin] olhou duramente para ele [Shatov].

– Acredito na Rússia e na ortodoxia russa [...] acredito no corpo de Cristo... Acredito que o Segundo Advento dar-se-á na Rússia... Acredito... – Shatov pôs-se a balbuciar desesperadamente.

– E em Deus? Em Deus?

– Eu... eu acreditarei em Deus.

O que se pode acrescentar a isso? Trata-se de um brilhante *insight* do estado de perplexidade da alma, do seu declínio e inadequação, que se estão tornando a síndrome cada vez mais crônica do homem moderno, a quem poderíamos definir como espiritualmente impotente.

O belo oculta-se aos olhos daqueles que não buscam a verdade, para os quais ela é contraindicada. Porém, a profunda falta de espiritualidade das pessoas que veem a arte e a condenam, e o fato de estas não estarem dispostas nem prontas a refletir, num sentido mais elevado, sobre o significado e o objetivo da sua existência, vêm muitas vezes mascarados pela exclamação vulgarmente simplista: "Não gosto disso!", "É tedioso!". Não é um argumento que se possa discutir, mas parece a reação de um cego a quem se descreve um arco-íris. O homem contemporâneo simplesmente permanece surdo ao sofrimento do artista que tenta compartilhar com os outros a verdade por ele alcançada.

Mas o que é a verdade?

Creio que um dos mais desoladores aspectos da nossa época é a total destruição na consciência das pessoas de tudo que esteja ligado a uma percepção consciente do belo. A moderna cultura de massas, voltada para o "consumidor", a civilização da prótese, está mutilando as almas das pessoas, criando barreiras entre o homem e as questões fundamentais da sua existência, entre o homem e a consciência de si próprio enquanto ser espiritual. O artista, porém, não pode ficar surdo ao chamado da beleza; só ela pode definir e organizar sua vontade criadora, permitindo-lhe, então, transmitir aos outros a sua fé. Um artista sem fé é como um pintor que houvesse nascido cego.

É errado dizer que o artista "procura" o seu tema. Este, na verdade, amadurece dentro dele como um fruto, e começa a exigir uma forma de expressão. É como um parto... O poeta não tem nada de que se orgulhar: ele não é o senhor da situação, mas um servidor. A obra criativa é a sua única forma possível de existência, e cada uma das suas obras é como um gesto que ele não tem o poder de anular. Para ter consciência de que uma sequência de tais gestos é legítima e coerente e faz parte da natureza mesma das coisas, ele deve ter fé na ideia, pois somente a fé dá coesão a um sistema de imagens (leia-se: sistema de vida).

E o que são os momentos de iluminação, se não percepções instantâneas da verdade?

O significado da verdade religiosa é a *esperança*. A filosofia busca a verdade, definindo o significado da atividade humana, os limites da razão humana e o significado da existência, até mesmo quando o filósofo chega à conclusão de que ela é absurda e de que é vão todo o esforço humano.

A função específica da arte não é, como comumente se imagina, expor ideias, difundir concepções ou servir de exemplo. O objetivo da arte é preparar uma pessoa para a morte, arar e cultivar sua alma, tornando-a capaz de voltar-se para o bem.

Ao se emocionar com uma obra-prima, uma pessoa começa a ouvir em si própria aquele mesmo chamado da verdade que levou o artista a criá-la. Quando se estabelece uma ligação entre a obra e o seu espectador, este vivencia uma comoção espiritual sublime e purificadora. Dentro dessa aura que liga as obras-primas e o público, os melhores aspectos das nossas almas dão-se a conhecer, e ansiamos por sua liberação. Nesses momentos, reconhecemos e descobrimos a nós mesmos, chegando às profundidades insondáveis do nosso próprio potencial e às últimas instâncias de nossas emoções.

A não ser nos termos mais genéricos de uma sensação de harmonia, como é difícil falar de uma grande obra! É como se existissem certos parâmetros imutáveis a definirem a obra-prima e a destacá-la dentre os fenômenos circundantes. Além disso, do ponto de vista daqueles que a apreciam, o valor de uma determinada obra de arte é em grande parte relativo. Uma obra-prima é um julgamento da realidade, completo e acabado, e que mantém uma absoluta afinidade com essa mesma realidade; seu valor encontra-se no fato de dar plena expressão a uma personalidade humana em interação com o espírito. Costuma-se pensar que o significado de uma obra de arte será esclarecido ao ser confrontada com as pessoas, ao se estabelecer um contato entre ela e a sociedade. Em sentido geral, isso é verdade, mas o paradoxo consiste no fato de que, nesse contexto, a obra de arte se encontra em total dependência daqueles que a recebem, daquele que é capaz de perceber, ou manipular, os fios que a ligam, primeiro, com o mundo em geral, e, depois, com a personalidade humana em sua relação individual com a realidade. Goethe está mil vezes certo quando diz que ler um bom livro é tão difícil quanto escrevê-lo. Não convém imaginar que o nosso ponto de vista e a nossa avaliação pessoal sejam objetivos. É apenas através da diversidade das interpretações pessoais que pode surgir certo tipo de avaliação relativamente objetiva. E a ordem hierárquica de mérito que as obras de arte assumem aos olhos das massas, da maioria das pessoas, manifesta-se sobretudo em decorrência do mero acaso: por exemplo, quando uma determinada obra de arte teve a sorte de encontrar bons intérpretes. Ou, ainda, para outras pessoas, o círculo das predileções estéticas desta ou daquela pessoa pode iluminar menos a obra em si do que a personalidade do crítico.

A crítica tende a abordar seu tema com o objetivo de ilustrar uma concepção específica; com muito menos frequência, infelizmente, ela já parte do impacto emocional vivo e direto da obra em questão. Para se alcançar uma percepção pura da obra de arte, é preciso ter uma capacidade de julgamento original, independente e "inocente". Em geral, as pessoas buscam exemplos e protótipos conhecidos para verem confirmada a sua opinião, e a obra de arte é então avaliada em relação ou por analogia com as aspirações subjetivas ou com o ponto de vista pessoal dessas mesmas pessoas. É claro que, por outro lado, diante da multiplicidade de julgamentos por que passa, a obra de arte adquire, por sua vez, uma espécie de vida autônoma, múltipla e inconstante, e tem sua existência ampliada e intensificada.

"As obras dos grandes poetas nunca foram lidas pela humanidade, pois somente os grandes poetas são capazes de lê-las. Elas só foram lidas da mesma maneira que as multidões leem as estrelas, quando muito como astrólogos, não como astrônomos. Em sua maior parte, as pessoas aprenderam a ler para atenderem a alguma mesquinha conveniência, assim como aprenderam a fazer contas para manterem em dia sua contabilidade, sem serem enganadas em seus negócios; quanto a ler como um nobre exercício intelectual, trata-se de algo sobre o qual pouco ou nada sabem. No entanto, essa é a única forma possível de leitura no sentido mais elevado do termo; não aquela que nos acalenta como um luxo, ao mesmo tempo que entorpece as nossas mais nobres aptidões, mas aquela em que temos que nos colocar na ponta dos pés para ler, dedicando-lhe as melhores horas da nossa vigília." Assim escreveu Thoreau em seu maravilhoso livro *Walden*.

Uma coisa é certa: uma obra-prima só adquire vida quando o artista é inteiramente sincero no tratamento que dá ao seu material. Os diamantes não são encontrados na terra negra; é preciso procurá-los próximos aos vulcões. Um artista não pode ser parcialmente sincero, tanto quanto a arte não pode ser uma aproximação da beleza. A arte é a forma absoluta do belo, do perfeito.

E, na arte, o belo e o consumado – aquilo que é peculiar à obra-prima – é algo que vejo onde quer que se torne impossível isolar ou dar preferência a qualquer um dos elementos, seja do conteúdo ou da forma, sem detrimento do

Andrei Rublióv
A jovem "feiticeira" na Noite de São João.

todo. Pois, numa obra-prima, é impossível preferir um componente ao outro; não se pode, por assim dizer, "apanhar o artista em seu próprio jogo" e formular para ele as suas intenções e finalidades essenciais. "A arte consiste em ocultar a arte", escreveu Ovídio; Engels declarou que, "quanto mais ocultas estiverem as concepções do autor, tanto melhor para a obra de arte".

A obra de arte vive e se desenvolve, como qualquer outro organismo natural, através do conflito de princípios opostos. Os opostos se interpenetram em seu interior, lançando a ideia para o infinito. A ideia da obra, aquilo que a determina, está oculta no equilíbrio dos princípios opostos que a compõem – e, assim, o "triunfo" sobre uma obra de arte (em outras palavras, uma explicação unilateral da sua concepção e do seu objetivo) torna-se impossível. Eis por que Goethe observou que "quanto menos acessível ao intelecto for uma obra, tanto maior ela será".

Uma obra-prima é um espaço fechado sobre si mesmo, não sujeito a resfriamento ou superaquecimento. A beleza está no equilíbrio das partes. O paradoxo encontra-se no fato de que, quanto mais perfeita a obra, maior a clareza com que se sente a ausência de quaisquer associações por ela geradas. O perfeito é único. Ou talvez ela seja capaz de gerar um número infinito de associações – o que, em última instância, significa a mesma coisa.

Vyacheslav Ivanov[10] teceu alguns comentários extraordinariamente perspicazes e penetrantes sobre esse assunto, quando escreveu sobre a inteireza da imagem artística (que ele chama "símbolo"): "Um símbolo só é um símbolo verdadeiro quando é inesgotável e ilimitado em seu significado, quando exprime, em sua linguagem oculta (mágica e hierática) de sinais e alusões, alguma coisa de inexprimível, que não corresponde às palavras. Tem uma multiplicidade de faces e abriga muitas ideias, permanecendo inescrutável em suas mais recônditas profundezas... É formado por processos orgânicos, como um cristal... Na verdade, é uma mônada, e, como tal, essencialmente diferente de alegorias complexas e redutíveis, parábolas e símiles... Os símbolos são inexprimíveis e inexplicáveis, e, diante da totalidade do seu significado secreto, somos impotentes."

Andrei Rublióv
O saque de Vladimir pelos tártaros: cena do estupro.

Como são arbitrárias as decisões dos críticos de arte sobre a importância ou superioridade de uma obra! Sem pretender, por um só momento, sugerir – à luz do que venho afirmando – que meu próprio julgamento seja objetivo, gostaria de extrair alguns exemplos da história da pintura, especificamente do Renascimento italiano. Quantas avaliações comumente aceitas existem, e que me deixam, no mínimo, cheio de perplexidade!

Quem ainda não escreveu sobre Rafael e a sua *Madona Sistina*? A ideia do homem, que finalmente conquistou sua própria personalidade, em carne e osso, que descobriu o mundo e Deus em si mesmo e ao seu redor depois de séculos de adoração ao Deus medieval, cuja contemplação o privara da sua força moral – diz-se que tudo isso encontrou concretização perfeita, coerente e definitiva nessa tela do gênio de Urbino. De certo modo, é possível que assim tenha sido. Pois a Virgem Maria, na configuração do artista, é, de fato, uma cidadã comum, cujo estado psicológico, tal como o vemos refletido na tela, tem sua base na vida real: ela está temerosa pelo destino do filho, oferecido em sacrifício aos homens. Embora tudo se dê em nome da salvação destes últimos, ele próprio está capitulando na luta contra a tentação de defender-se deles.

Tudo isso está, de fato, vivamente "escrito" no quadro – em minha opinião, com uma clareza excessiva, pois as ideias do artista oferecem-se ali à leitura: tudo por demais inequívoco e definido. Irrita-nos a tendenciosidade doentiamente alegórica do pintor, que paira sobre a forma e ofusca todas as qualidades puramente pictóricas do quadro. O artista concentrou sua vontade na clareza das ideias e na conceituação intelectual da obra; para isso, porém, pagou seu preço, pois a pintura é débil e insípida.

Estou falando de vontade e energia, e de uma lei de intensidade que me parece constituir uma condição fundamental da pintura. Encontro essa lei expressa na obra de um dos contemporâneos de Rafael, o veneziano Carpaccio. Em sua pintura, ele resolve os problemas morais que assediavam o homem do Renascimento, fascinado por uma realidade repleta de objetos, pessoas e matéria. Ele os resolve através de meios verdadeiramente pictóricos, muito diversos daquele tratamento quase literário que confere à *Madona Sistina* seu tom de alegoria, de sermão. A nova relação entre o indivíduo e a realidade exterior é por ele expressa com coragem e nobreza – sem nunca cair no excesso de sentimentalismo, sabendo como ocultar as suas inclinações, a sua vibrante alegria frente à emancipação.

Gógol escreveu a Zhukovsky[11] em janeiro de 1848: "[…] não me compete fazer nenhum sermão. *De qualquer modo, a arte é uma homilia*. A minha tarefa é falar através de *imagens vivas*, e não de argumentos. Tenho de exibir a *vida* de rosto inteiro, não discutir a vida."

Quanta verdade há nisso! De outra forma, o artista estaria impondo suas ideias ao seu público. Alguém diria que ele é mais inteligente do que as pessoas na plateia, o leitor com um livro nas mãos, ou o espectador na primeira fila do teatro? Acontece, simplesmente, que o poeta pensa por imagens, com as quais, ao contrário do público, ele pode expressar sua visão do mundo. É óbvio que a arte não pode ensinar nada a ninguém, uma vez que, em quatro mil anos, a humanidade não aprendeu absolutamente nada.

Se houvéssemos sido capazes de prestar atenção à experiência da arte e de permitir que ela nos modificasse de acordo com os ideais que expressa, já nos teríamos transformado em anjos há muito tempo. A arte tem apenas a capacidade, através do impacto e da catarse, de tornar a alma humana receptiva ao bem. É ridículo imaginar que se pode ensinar as pessoas a serem boas, assim como é impossível pensar que alguém possa tornar-se uma esposa fiel seguindo o exemplo "positivo" de Tatiana Larina, de Púchkin. A arte só pode oferecer alimento – um impulso, um pretexto para a experiência espiritual.

Voltando à Veneza do Renascimento... As composições cheias de figuras de Carpaccio têm uma beleza surpreendente e misteriosa. Talvez seja até mesmo possível chamá-la "a Beleza da Ideia". Diante delas, tem-se a perturbadora sensação de que o inexplicável está prestes a ser explicado. Momentaneamente, é impossível compreender o que cria o campo psicológico em que nos encontramos, ou fugir ao fascínio que se apodera de nós diante da pintura e nos põe num estado muito próximo do medo.

Podem-se passar horas antes que comecemos a perceber o princípio da harmonia que rege a pintura de Carpaccio. No entanto, assim que o apreendemos, permanecemos para sempre sob o encanto da sua beleza e do nosso arrebatamento inicial.

Quando o analisamos, descobrimos que o princípio é extraordinariamente simples e expressa, no mais alto sentido, a base essencialmente humana da arte renascentista, em minha opinião, com muito mais intensidade do que Rafael. A questão é que *cada* personagem é um centro na composição cheia de Carpaccio. Em qualquer figura que nos concentremos, começamos a perceber, com clareza inequívoca, que tudo o mais é mero contexto, segundo plano, construído como uma espécie de pedestal para esse personagem "incidental". O círculo se fecha, e, ao olharmos para a tela de Carpaccio, nossa vontade acompanha, dócil e involuntariamente, o fluxo lógico de sentimentos pretendido pelo artista, voltando-se primeiro para uma figura aparentemente perdida na multidão, e depois para outra.

Não tenho a menor intenção de convencer os leitores da superioridade dos meus pontos de vista sobre dois grandes artistas nem de estimular a admiração por Carpaccio em detrimento de Rafael. Tudo o que pretendo dizer é que, embora em última instância toda arte seja tendenciosa, que até mesmo o estilo seja comprometido, uma mesma tendência tanto pode ser absorvida pelas camadas insondáveis das imagens artísticas que lhe dão forma quanto pode ser exageradamente afirmada, como num cartaz, como é o caso da *Madona Sistina* de Rafael. Até mesmo Marx afirmou que, na arte, a tendência deve estar oculta, para que não fique à mostra como as molas que saltam de um sofá.

Cada ideia autonomamente expressada é por certo tão preciosa quanto a miríade de peças de mosaico que entram na formação de um padrão geral, representativo da maneira como o homem criador vê a realidade. E, no entanto...

Se, para dar maior clareza à minha teoria, nos voltarmos agora para a obra de Luis Buñuel, um dos cineastas de quem me sinto mais próximo, descobriremos que a força condutora dos seus filmes é sempre o anticonformismo. Seu protesto – furioso, intransigente e duro – expressa-se, sobretudo, na textura sensual do filme e é emocionalmente contagiante. O protesto não é calculado, cerebral, nem intelectualmente formulado. Buñuel tem uma veia artística por demais grandiosa para ceder à inspiração política, que, em minha opinião, é sempre espúria quando se expressa abertamente numa obra de arte. Mesmo assim, o protesto social e político que encontramos em seus filmes já seria suficiente para inúmeros diretores de menor estatura.

Buñuel é, sobretudo, portador de uma consciência poética. Ele sabe que a estrutura estética não necessita de manifestos, e que a força da arte não se encontra aí, mas sim no poder de persuasão, naquela força vital única a que se referia Gógol na carta acima citada.

A obra de Buñuel está profundamente enraizada na cultura clássica da Espanha. É impossível pensar nele sem o seu vínculo inspirado com Cervantes e El Greco, Lorca e Picasso, Salvador Dali e Arrabal. A obra destes artistas, cheia de paixão, terna e irada, intensa e desafiadora, nasce, por um lado, de um profundo amor pela pátria, e, por outro, de seu ódio implacável pelas estruturas sem vida e pela brutal e insensível exaustão da inteligência. O campo da sua visão, limitado pelo ódio e pelo desprezo, abarca apenas o que está animado pela comunhão humana, pela centelha divina, pelo sofrimento humano – por todas aquelas coisas de que, há séculos, se tem impregnado o escaldante e pedregoso solo espanhol.

A fidelidade à sua vocação de profetas tornou grandiosos esses espanhóis. A força tensa e rebelde das paisagens de

Andrei Rublióv
Andrei Rublióv e a Louca.

El Greco, o devoto ascetismo das suas figuras e a dinâmica das suas proporções alongadas e cores selvagemente frias, tão pouco característicos de sua época e familiares, mais exatamente, aos admiradores da arte moderna – deram origem à lenda de que o pintor sofria de astigmatismo, o que explicaria a sua tendência a deformar as proporções dos objetos e do espaço. Creio, porém, que a explicação é por demais simplista!

O dom Quixote de Cervantes tornou-se um símbolo de nobreza, generosidade desinteressada e fidelidade, enquanto Sancho Pança passou a simbolizar um saudável bom senso. Cervantes, porém, mostrou-se mais fiel ao seu herói do que este último à sua Dulcineia. Na prisão, num acesso de fúria devido a algum patife que publicara ilegalmente uma segunda parte das aventuras de dom Quixote que era uma afronta à afeição pura e sincera do autor por sua criatura, ele escreveu a verdadeira segunda parte do romance, matando o herói no final, para que ninguém mais pudesse macular a sagrada memória do Cavaleiro de Triste Figura.

Goya enfrentou, sozinho, o poder cruel do rei e insurgiu-se contra a Inquisição. Seus sinistros *Caprichos* tornaram-se a concretização de forças das trevas, que o levaram a debater-se entre o ódio selvagem e o terror animalesco, entre o desprezo sarcástico e a batalha quixotesca contra a loucura e o obscurantismo.

No sistema do conhecimento humano, o destino do gênio é surpreendente e rico de ensinamentos. Esses mártires escolhidos por Deus, condenados a destruir em nome do movimento e da reconstrução, encontram-se num estado paradoxal de equilíbrio instável entre uma ânsia pela felicidade e a convicção de que ela, enquanto realidade ou estado exequível, não existe. Pois a felicidade é um conceito abstrato e moral. A verdadeira felicidade, a felicidade feliz consiste, como sabemos, na aspiração àquela felicidade que não pode ser senão absoluta: aquele absoluto pelo qual ansiamos. Imaginemos, por um instante, que as pessoas alcançaram a felicidade – a manifestação de uma perfeita liberdade da vontade humana, em seu mais pleno sentido: nesse exato instante, a personalidade será destruída. O homem torna-se tão solitário quanto Belzebu. A ligação entre os seres que vivem em sociedade é cortada como o cordão umbilical de uma criança recém-nascida. Consequentemente, a sociedade é destruída. Removida a força da gravidade, os objetos põem-se a voar pelo espaço... (alguns podem dizer, por certo, que a sociedade deveria ser destruída para que algo de inteiramente novo e justo pudesse ser edificado sobre os seus escombros!... Não sei, não sou um destruidor...).

Dificilmente se poderia chamar de felicidade um ideal adquirido e dominado. Como disse o poeta, "Não existe felicidade no mundo, mas existem a paz e a vontade." Basta-nos examinar atentamente as obras-primas e penetrar-lhes a força revigorante – e misteriosa – para que seu significado, ao mesmo tempo ambivalente e sagrado, torne-se claro. Elas se erguem no caminho do homem como misteriosos prenúncios de catástrofe, anunciando: "Perigo! Passagem proibida!"

As obras-primas alinham-se nos locais de possíveis ou iminentes cataclismos históricos, como sinais de perigo à beira de precipícios e pântanos. Elas definem, intensificam e transformam o embrião dialético do perigo que ameaça a sociedade, e quase sempre se tornam o prenúncio de um choque entre o velho e o novo. Nobre, mas triste destino!

Os poetas dão-se conta dessa barreira de perigo antes de seus contemporâneos, e, quanto mais cedo o fazem, mais próximos estão da genialidade. E assim, como é comum acontecer, permanecem incompreensíveis enquanto o conflito hegeliano amadurece no seio da história. Quando finalmente sobrevém o conflito, seus contemporâneos, conturbados e comovidos, erguem um monumento ao homem que deu expressão, quando ela ainda era nova, vital e cheia de esperanças, a essa força que provocou o conflito, e que agora se tornou o símbolo claro e inequívoco de um triunfante avanço.

O artista e pensador torna-se, então, o ideólogo e apologista do seu tempo, o catalisador de transformações predeterminadas. A grandeza e a ambiguidade da arte consistem no fato de que ela não prova, não explica e não responde às perguntas, mesmo quando emite sinais de advertência, como "Cuidado! Radiação! Perigo!" Sua influência tem a ver com a sublevação ética e moral. E aqueles que permanecem indiferentes à sua argumentação emotiva, incapazes de acreditar nela, correm o risco de contaminação radioativa... Pouco a pouco... Inadvertidamente... Com um sorriso estúpido no rosto largo e imperturbável do homem convencido de que o mundo é tão plano quanto uma panqueca e se apoia sobre três baleias.

As obras-primas, nem sempre distintas ou perceptíveis entre todas as obras com pretensão à genialidade, estão dispersas pelo mundo como sinais de advertência num campo minado. E só por muita sorte não voamos pelos ares! Essa boa sorte, porém, gera uma descrença no perigo e permite o desenvolvimento de um pseudo-otimismo tolo e presunçoso. Quando esse tipo de visão de mundo otimista se encontra na ordem do dia, a arte se torna um fator de irritação, como o alquimista ou charlatão medieval. Ela parece perigosa, pois é perturbadora. ...

Vem-nos à lembrança a maneira como, depois da aparição de *Um cão andaluz*, Luis Buñuel teve que se esconder dos burgueses enfurecidos, chegando mesmo a levar um revólver no bolso sempre que saía de casa. Era o começo; como se costuma dizer, ele já começara a escrever por linhas tortas. O homem comum, que começava a se acostumar com o cinema como uma forma de divertimento que a civilização lhe oferecia, horrorizou-se diante das imagens e símbolos dilacerantes, destinados a *épater*, desse filme, realmente difícil de aceitar. Mesmo aqui, porém, Buñuel foi artista o suficiente para dirigir-se ao seu público não em linguagem de manifesto, mas no idioma emocionalmente contagioso da arte. Com que extraordinária precisão escreveu Tolstói em seu diário, em 21 de março de 1858: "A política não é compatível com a arte, pois a primeira, para provar seus argumentos, precisa ser unilateral." De fato! A imagem artística não pode ser unilateral: exatamente para que possa ser chamada verdadeira, ela deve unir em si mesma fenômenos dialeticamente contraditórios.

É natural, portanto, que nem mesmo críticos especializados tenham a necessária sutileza para procederem à análise das ideias de uma obra e do seu conjunto de imagens poéticas. Pois, na arte, uma ideia só existe nas imagens que lhe dão forma, e a imagem existe como uma espécie de apreensão da realidade através da vontade que o artista realiza de acordo com suas próprias tendências e as idiossincrasias de sua visão de mundo.

Andrei Rublióv
Andrei Rublióv assiste a ritos pagãos.

Na minha infância, minha mãe sugeriu que eu lesse *Guerra e paz*, e, durante muitos anos, ela citou frequentemente o romance, chamando-me a atenção para a sutileza e as particularidades da prosa de Tolstói. Desse modo, *Guerra e paz* tornou-se para mim uma espécie de escola de arte, um critério de gosto e profundidade artística; depois desse livro, nunca mais consegui ler porcarias, que sempre me causaram um profundo desagrado.

Em seu livro sobre Tolstói e Dostoiévski, Merezhkovsky[12] critica os trechos em que os personagens de Tolstói põem-se a filosofar, formulando, por assim dizer, suas ideias definitivas sobre a vida... Contudo, mesmo concordando inteiramente que a ideia de uma obra poética não deva ser formulada com base apenas no intelecto, ou, de qualquer modo, embora concorde com essa afirmação em termos gerais, devo ainda dizer que estamos falando da importância de um indivíduo numa obra literária, em que a sinceridade da expressão de suas próprias ideias constitui a única garantia de seu valor. E, mesmo achando que a crítica de Merezhkovsky baseia-se num raciocínio lúcido, isso não faz com que eu

Andrei Rublióv
A feiticeira foge para o rio, para escapar dos homens do grão-duque.

deixe de amar *Guerra e paz*, inclusive, se assim o quiserem, os trechos que são "um equívoco". O gênio, afinal, não se revela na perfeição absoluta de uma obra, mas sim na absoluta fidelidade a si próprio, no compromisso com sua própria paixão. O anseio apaixonado do artista de encontrar a verdade, de conhecer o mundo e a si próprio dentro desse mundo confere um significado especial até mesmo aos trechos um tanto obscuros de suas obras, ou, como se costuma dizer, "menos bem-sucedidos".

Pode-se ir ainda mais longe; não conheço uma só obra-prima que não tenha suas fraquezas ou que esteja inteiramente isenta de imperfeições, pois as tendências pessoais que criam o gênio e a integridade de propósitos que sustenta sua obra constituem a fonte não apenas da grandeza de uma obra-prima, mas também das suas falhas. Volto a dizê-lo: pode-se dar o nome de "falha" a um componente orgânico de uma visão de mundo integral? O gênio não é livre. Como escreveu Thomas Mann: "Só a indiferença é livre. O que tem caráter distintivo nunca é livre; traz a marca do seu próprio selo; é condicionado e comprometido."

III.
O tempo impresso

Stravrogin: [...] no Apocalipse, os anjos juram que o tempo não mais existirá.
Kirillov: Sei disso. É uma verdade indiscutível, afirmada com toda clareza e exatidão. Quando a humanidade alcançar a felicidade, não existirá mais o tempo, pois dele não mais se terá necessidade. Perfeitamente verdadeiro.
Stavrogin: Onde vão colocá-lo, então?
Kirillov: Não vão colocá-lo em lugar nenhum. O tempo não é uma coisa, é uma ideia. Ele morrerá na mente.

F. Dostoiévski, *Os Possessos*

O tempo constitui uma condição da existência do nosso "Eu". Assemelha-se a uma espécie de meio de cultura que é destruído quando dele não mais se precisa, quando se rompem os elos entre a personalidade individual e as condições da existência. O momento da morte representa também a morte do tempo individual: a vida de um ser humano torna-se inacessível aos sentimentos daqueles que continuam vivos, morre para aqueles que o cercam.

O tempo é necessário para que o homem, criatura mortal, seja capaz de se realizar como personalidade. Não estou, porém, pensando no tempo linear, aquele que determina a possibilidade de se fazer alguma coisa e praticar um ato qualquer. O ato é uma decorrência, e o que estou levando em consideração é a causa que corporifica o homem em sentido moral.

A história não é ainda o Tempo; nem o é, tampouco, a evolução. Ambos são consequências. O tempo é um estado: a chama em que vive a salamandra da alma humana.

O tempo e a memória incorporam-se numa só entidade; são como os dois lados de uma medalha. É por demais óbvio que, sem o Tempo, a memória também não possa existir. A memória, porém, é algo tão complexo que nenhuma relação de todos os seus atributos seria capaz de definir a totalidade das impressões através das quais ela nos afeta. A memória é um conceito espiritual! Se, por exemplo, alguém nos fizer um relato das suas impressões da infância, poderemos afirmar, com certeza, que temos em nossas mãos material suficiente para formar um retrato completo dessa mesma pessoa. Privado da memória, o homem torna-se prisioneiro de uma existência ilusória; ao ficar à margem do tempo, ele é incapaz de compreender os elos que o ligam ao mundo exterior – em outras palavras, vê-se condenado à loucura.

Como ser moral, o homem é dotado de memória, a qual lhe inculca um sentimento de insatisfação, tornando-o vulnerável e sujeito ao sofrimento.

Quando os críticos e eruditos estudam o tempo da forma como este se manifesta na literatura, na música ou na pintura, mencionam os *métodos* de registrá-lo. Ao estudarem, por exemplo, Joyce ou Proust, examinarão a mecânica estética da existência no retrospecto das obras e a maneira como o indivíduo que evoca lembranças registra sua experiência. Eles estudarão as formas das quais a arte se vale para fixar o tempo, ao passo que, aqui, estou interessado nas qualidades morais e intrínsecas essencialmente inerentes ao tempo em si.

O tempo em que uma pessoa vive dá-lhe a oportunidade de se conhecer como um ser moral, engajado na busca da verdade: no entanto, esse dom que o homem tem nas mãos é ao mesmo tempo delicioso e amargo. E a vida não é mais que a fração de tempo que lhe foi concedida, durante a qual ele pode (e, na verdade, deve) moldar seu espírito de acordo com seu próprio entendimento dos objetivos da existência humana. No entanto, a rígida estrutura na qual ela se insere torna nossa responsabilidade para conosco e para com os outros ainda mais flagrantemente óbvia. A consciência humana depende do tempo para existir.

Afirma-se que o tempo é irreversível. É uma afirmação bastante verdadeira no sentido de que, como se costuma dizer, "o passado não volta jamais". Mas o que será, exatamente, esse "passado"? Aquilo que já passou? E o que essa coisa "passada" significa para uma pessoa quando, para cada um de nós, o passado é o portador de tudo que é constante na realidade do presente, de cada momento do presente? Em certo sentido, o passado é muito mais real, ou, de qualquer forma, mais estável, mais resistente que o presente, o qual desliza e se esvai como areia entre os dedos, adquirindo peso material somente através da recordação. Os anéis do rei Salomão traziam as palavras "Tudo passará"; por contraste, quero chamar a atenção para o fato de como o tempo, em seu significado moral, encontra-se de fato voltado para o passado. O tempo não pode desaparecer sem deixar vestígios, pois é uma categoria espiritual e subjetiva, e o tempo por nós vivido fixa-se em nossa alma como uma experiência situada no interior do tempo.

Causa e efeito são mutuamente dependentes, tanto no sentido de sua projeção para o futuro quanto no de seu caráter retrospectivo. Um gera o outro, em função de uma necessidade inexoravelmente determinada, constituída de conexões que nos seriam fatais caso fôssemos capazes de descobri-las todas de uma só vez. O vínculo de causa e efeito, ou, dito de outro modo, a transição de um estado para outro, constitui também a forma de existência do tempo, o meio através do qual ele se materializa na prática cotidiana. No entanto, após ter provocado seu efeito, a causa não é descartada como se fosse o estágio usado de um foguete espacial. Em presença de qualquer efeito, remontamos constantemente à sua fonte, às suas causas – em outras palavras, poder-se-ia dizer que fazemos o tempo retroceder através da consciência. Num sentido moral, causa e efeito podem ser ligados por um processo de retroação, quando então, por assim dizer, uma pessoa volta ao seu passado.

Em seu relato sobre o Japão, o jornalista soviético Ovchinnikov escreveu: "Considera-se que o tempo, *per se*, ajude a tornar conhecida a essência das coisas. Os japoneses, portanto, têm um fascínio especial por todos os sinais de velhice. Sentem-se atraídos pelo tom escurecido de uma velha árvore, pela aspereza de uma rocha ou até mesmo pelo aspecto sujo de uma figura cujas extremidades foram manuseadas por um grande número de pessoas. A todos esses sinais de uma idade avançada eles dão o nome de *saba*, que significa, literalmente, 'corrosão'. *Saba*, então, é um desgaste natural da matéria, o fascínio da antiguidade, a marca do tempo, ou pátina. *Saba*, como elemento do belo, corporifica a ligação entre arte e natureza."

Em certo sentido, poder-se-ia dizer que os japoneses tentam dominar e assimilar o tempo como a matéria de que é formada a arte.

A esta altura, é inevitável que nos lembremos daquilo que disse Proust a respeito de sua avó: "Mesmo quando pretendia dar a alguém um presente eminentemente prático, como, por exemplo, uma poltrona, um serviço de mesa ou uma bengala, ela sempre fazia questão de que fossem "velhos", como se estes, purificados do seu caráter utilitário pelo desuso, pudessem contar-nos como haviam vivido as pessoas nos velhos tempos, em vez de se prestarem à satisfação das nossas necessidades modernas".

Proust também fala da construção de "um vasto edifício de memórias", e creio ser exatamente essa a função do cinema, que poderíamos definir como a manifestação ideal do conceito japonês de *saba*. Afinal, ao dominar esse material inteiramente novo – o tempo –, o cinema se torna, no sentido mais pleno, uma nova musa.

Não gostaria de impor a ninguém minhas ideias sobre o cinema. Tudo o que espero é que as pessoas às quais me dirijo (isto é, as que conhecem e amam o cinema) tenham suas próprias ideias e suas concepções pessoais a respeito dos princípios artísticos que regem a realização dos filmes e a crítica cinematográfica.

Existe um grande número de preconceitos dentro e em torno da profissão. E refiro-me especificamente a preconceitos, não a tradições: àquelas maneiras já gastas de pensar, clichês que vão envolvendo as tradições até que, pouco a pouco, conseguem apossar-se delas por inteiro. Não podemos alcançar nada na arte, a menos que nos libertemos das ideias preconcebidas. É preciso que cada um desenvolva a sua própria concepção, o seu ponto de vista pessoal – sempre sujeitos ao bom senso –, e que o conserve sempre diante de si durante o trabalho, como se fosse o seu mais precioso bem.

A direção de um filme não começa quando o roteiro está sendo discutido com o escritor nem durante o trabalho com os atores ou com o compositor, mas no momento em que surge, diante do olhar interior da pessoa que faz o filme, conhecida como diretor, uma imagem do filme. Ela pode ser uma série de episódios minuciosamente detalhados, ou, talvez, a consciência de uma tessitura estética e de uma atmosfera emocional a serem concretizadas na tela. O diretor deve ter uma visão muito clara dos seus objetivos e trabalhar com sua equipe de filmagem para chegar à sua concretização precisa e integral. Tudo isso, porém, não passa de habilidade técnica. Apesar de envolver muitas das condições necessárias à criação artística, não é suficiente para que possamos ver o diretor como um artista.

Ele passa a ser um artista no momento em que, em sua mente, ou mesmo no filme, seu sistema particular de imagens começa a adquirir forma – a sua estrutura pessoal de ideias sobre o mundo exterior –, e o público é convidado a julgá-lo, a compartilhar com o diretor os seus sonhos mais secretos e preciosos. Só em presença de sua visão pessoal, quando ele se torna uma espécie de filósofo, é que o diretor emerge como artista – e o cinema como arte (claro que ele só pode ser visto como filósofo em termos relativos; como observou Paul Valéry, "Os poetas são filósofos. Poder-se-ia perfeitamente comparar o pintor de marinhas com o capitão de um navio").

Toda forma de arte, porém, nasce e vive de acordo com suas leis particulares. Quando as pessoas falam sobre as normas específicas ao cinema, fazem-no em geral em comparação com a literatura. Na minha opinião, é extremamente importante que a interação entre cinema e literatura seja explorada e exposta o máximo possível, para que as duas atividades possam afinal se separar e nunca mais voltem a ser confundidas. Em quais aspectos a literatura e o cinema são semelhantes e correlatos? O que os une?

Andrei Rublióv
A viagem do monge-pintor.

Acima de tudo, a liberdade única, de que desfrutam os artistas de ambos os campos, de escolher os elementos que desejam em meio ao que lhes é oferecido pelo mundo real e de organizá-los em sequência. Essa definição pode parecer por demais ampla e genérica, mas ela me parece abranger tudo o que há de comum entre o cinema e a literatura. Para além dela, as diferenças são irreconciliáveis, e provêm da disparidade essencial entre o mundo e a imagem reproduzida na tela, pois a diferença básica é que a literatura recorre às palavras para descrever o mundo, ao passo que o filme não precisa usá-las: ele se manifesta diretamente a nós.

Em todos esses anos, não se achou uma solução única e de consenso geral quanto ao cinema. Existe uma grande quantidade de opiniões diversas que entram em conflito ou, pior ainda, que se sobrepõem numa espécie de caos eclético. No mundo do cinema, cada artista pode ver, colocar e resolver o problema ao seu próprio modo. Seja como for, é preciso que haja uma especificação clara, para que possamos trabalhar com plena consciência do que estamos fazendo, pois é impossível trabalhar sem reconhecer as leis da atividade artística que praticamos.

Quais são os fatores determinantes do cinema, e o que deles resulta? Quais são os seus meios, imagens e potencial – não só em termos formais, mas também em termos espirituais? E qual é o material com que trabalha o diretor?

Não consigo nunca esquecer aquela obra de gênio criada no século passado, o filme que foi o começo de tudo – *L'Arrivée d'un Train en Gare de La Ciotat*. Esse filme, feito por Auguste Lumière[13], foi simplesmente o resultado da invenção da câmera, da película e do projetor. O espetáculo, que só dura meio minuto, mostra um trecho da plataforma ferroviária banhada pela luz do sol, damas e cavalheiros caminhando por ali, e o trem que surge do fundo do quadro e avança em direção à câmera. À medida que o trem se aproximava, instaurava-se o pânico na sala de projeção, e as pessoas saíam correndo. Foi nesse momento que nasceu o cinema, e não se tratava apenas de uma questão de técnica ou de uma nova maneira de reproduzir o mundo. Surgira, na verdade, um novo princípio estético.

Pela primeira vez na história das artes, na história da cultura, o homem descobria um modo de *registrar uma impressão do tempo*. Surgia, simultaneamente, a possibilidade de reproduzir na tela esse tempo, e de fazê-lo quantas vezes se desejasse, de repeti-lo e retornar a ele. Conquistara-se uma matriz do *tempo real*. Tendo sido registrado, o tempo agora podia ser conservado em caixas metálicas por muito tempo (teoricamente, para sempre).

É nesse sentido que os filmes de Lumière foram os primeiros a conter a semente de um novo princípio estético. Logo a seguir, porém, o cinema distanciou-se da arte e empenhou-se em seguir o caminho mais seguro dos interesses medíocres e lucrativos. Nas duas décadas seguintes, filmou-se praticamente toda a literatura mundial, além de um grande número de obras teatrais. O cinema foi explorado com o objetivo direto e sedutor de registrar o desempenho teatral; tomou o caminho errado, e temos de aceitar o fato de que ainda hoje sofremos as tristes consequências dessa atitude. Na minha opinião, o pior de tudo não foi a redução do cinema a mera ilustração: o mais grave foi o fracasso em explorar artisticamente o mais precioso potencial do cinema – a possibilidade de imprimir em celuloide a realidade do tempo.

Na forma de que o cinema imprime o tempo? Digamos que na forma de evento concreto. E um evento concreto pode ser constituído por um acontecimento, uma pessoa que se move ou qualquer objeto material; além disso, o objeto pode ser apresentado como imóvel e estático, contanto que essa imobilidade exista no curso real do tempo.

É aí que se devem buscar as raízes do caráter específico do cinema. Na música, sem dúvida, a questão do tempo também é fundamental, embora sua solução seja muito diferente: a força vital da música materializa-se no limiar do seu total desaparecimento. A força do cinema, porém, reside no fato de ele se apropriar do tempo, junto com aquela realidade material à qual ele está indissoluvelmente ligado e que nos cerca dia após dia e hora após hora.

O tempo, registrado em suas formas e manifestações reais: é essa a suprema concepção do cinema enquanto arte, e que nos leva a refletir sobre a riqueza dos recursos ainda não usados pelo cinema, sobre seu extraordinário futuro. A partir desse ponto de vista, desenvolvi as minhas hipóteses de trabalho, tanto práticas, quanto teóricas.

Por que as pessoas vão ao cinema? O que as faz buscar uma sala escura onde, por duas horas, assistem a um jogo de sombras sobre uma tela? A busca de diversão? A necessidade de uma espécie de droga? No mundo todo existem, de fato, firmas e organizações especializadas em diversões que exploram o cinema, a televisão e muitos outros tipos de espetáculo. Não é nelas, porém, que devemos buscar nosso ponto de partida, mas sim nos princípios fundamentais do cinema, que estão ligados à necessidade humana de dominar e conhecer o mundo. Acredito que o que leva normalmente as pessoas ao cinema é o *tempo*: o tempo perdido, consumido ou ainda não encontrado. O espectador está em busca de uma experiência viva, pois o cinema, como nenhuma outra arte, amplia, enriquece e concentra a experiência de uma pessoa – e não apenas a enriquece, mas a torna mais longa, significativamente mais longa. É esse o poder do cinema: "estrelas", roteiros e diversão nada têm a ver com ele.

Qual é a essência do trabalho de um diretor? Poderíamos defini-la como "esculpir o tempo". Assim como o escultor toma um bloco de mármore e, guiado pela visão interior de sua futura obra, elimina tudo que não faz parte dela – do mesmo modo o cineasta, a partir de um "bloco de tempo" constituído por uma enorme e sólida quantidade de fatos vivos, corta e rejeita tudo aquilo de que não necessita, deixando apenas o que deverá ser um elemento do futuro filme, o que mostrará ser um componente essencial da imagem cinematográfica.

Afirma-se que o cinema é uma arte composta, baseada no envolvimento de um grande número de artes adjacentes: teatro, prosa, representação, música, pintura... Na verdade, o "envolvimento" dessas formas de arte pode, como de fato se verifica, influenciar tão poderosamente o cinema, a ponto de reduzi-lo a uma espécie de pastiche ou – na melhor das hipóteses – a um mero simulacro de harmonia, onde será impossível encontrar a alma do cinema, pois é exatamente em tais condições que ela deixa de existir. E preciso deixar claro de uma vez por todas que, se o cinema é uma arte, não pode ser simplesmente um amálgama dos princípios de outras formas de arte contíguas: só depois de fazê-lo é que podemos voltar à questão da natureza supostamente composta do cinema. Uma combinação de conceitos literários e formas pictóricas jamais poderá ser uma imagem cinematográfica: tal combinação só poderá resultar numa forma híbrida mais ou menos vazia e presunçosa.

Também não se deve substituir as leis do movimento e a organização do tempo do cinema pelas leis que regem o tempo teatral.

O tempo em forma de evento real: volto a insistir nisso. Eu vejo a crônica, o registro de fatos no tempo, como a essência do cinema: para mim, não se trata de uma maneira de filmar, mas uma maneira de reconstruir, de recriar a vida.

Uma vez gravei uma conversa comum. As pessoas falavam sem saber que a gravação estava sendo feita. Mais tarde, ouvi a fita e fiquei surpreso com o brilho com que o diálogo fora "escrito" e "representado". A lógica dos movimentos dos personagens, o sentimento, a energia – quão palpável era tudo! Como eram melodiosas as vozes, e que belas pausas!... Nenhum Stanislavski teria sido capaz de justificar aquelas pausas, e o estilo de Hemingway parece ingênuo e pretensioso em comparação à forma como foi construído aquele diálogo casualmente gravado...

É esta a minha concepção de uma sequência fílmica ideal: o autor roda milhões de metros de filme, nos quais, sistematicamente, segundo após segundo, dia após dia e ano após ano, a vida de um homem é acompanhada e registrada, por exemplo, do nascimento até a morte, e de tudo

Andrei Rublióv
*Cena da tortura de Patrikey,
tesoureiro da Catedral
(representado pelo famoso
palhaço Yuri Nikulin).
"Malditos sejam
os pagãos; que eles se
consumam no fogo eterno!"*

isso aproveitam-se apenas dois mil e quinhentos metros, ou uma hora e meia de projeção (um bom exercício de imaginação é pensar nesses milhões de metros indo parar nas mãos de vários diretores, para que cada um montasse o seu próprio filme – a que resultados diferentes chegariam!).

E embora seja impossível fazer um filme com aqueles milhões de metros, as condições "ideais" de trabalho não são tão irreais assim, e deveriam ser aquilo a que aspiramos. Em que sentido? Trata-se de selecionar e combinar os segmentos de fatos em sucessão, conhecendo, vendo e ouvindo exatamente o que se encontra entre eles e o tipo de ligação que os mantém unidos. Isso é cinema. De outra forma, podemo-nos deixar levar com muita facilidade para o caminho habitual da dramaturgia, construindo uma estrutura de enredo baseada em personagens predeterminados. O cinema deve ser livre para selecionar e combinar eventos extraídos de um "bloco de tempo" de qualquer largura ou comprimento. Também não penso que seja preciso acompanhar uma pessoa específica. Na tela, a lógica do comportamento de uma pessoa pode-se transformar na análise de fatos e fenômenos muito diversos – aparentemente irrelevantes –, e a pessoa com quem se começou pode desaparecer da tela, substituída por algo muito diferente, se os princípios pelos quais o autor se orienta assim o exigirem. É possível, por exemplo, fazer um filme em que não haja um personagem central do começo ao fim, mas em que tudo se defina pelos efeitos de perspectiva específicos da concepção de vida de uma pessoa.

O cinema é capaz de operar com qualquer fato que se estenda no tempo; pode tirar da vida praticamente tudo que quiser. Aquilo que, para a literatura, seria uma possibilidade eventual, um caso isolado (por exemplo, a interpolação de "material documentário" em *In our time*, o livro de contos de Hemingway) é para o cinema a manifestação das suas leis artísticas fundamentais. Absolutamente tudo! Aplicada à estrutura de uma peça ou de um romance, esta expressão, "absolutamente tudo", poderia parecer ilimitada; no caso do cinema, trata-se de algo rigorosamente limitado.

Justapor uma pessoa a um ambiente ilimitado, confrontá-la com um número infinito de pessoas que passam perto e longe dela, relacionar uma pessoa ao mundo inteiro: é esse o significado do cinema.

"Cinema poético" é uma expressão que já se tornou lugar-comum. Através dele pretende-se indicar o cinema que, em suas imagens, afasta-se corajosamente de tudo o que é efetivo e concreto, semelhante à vida real, ao mesmo tempo que afirma a sua própria coerência estrutural. Há, porém, um perigo à espreita quando o cinema se afasta de si próprio. Via de regra, o "cinema poético" dá origem a símbolos, alegorias e outras figuras do gênero – isto é, a coisas que nada têm a ver com as imagens que lhes são inerentes.

Desejo fazer aqui um outro esclarecimento. Se, no cinema, o tempo se manifesta na forma de um evento real, este se dá em forma de observação simples e direta. O elemento básico do cinema, que permeia até mesmo suas células mais microscópicas, é a observação.

Andrei Rublióv
Andrei Tarkovski no set,
com os atores principais.

Todos nós conhecemos o gênero tradicional da poesia japonesa, o haicai. Eisenstein citou alguns exemplos:

A lua brilha fria; *Silêncio no campo.*
Perto do velho mosteiro *Uma borboleta voava;*
Um lobo uiva. *Depois adormeceu.*

Eisenstein via nesses tercetos o modelo de como a combinação de três elementos separados é capaz de criar algo que é diferente de cada um deles. Uma vez que esse princípio já se encontrava no haicai, é evidente que não pertença exclusivamente ao cinema.

O que me fascina no haicai é a sua observação da vida – pura, sutil e inseparável do seu tema.

Enquanto passa *O orvalho caiu.*
A lua cheia mal toca *Dos espinhos do abrunheiro*
Os anzóis entre as ondas. *Pendem pequenas gotas.*

Trata-se de observação em estado puro. Por menor que seja a sensibilidade de uma pessoa, a competência e a precisão dos versos farão com que ela sinta o poder da poesia e identifique – perdoem-me a banalidade – a imagem viva que o autor captou.

Embora eu seja muito prudente ao fazer comparações com outras formas de arte, esse exemplo específico da poesia parece-me muito próximo à verdade do cinema, com a diferença de que, por definição, a poesia e a prosa valem-se de palavras, ao passo que um filme nasce da observação direta da vida; é essa, em minha opinião, a chave para a poesia do cinema. Afinal, a imagem cinematográfica é essencialmente a observação de um fenômeno que se desenvolve no tempo.

Há um filme que não poderia estar mais longe do princípio da observação direta: *Ivan, o terrível*, de Eisenstein. O filme não só é uma espécie de hieróglifo, como consiste numa série de hieróglifos – grandes, pequenos e diminutos. Não há um único detalhe que não esteja permeado das intenções do autor (ouvi dizer que, numa conferência, o próprio Eisenstein referiu-se ironicamente a esses hieróglifos e significados ocultos: a armadura de Ivan tem uma imagem do sol, e a de Kurbsky, uma da lua, uma vez que a essência deste último reside no fato de que ele "brilha como uma luz refletida"). Não obstante, o filme é espantosamente poderoso em sua composição musical e rítmica. Tudo nele (montagem, mudanças de plano e sincronização) é elaborado com sutileza e disciplina. É por isso que *Ivan, o terrível* é tão arrebatador; na época, pelo menos, eu achava o ritmo do filme decididamente fascinante. A caracterização, a composição harmoniosa das imagens e a atmosfera do filme aproximam-se tanto do teatro (do teatro musical), que ele quase deixa de ser – segundo minha visão puramente teórica – uma obra cinematográfica ("opera à luz do dia", como disse uma vez Eisenstein, referindo-se ao filme de um colega). Os filmes feitos por Eisenstein na década de 1920, sobretudo *O encouraçado Potemkin*, eram muito diferentes, cheios de vida e de poesia.

Andrei Rublióv
Boriska, o fabricante de sinos (representado por Kolya Burlyaev, que também fez o papel-título em A infância de Ivan)*, ajoelha-se diante dos seus protetores.*

A imagem cinematográfica, então, consiste basicamente na observação dos eventos da vida dentro do tempo, organizados em conformidade com o padrão da própria vida e sem descurar das suas leis temporais. As observações são seletivas: só deixamos que permaneça no filme aquilo que se justifica como essencial à imagem. Não que a imagem cinematográfica possa ser dividida e segmentada contra a sua natureza temporal; o tempo presente não pode ser dela removido. A imagem torna-se verdadeiramente cinematográfica quando (entre outras coisas) não apenas vive no tempo, mas quando o tempo também está vivo em seu interior, dentro mesmo de cada um dos fotogramas.

Nenhum objeto "morto" – uma mesa, uma cadeira ou um copo – enquadrado separadamente de todo o resto pode ser apresentado como se estivesse fora do fluxo temporal, como se fosse visto sob o ponto de vista de uma ausência do tempo.

Andrei Rublióv
Andrei Rublióv fala com seu professor, Teófanes, o grego, sobre a essência da criação artística e da fé.

É preciso apenas ignorar essa contingência para que se torne possível introduzir no filme um número qualquer de atributos de uma das artes contíguas. E, com sua ajuda, pode-se realmente fazer filmes muito bons; ocorre, porém, que, do ponto de vista da forma cinematográfica, esses filmes serão incompatíveis com o verdadeiro desenvolvimento da natureza, da essência e do potencial do cinema.

Nenhuma outra arte pode comparar-se ao cinema quanto à força, à precisão e à inteireza com que ele transmite a consciência dos fatos e das estruturas estéticas existentes e em mutação no tempo. Desse modo, vejo com especial irritação as pretensões do moderno "cinema poético", que implica perda de contato com os fatos e com o realismo temporal, fazendo concessões ao preciosismo e à afetação.

O cinema contemporâneo contém várias tendências básicas de desenvolvimento formal, mas não é por acaso que, entre elas, se sobressai e chama a atenção a tendência rumo à crônica. Trata-se de algo tão importante e potencialmente rico que são constantes as tentativas de imitação, as quais chegam quase ao ponto do pastiche. No entanto, um registro fiel, uma crônica autêntica não pode ser feita filmando-se à mão, com uma câmera oscilante e até mesmo com tomadas embaçadas – como se o *camera man* não conseguisse focar direito – ou qualquer outro artifício do gênero. Não é o *modo* de filmar que irá expressar a forma única e específica do fato que se está desenvolvendo. É muito comum vermos tomadas que, pretendendo passar por "espontâneas", são na verdade tão forçadas e pretensiosas quanto os enquadramentos meticulosamente criados pelo "cinema poético", com o seu simbolismo vazio. Em ambos os casos, elimina-se o conteúdo concreto, vivo e emocional do objeto filmado.

Devemos também analisar aquilo que se conhece por convenções artísticas, uma vez que nem todas são válidas: algumas são mesmo irrelevantes, e o melhor talvez fosse chamá-las de preconceitos.

Existem, por um lado, convenções que têm a ver com a própria natureza de uma determinada forma de arte. Como exemplo disso poderíamos citar a eterna preocupação do pintor com a cor e com as relações de cor na superfície da tela.

Por outro lado, há convenções artificiais, que se desenvolveram a partir de coisas transitórias – talvez a partir de uma compreensão imperfeita da essência do cinema, ou de eventuais limitações dos meios de expressão, ou simplesmente do hábito e da aceitação dos estereótipos, ou ainda de uma abordagem teórica da arte. Basta que nos lembremos da convenção que equipara os enquadramentos de uma tomada aos de uma pintura: é assim que nascem os preconceitos.

Uma das condições essenciais e imutáveis do cinema determina que na tela as ações devem desenvolver-se sequencialmente, não importa se concebidas como simultâneas ou retrospectivas, ou algo do gênero. Para apresentar dois ou mais processos como simultâneos ou paralelos, é preciso necessariamente mostrá-los um em seguida ao outro; a montagem deve ser sequencial. Não há outra forma de fazê-lo. No filme *Terra*, de Dovjenko, o protagonista é morto com um tiro pelo *kulak**, e, para comunicar o disparo, a câmera se afasta da cena em que o protagonista cai morto; em alguma parte dos campos vizinhos, cavalos assustados erguem as cabeças, e a câmera volta em seguida para a cena do assassinato. Para o público, as cabeças erguidas dos cavalos constituem uma forma de percepção do tiro. Quando se introduziu o som no cinema, esse tipo de montagem deixou de ser necessário. E não convém remontar às brilhantes tomadas de Dovjenko para justificar o entusiasmo com que se faz uso gratuito da montagem intercalada no cinema moderno. Faz-se com que alguém caia na água, e, em seguida, por assim dizer, "Masha está olhando, à procura." Em geral, não há a menor necessidade de recorrer a tais expedientes; tais tomadas parecem ser um remanescente da poética do cinema mudo. Uma convenção imposta pela necessidade passou a ser uma ideia preconcebida, um clichê.

Nos últimos anos, os avanços da técnica cinematográfica fizeram nascer uma aberração específica (ou nela degeneraram): o enquadramento é dividido em duas ou mais partes, nas quais duas ou mais ações paralelas podem ser mostradas simultaneamente. A meu ver, trata-se de uma inovação espúria; estão sendo criadas pseudoconvenções que não são parte orgânica do cinema, sendo, portanto, estéreis.

Alguns críticos desejam ansiosamente ver um espetáculo cinematográfico projetado ao mesmo tempo em muitas telas, até mesmo em seis. Ocorre, porém, que o movimento do fotograma cinematográfico tem sua natureza própria, que não é a mesma da nota musical; o cinema "em múltiplas telas" não deve ser comparado a um acorde, uma harmonia ou polifonia, mas sim ao som produzido por várias orquestras executando diferentes partituras ao mesmo tempo.

O único resultado seria o caos; as leis da percepção seriam rompidas, e o autor do filme "em múltiplas telas" depa-

---

* *Kulak*. Nome antigamente dado na Rússia a um fazendeiro próspero. [N. T.]

rar-se-ia inevitavelmente com a tarefa de reduzir, de alguma forma, a simultaneidade à sequência, ou, em outras palavras, de elaborar para cada caso um complexo sistema de convenções. Seria como tentar passar o braço direito ao redor do pescoço para tocar a narina direita com a mão direita. Não seria melhor aceitar, de uma vez por todas, a condição simples e essencial do cinema como uma representação sucessiva de elementos visuais e trabalhar a partir desse ponto de partida? Uma pessoa simplesmente não é capaz de assistir ao desenrolar de várias ações ao mesmo tempo; trata-se de algo que vai além da sua psicofisiologia.

É preciso fazer uma distinção entre convenções naturais e imanentes à natureza de uma determinada forma de arte – que definem a diferença entre a vida real e as limitações específicas dessa forma de arte – e as convenções ilusórias e artificiais que nada têm a ver com princípios básicos, mas sim com a aceitação servil de ideias prontas, fantasias irresponsáveis ou a adoção de princípios formais de artes afins.

Uma das mais importantes limitações do cinema, se assim o quiserem, é o fato de que a imagem só pode ser concretizada através das formas naturais e reais da vida percebida pelos sentidos da visão e audição. Um filme tem de ser naturalista. Não uso o termo, aqui, em sua acepção literária corrente – tal como associada, por exemplo, a Zola; o que quero dizer é que percebemos a forma da imagem cinematográfica através dos sentidos.

"Mas, então", vocês poderiam perguntar, "o que dizer das fantasias do autor e do universo interior da imaginação individual? Como seria possível reproduzir aquilo que uma pessoa vê dentro de si, todos os sonhos que tem, dormindo ou acordada?"... É possível fazê-lo, desde que os sonhos mostrados na tela sejam constituídos exatamente por essas mesmas formas de vida naturais e observadas. Às vezes, alguns diretores filmam em ritmo acelerado, ou sob um véu de neblina, ou recorrem a algum truque mais velho que o vinho, ou, ainda, introduzem efeitos musicais – e o público, já familiarizado com esse tipo de coisa, reage instantaneamente: "Ah, ele está evocando o passado!", "Ela está sonhando!" Mas esse anuviamento misterioso não é a melhor forma de transpor para a tela uma verdadeira impressão dos nossos sonhos e recordações. No cinema não há, nem deve haver, uma preocupação de recorrer a efeitos teatrais. O que é necessário, então? Precisamos saber, antes de mais nada, que tipo de sonho teve o nosso protagonista. Precisamos conhecer os fatos concretos, materiais do sonho: examinar todos os elementos da realidade que foram deformados naquele nível da consciência que esteve de vigília durante a noite (ou com os quais uma pessoa trabalha ao ver alguma cena em sua imaginação). E precisamos expressar tudo isso na tela com precisão, sem nenhuma perda de clareza e sem recorrer a truques elaborados. Se me perguntassem: e o que dizer do caráter indistinto, da opacidade, da inverossimilhança de um sonho? – eu responderia que, no cinema, "opacidade" e "inefabilidade" não significam uma imagem indistinta, mas a impressão específica criada pela lógica do sonho: combinações insólitas e inesperadas de elementos inteiramente reais e situações de conflito entre eles. Esses elementos devem ser mostrados com a máxima precisão. Por sua própria natureza, o cinema deve expor a realidade, e não obscurecê-la (a propósito, os sonhos mais interessantes ou assustadores são aqueles dos quais nos lembramos até mesmo dos mais insignificantes detalhes).

Quero insistir ainda mais uma vez que, no cinema, a condição essencial de qualquer composição plástica, o seu critério decisivo, é o fato de um filme ser ou não verossímil, específico e real; é isso que o torna único. Os símbolos, pelo contrário, nascem, são usados indiscriminadamente, e logo se tornam clichês, quando um autor chega a uma determinada concepção plástica, estabelece uma relação entre ela e algum misterioso achado do seu pensamento e põe nela uma carga excessiva de significados que lhe são alheios.

A pureza do cinema, a força que lhe é inerente, não se revela na adequação simbólica das imagens (por mais ousadas que sejam), mas na capacidade dessas imagens de expressar um fato específico, único e verdadeiro.

Em *Nazarin*, de Buñuel, há um episódio que se passa numa cidade atingida pela peste, um povoado ressequido, cheio de rochas, com casas de calcário. O que faz o diretor para criar a impressão de um local que não terá sobreviventes? Vemos a estrada poeirenta, filmada em profundidade, e duas fileiras de casas que se perdem ao longe, filmadas frontalmente. A estrada sobe por uma colina, de tal modo que não se vê o céu. O lado direito da rua está na sombra, e o lado esquerdo é iluminado pelo sol. Não há ninguém nela. Pelo meio da estrada, vindo do fundo do quadro, uma criança caminha em direção à câmera, arrastando atrás de si um lençol branco – de um branco brilhante. A câmera gira lentamente em movimento panorâmico. E, no último instante, um pouco antes de passar para a próxima tomada, todo o campo do quadro é coberto, mais uma vez por um tecido branco que brilha ao sol. Ficamos a nos perguntar de onde teria saído. Seria um lençol estendido num varal? E então, com espantosa intensidade, sentimos "o hálito da peste", captado dessa forma extraordinária, como um fato médico.

Agora, uma tomada de *Os sete samurais*. Um vilarejo medieval japonês, onde se desenrola uma luta entre alguns cavaleiros e os samurais, que estão a pé. Chove torrencialmente, há lama por toda parte. Os samurais usam um antigo traje japonês que lhes deixa as pernas quase que inteiramente descobertas, e elas estão cheias de lama. E, quando um dos samurais cai morto, vemos a lama sendo lavada pela chuva, e a perna que, aos poucos, vai-se tornando branca, branca como o mármore. Um homem está morto: trata-se de uma imagem que é um fato, livre de simbolismo, e assim deve ser uma imagem.

Mas talvez tudo tenha acontecido por acaso – o ator estava correndo, caiu, a lama foi lavada pela chuva, e aqui estamos nós, considerando o fato como uma revelação por parte do cineasta?

Mais uma palavra sobre *mise en scène*. No cinema, como sabemos, *mise en scène* significa a disposição e o movimento de objetos escolhidos em relação à área de enquadramento.

Para que serve? A resposta dificilmente será outra: serve para expressar o significado do que está acontecendo; nada mais que isso. Mas definir dessa forma os limites da *mise en scène* equivale a seguir um caminho que leva a um único fim: a abstração. Na cena final de *Coração de mulher*, de Santis coloca os protagonistas em lados opostos de um portão metálico, cujo significado é claro: o casal agora está separado, nunca mais será feliz, o contato tornou-se impossível. E assim, um acontecimento específico, individual e único transforma-se em algo profundamente banal, pois foi obrigado a assumir uma forma comum. O espectador é imediatamente atingido pelo que há de mais "elevado" na suposta concepção do diretor. O problema é que um número enorme de espectadores gosta de tais pancadas, que os fazem sentir-se seguros: não só é "excitante", como também a ideia é clara, e não há necessidade de forçar o cérebro ou o olho nem de ver alguma coisa de específico naquilo que está acontecendo. E, com esse tipo de dieta, o público começa a se corromper. No entanto, o mesmo tipo de portões, cercas e sebes já foi repetido em milhares de filmes, significando sempre a mesma coisa.

O que é, então, *mise en scène*? Voltemo-nos para as grandes obras da literatura. Retomarei algo a que já fiz referência: o episódio final de *O idiota*, de Dostoiévski, quando o príncipe Myshkin chega ao quarto com Rogozhin e vê Nastasya Fillipovna, que foi assassinada, e cujo cadáver, como diz Rogozhin, já cheira mal. No meio do enorme aposento, os dois sentam-se em duas cadeiras, uma diante da outra, tão próximas que seus joelhos se tocam. É assustador imaginar essa cena. Nela, a *mise en scène* nasce do estado psicológico de personagens específicos, num momento específico, como uma afirmação única da complexidade de seu relacionamento. Então, para construir uma *mise en scène*, o diretor tem de trabalhar a partir do estado psicológico dos personagens, através da dinâmica interior da atmosfera da situação, e reportar tudo isso à verdade do fato diretamente observado e à sua textura única. Só então a *mise en scène* alcançará a importância específica e multifacetada da verdade concreta.

Sugere-se às vezes que a posição dos atores não tem nenhuma importância: basta colocá-los conversando ali, encostados na parede, fazer um *close-up* dele, depois um outro dela; em seguida, eles vão embora. Mas é claro que o mais importante não foi resolvido, e não se trata apenas de um problema do diretor, mas também, como é comum acontecer, do roteirista.

Se ignorarmos o fato de que um roteiro é feito para um filme – e, nesse sentido, trata-se de um "produto semiacabado" (não mais que isso, mas também não menos) –, será impossível fazer um bom filme. Pode ser que se faça uma outra coisa, algo de novo, e até mesmo fazê-lo bem feito, mas o roteirista ficará insatisfeito com o diretor. As acusações de que este último "estragou uma boa ideia" nem sempre se justificam. Em geral, a concepção é tão literária – e interessante apenas por esse motivo – que o diretor é obrigado a alterá-la e decompô-la para fazer o filme. Na melhor das hipóteses, o caráter estritamente literário de um roteiro (com exceção do diálogo) pode ser útil ao diretor como um elemento a indicar-lhe o conteúdo emocional de um episódio, de uma cena, ou até mesmo de um filme inteiro (Friedrich Gorenstein[14], por exemplo, escreveu num roteiro que o quarto cheirava a poeira, flores mortas e tinta seca; gosto muito disso, pois me permite começar a imaginar como é aquele interior, a sentir sua "alma", e se o artista me trouxesse seus esboços, eu seria capaz de lhe dizer imediatamente quais dentre eles eram bons, e quais não eram; ainda assim, tais indicações cênicas não são suficientes para constituir a base das imagens fundamentais do filme; via de regra, elas simplesmente ajudam a encontrar a exata atmosfera). De qualquer modo, o verdadeiro roteiro é para mim aquele que não pretende, por si só, afetar o leitor de forma completa e definitiva, mas que foi criado tão somente com o objetivo de se transformar num filme e só a partir daí adquirir sua forma final.

Os roteiristas, porém, têm uma função muito importante, que exige um verdadeiro talento literário em termos de discernimento psicológico. É nesse ponto que a literatura realmente influencia o cinema de uma maneira útil e necessária, sem sufocá-lo ou desvirtuá-lo. Atualmente nada é mais negligenciado ou superficial no cinema do que a psicologia. Refiro-me à compreensão e à revelação da verdade subjacente ao estado de espírito dos personagens, algo a que praticamente não se dá importância. No entanto, é essa verdade que faz com que um homem se detenha repentinamente numa posição das mais desconfortáveis, ou então que o faz saltar da janela de um quinto andar.

Em cada caso específico, o cinema exige do diretor e do roteirista um enorme conhecimento; assim, o autor de um filme deve ter alguma afinidade com o roteirista-psicólogo e também com o psiquiatra. Afinal, a realização plástica de um filme depende em grande parte, muitas vezes criticamente, do estado e das circunstâncias específicas de um determinado personagem. O roteirista pode, na verdade deve, fazer valer junto ao diretor o seu conhecimento de toda a verdade daquele estado interior e até mesmo dizer-lhe como deve ser construída a *mise en scène*. Pode-se escrever, simplesmente: "Os personagens param junto à parede", e prosseguir, acrescentando o diálogo. No entanto, o que há de especial nas palavras que estão sendo ditas, e o que elas têm a ver com o fato de se estar de pé ao lado da parede? O sentido da cena não pode estar concentrado no texto dos personagens. "Palavras, palavras, palavras" – na vida real, elas têm pouco significado, e só raramente, e por muito pouco tempo, pode-se testemunhar uma perfeita harmonia entre palavra e gesto, palavra e ato, palavra e sentido. Pois, em geral, as palavras de uma pessoa, seu estado interior e suas ações físicas desenvolvem-se em planos diversos. Eles podem complementar-se ou, às vezes, até certo ponto, estar em concordância mútua; no mais das vezes, porém, eles se contradizem, e em alguns momentos de extremo conflito, desmascaram-se mutuamente. E só conhecendo muito bem o que está acontecendo e por que, ao mesmo tempo, em cada um desses planos, é que podemos alcançar aquela força de fato única e verdadeira de que falei. Quanto à *mise en scène*, quando ela estiver em perfeita sintonia com a palavra falada, quando houver interação, um ponto de contato entre ambos, nascerá então aquilo que chamei imagem-observação, absoluta e específica. É por isso que o roteirista tem de ser um verdadeiro escritor.

Quando o diretor recebe o roteiro e começa a trabalhar com ele, ocorre sempre que, por mais profunda que seja a concepção do roteiro, e mais preciso o seu objetivo, ele passe invariavelmente por algum tipo de modificação. Ele nunca se reflete, nunca se materializa por inteiro na tela palavra por palavra: sempre haverá distorções. A colaboração entre o roteirista e o diretor tende, portanto, a ser difícil e polêmica. Um filme válido pode ser realizado mesmo quando a concepção original foi fragmentada e destruída durante o trabalho conjunto, quando surgiu das ruínas uma nova ideia, um novo organismo.

Falando em termos gerais, é cada vez mais difícil separar as funções do diretor e do roteirista. Como é natural, no cinema de hoje, os diretores inclinam-se cada vez mais a escrever roteiros, ao mesmo tempo que se considera normal que os roteiristas tenham um domínio cada vez maior sobre a direção. Por esse motivo, talvez devêssemos ver com naturalidade o fato de a concepção original desenvolver-se integralmente, em vez de se fragmentar ou ser deturpada; em outras palavras, achar normal que o próprio cineasta escreva o roteiro, ou, inversamente, que o roteirista também seja responsável pela direção.

Vale a pena enfatizar que a obra do autor nasce do seu pensamento, da sua intenção, da necessidade de dar seu depoimento sobre algo importante. Isso é óbvio, e não pode ser de outra forma. Sem dúvida, também pode acontecer que o autor, começando com o objetivo de resolver problemas puramente formais (e há inúmeros exemplos de tal procedimento nas outras artes), depare-se com um grande obstáculo e passe a ver as coisas por um novo ângulo; mesmo assim, porém, isso só acontece quando uma ideia lhe ocorre inesperadamente – numa forma particular, impondo-se ao seu tema, à concepção que – conscientemente ou não

Solaris
A sala dos espelhos: uma pausa durante as filmagens.

– ele vem carregando pela vida há muito tempo (se não estou enganado, um exemplo disso é *A bout de souffle* [*Acossado*], de Godard).

Sem dúvida, o mais difícil para um artista atuante é criar sua própria concepção e segui-la até o fim, sem medo das críticas que tal atitude implique, e por mais hostis que elas possam ser. É muito mais fácil ser eclético e observar os padrões rotineiros, tão abundantes no arsenal da nossa profissão: menos problemas para o diretor e mais simples para o público. No entanto, corre-se aqui o risco de um envolvimento do qual talvez o artista não mais consiga desenredar-se.

A mais absoluta prova de genialidade que um artista pode dar é não desviar-se nunca da sua concepção, da sua ideia, do seu princípio, e de fazê-lo com tanta firmeza que nunca perca o controle sobre essa verdade, não renunciando a ela mesmo que isso lhe custe o prazer do seu trabalho.

Há poucos homens de gênio no cinema. Lembremo-nos de Bresson, Mizoguchi, Dovjenko, Paradjanov, Buñuel: nenhum deles pode ser confundido com o outro. Um artista desse calibre segue uma linha incondicional, ainda que a grande custo; há, por certo, pontos fracos, e em algumas ocasiões chega-se mesmo a ser artificial, mas tudo é feito em nome de uma ideia, de uma concepção única.

No cinema mundial, tentativas têm sido feitas para se criar um novo conceito de arte cinematográfica, sempre com o objetivo geral de aproximá-la da vida, da verdade concreta. O resultado pode ser visto em filmes como *Shadows*, de Cassavetes; *The connection*, de Shirley Clarke; *Chronique d'un eté*, de Jean Rouch. Essas obras admiráveis caracterizam-se, além de todas as suas qualidades, por uma ausência de compromisso; a verdade concreta plena e irrestrita não é perseguida de forma consistente.

O artista tem o dever de ser imperturbável. Não tem nenhum direito de revelar suas emoções, seu envolvimento, ou de jogar isso tudo sobre o seu público. Qualquer tratamento mais arrebatado de um tema deve ser sublimado numa forma de severidade olímpica. Esse é o único modo que o artista tem de falar sobre as coisas que o estimulam.

Lembro-me agora de como foi nosso trabalho em *Andrei Rublióv*.

O filme se passa no século XV, e não demoramos a perceber como era extremamente difícil reproduzir "como era tudo". Tínhamos de usar as fontes de que dispúnhamos: a arquitetura, a iconografia, a palavra escrita.

Se houvéssemos partido para a reconstrução da tradição pictórica do mundo pictórico daqueles tempos, o resultado teria sido um antigo mundo russo estilizado e convencional, do tipo que, na melhor das hipóteses, faz lembrar as iluminuras e ícones do período. Em se tratando de cinema, porém, não é assim que se deve proceder. Nunca entendi, por exemplo, as tentativas de se criar *mise en scène* a partir de uma pintura. Ao fazê-lo, o máximo que conseguiríamos seria trazer a pintura novamente à vida e receber os devidos e convencionais aplausos do tipo: "Ah, que perfeita compreensão do período!", "Ah, que gente culta!"... Mas, ao mesmo tempo, estaríamos também matando o cinema.

Assim, um dos objetivos do nosso trabalho era reconstruir para um público moderno o mundo real do século XV, ou seja, apresentar aquele mundo de tal forma que os trajes, o modo de falar, o estilo de vida e a arquitetura não passassem ao público uma sensação de relíquia, de raridade de antiquário. Para chegarmos à verdade da observação direta, àquilo que quase poderíamos chamar verdade psicológica, tivemos que nos afastar da verdade arqueológica e etnográfica. Inevitavelmente, restou um elemento de artificialismo, que era, porém, a antítese daquele que teríamos obtido através da reconstrução da pintura. Se, de repente, houvesse aparecido alguém do século XV para observar nosso trabalho, acharia o material filmado um espetáculo muito estranho, mas não mais que nós e nosso próprio mundo. Pelo fato de vivermos no século XX, não temos condições de fazer um filme diretamente a partir de um material que já

Andrei Rublióv
Troitsa; a Trindade, *ideal de fraternidade, amor e fé reconciliatória.*

tem seis séculos de idade. Mesmo assim, continuo convencido de que é possível alcançar nossos objetivos, mesmo enfrentando circunstâncias tão adversas, desde que sejamos firmes e não nos desviemos do caminho escolhido, apesar do trabalho hercúleo que ele implica. Quão mais simples seria ir até uma rua de Moscou e começar a filmar com uma câmera escondida.

Por mais que nos dediquemos à pesquisa de tudo que restou do século XV, não conseguiremos reconstruí-lo com exatidão. A consciência que temos daquele tempo é totalmente diferente da que tinham as pessoas que nele viveram. Tampouco vemos hoje a *Trindade* de Rublióv da mesma maneira que o faziam os seus contemporâneos; no entanto, a obra vem sobrevivendo ao longo dos séculos. Estava tão viva, na época, quanto está agora, e constitui um elo entre as pessoas daquele século e as de hoje. A *Trindade* pode ser vista simplesmente como um ícone, como uma magnífica peça de museu, talvez como um modelo do estilo de pintura da época. Mas esse ícone, esse monumento, pode ser visto de outra forma: podemo-nos voltar para o significado humano e espiritual da *Trindade*, que está vivo e compreensível para nós que vivemos na segunda metade do século XX. Foi assim que abordamos a realidade que deu origem à *Trindade*.

Escolhida essa abordagem, tivemos de introduzir deliberadamente elementos que afastassem toda e qualquer impressão de arcaísmo ou de restauração museológica.

O roteiro inclui um episódio no qual um camponês, que fizera um par de asas, sobe até o topo da catedral, salta e se arrebenta no chão. "Reconstruímos" esse episódio atentos ao seu componente psicológico essencial. Tratava-se evidentemente de um homem que passara a vida pensando em voar. Mas como tudo teria de fato acontecido? As pessoas corriam atrás dele, ele se apressava. Depois, o salto. O que teria visto e sentido esse homem ao voar pela primeira vez? Não teve tempo para ver nada, ele caiu e se arrebentou. O máximo que pôde sentir foi talvez o fato inesperado e aterrorizante de estar caindo. A inspiração do voo, o seu simbolismo, foram eliminados, pois o significado era básico e imediato, e ligado a associações que nos são perfeitamente familiares. A tela tinha que mostrar um camponês rude e comum, depois a sua queda, o impacto e a morte. Trata-se de um fato concreto, de uma tragédia humana, presenciada pelos espectadores exatamente como se agora, diante de nós, alguém se lançasse contra um carro e ali ficasse, esmagado no asfalto.

Gastamos um tempo enorme pensando em como destruir o símbolo plástico sobre o qual se apoiava o episódio, e chegamos à conclusão de que a raiz do problema estava nas asas. E, para dissipar as conotações que fatalmente ligariam o episódio ao voo de Ícaro, decidimo-nos por um balão. Esse era um objeto esdrúxulo, montado com pedaços de couro, cordas e trapos, e sentimos que ele eliminava do episódio qualquer artifício retórico espúrio, transformando-o num acontecimento único.

A primeira coisa que se deve descrever é o acontecimento, e não a nossa atitude em relação a ele. Nossa atitude deve ficar clara através do filme como um todo, deve fazer parte do seu impacto total. Num mosaico, cada uma das peças tem uma cor única e inconfundível. Não importa se ela é azul, branca ou vermelha – são todas diferentes. E então, ao olharmos para a imagem concluída, descobrimos o que seu autor tinha em mente.

... Amo o cinema. Ainda existem muitas coisas que desconheço: que projetos terei pela frente, quais serão meus novos trabalhos, que resultado terão todas essas coisas; não sei, também, se minha obra corresponderá aos princípios que agora defendo, se corresponderá às hipóteses de trabalho que tenho formulado. Há muitas tentações por todos os lados: estereótipos, ideias preconcebidas, lugares-comuns e concepções artísticas alheias. E, na verdade, quando o que se tem em mira é apenas a obtenção de um efeito, ou os aplausos do público, é tão fácil filmar uma bela cena... Basta, porém, um passo nessa direção, e estamos perdidos.

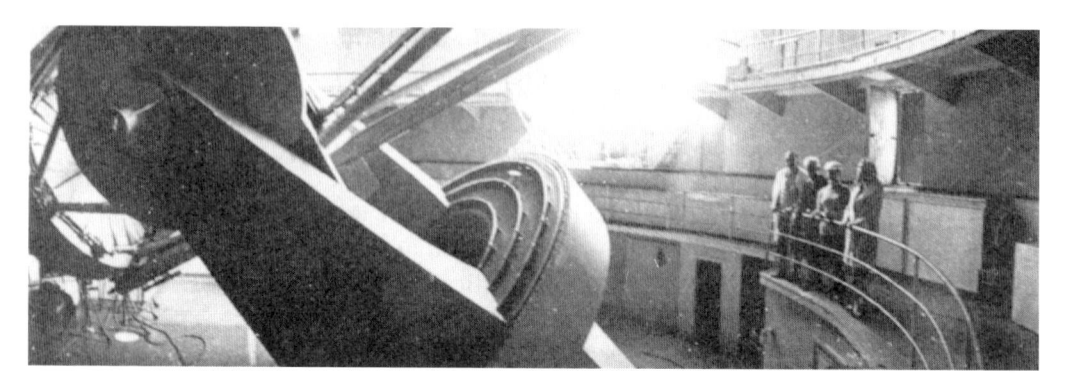

Solaris
Trabalhando no filme.

Solaris
Andrei Tarkovski com a atriz principal, Natalia Bondarchuk, durante as filmagens.

O cinema deve ser um meio de explorar os problemas mais complexos do nosso tempo, tão vitais quanto aqueles que há tantos séculos vem servindo de tema à literatura, à música e à pintura. É apenas uma questão de procurar, a cada vez com o espírito renovado, o caminho, o canal a ser seguido pelo cinema. Estou convencido de que, para cada um de nós, nossa atividade cinematográfica revelará um empreendimento inútil e sem valor se não formos capazes de apreender, precisamente e sem equívocos, a especificidade do cinema e não conseguirmos encontrar, dentro de nós mesmos, a chave que nos abra suas portas.

IV. Vocação e destino do cinema

Cada arte tem o seu próprio significado poético, e o cinema não constitui uma exceção: ele tem a sua função particular, o seu próprio destino, e nasceu para dar expressão a uma esfera específica da vida, cujo significado ainda não encontrara expressão em nenhuma das formas de arte existentes. Tudo que há de novo na arte surgiu em resposta a uma necessidade espiritual, e sua função é fazer aquelas indagações que são de suprema importância para nossa época.

Lembro-me, a esse respeito, de uma curiosa observação feita pelo padre Pavel Florensky[15], em seu livro *A iconóstase**. Ele diz que a perspectiva invertida das obras daquele período não decorria do fato de os pintores russos de ícones desconhecerem as leis da ótica que haviam sido assimiladas pelo Renascimento italiano depois de terem sido elaboradas, na Itália, por Leon Battista Alberti[16]. Florensky argumenta, de modo convincente, que não era possível observar a natureza sem vir a descobrir a perspectiva, estando esta, portanto, destinada a ser descoberta. No momento, porém, ela podia não ser necessária – podia-se ignorá-la. Assim, a perspectiva invertida na antiga pintura russa, a rejeição da perspectiva renascentista, expressa a necessidade de lançar luz sobre certos problemas espirituais que os pintores russos se colocavam, ao contrário dos artistas do Quatrocentos italiano (a propósito, afirma-se que Andrei Rublióv teria realmente visitado Veneza, e, nesse caso, ele deve ter tomado conhecimento do que os pintores italianos estavam fazendo em termos de perspectiva).

Se arredondarmos a data do seu nascimento, poderemos dizer que o cinema é contemporâneo do século XX. Isso não se deve ao acaso; significa que, há cerca de noventa anos, houve motivos suficientemente fortes para que surgisse uma nova musa.

O cinema foi a primeira forma de arte a nascer em decorrência de uma invenção tecnológica, em resposta a uma

---

* Iconóstase: espécie de grande retábulo em forma de tríptico, coberto de imagens, em uso nas igrejas de rito grego e copta. [N. T.]

necessidade vital. Foi o instrumento de que a humanidade necessitava para ampliar seu domínio sobre o mundo real. Pois a esfera de ação de qualquer forma de arte restringe-se a um aspecto da nossa descoberta espiritual e emocional da realidade circundante.

Ao comprar seu ingresso, é como se o espectador estivesse procurando preencher os vazios da sua própria experiência, lançando-se numa busca do "tempo perdido". Em outras palavras, ele tenta preencher aquele vazio espiritual que se formou em decorrência das condições específicas da sua vida no mundo moderno: a atividade incessante, a redução dos contatos humanos e a tendência materialista da educação moderna.

Por certo, é possível dizer que as outras artes e a literatura também podem representar uma resposta satisfatória à insuficiência da vida espiritual de uma pessoa (ao pensarmos na busca do "tempo perdido", ocorre-nos de imediato o título dos romances de Proust). No entanto, nenhuma das artes antigas e "respeitáveis" tem um público tão vasto quanto o cinema. Talvez o ritmo, a forma como o cinema transmite ao público aquela experiência condensada que o autor deseja compartilhar corresponda mais intimamente ao ritmo da vida moderna e à falta de tempo que a caracteriza. Seria talvez até mesmo correto dizer que o público foi aprisionado pela dinâmica específica do cinema, em vez de simplesmente deixar-se arrebatar pelos estímulos que ele provoca (uma coisa, porém, é certa: o público de massa só pode ser uma faca de dois gumes, pois os segmentos mais apáticos do público são sempre aqueles que mais facilmente se deixam impressionar por novidades e coisas estimulantes)?

As reações do público moderno a esse ou àquele filme são diferentes, em princípio, das impressões produzidas pelas obras dos anos vinte e trinta. Quando milhares de pessoas na Rússia iam ver *Chapayev*[17], por exemplo, a impressão, ou melhor, a inspiração provocada pelo filme adequava-se perfeitamente, como parecia na época, à sua qualidade: o que se oferecia ao público era uma obra de arte, mas o atraía principalmente por ser um exemplo de um gênero novo e desconhecido.

Estamos agora numa situação em que o público muitas vezes prefere o lixo comercial a *Morangos silvestres*, de Bergman, ou a *O eclipse*, de Antonioni. Os profissionais dão de ombros, prevendo que obras sérias e significativas não farão sucesso junto ao grande público...

Qual é a explicação? Decadência do gosto, ou empobrecimento do repertório? Nenhuma delas.

Ocorre simplesmente que o cinema de hoje existe e está se desenvolvendo sob novas condições. Aquela impressão total e avassaladora que arrebatava os espectadores dos anos trinta explicava-se pelo prazer daqueles que assistiam com alegria ao nascimento de uma nova forma artística, que, além do mais, acabara de se tornar sonora. Pelo simples fato de existir, essa nova arte, que exibia um novo tipo de inteireza, um novo tipo de imagem, e revelava aspectos até então inexplorados da realidade, não podia senão arrebatar o público e transformá-lo numa legião de admiradores apaixonados.

Menos de vinte anos nos separam agora do século XXI. Ao longo da sua existência, passando por altos e baixos, o cinema percorreu uma trajetória longa e tortuosa. As relações que se criaram entre os filmes artísticos e o cinema comercial são muito complexas, e o abismo entre ambos torna-se maior a cada dia. Não obstante, o tempo todo fazem-se filmes que são, sem dúvida, marcos da história do cinema.

O público tornou-se mais criterioso na sua atitude para com os filmes. O cinema como novidade já há muito tempo deixou de assombrá-lo como fenômeno novo e original; ao mesmo tempo, espera-se que ele seja capaz de responder a um leque bem mais amplo de necessidades individuais. O espectador desenvolveu suas simpatias e antipatias. Isso significa que o cineasta, por sua vez, já pode contar com um público fiel, com o seu próprio círculo. As diferenças de gosto por parte do público podem ser extremas, o que não é, de forma alguma, lamentável ou alarmante. O fato de as pessoas terem desenvolvido seus próprios critérios estéticos indica um crescimento da autoconsciência.

Os diretores estão mergulhando cada vez mais fundo nos campos que lhes interessam. Há públicos fiéis e diretores favoritos, e, assim, não se trata de pensar em termos de um sucesso injustificado junto ao público – isto é, desde que se esteja falando de cinema enquanto arte, não enquanto mera diversão. Na verdade, o sucesso de massa sugere aquilo que é conhecido como cultura de massa, e não arte.

Os teóricos do cinema soviético sustentam que a cultura de massa vive e floresce no Ocidente, ao passo que os artistas soviéticos são chamados a criar a "verdadeira arte para o povo"; na realidade, estão interessados em fazer filmes que agradem às massas, e, enquanto falam com grandiloquência sobre o avanço das "verdadeiras tradições realistas" do cinema soviético, o que querem mesmo é encorajar, em surdina, a produção de filmes muito distantes da vida real e dos problemas com os quais as pessoas realmente se defrontam. Reportando-se ao sucesso do cinema soviético na década de 1930, sonham com um público enorme aqui e agora, fazendo todo o possível para fingir que, daquela época para cá, nada mudou na relação entre cinema e público.

Felizmente, porém, o passado não pode ser ressuscitado; a autoconsciência individual e o nível das concepções pessoais sobre a vida se estão tornando cada vez mais importantes. O cinema, portanto, está evoluindo, assumindo formas mais complexas, aprofundando seus argumentos, explorando questões capazes de unir pessoas com divergências profundas, histórias diferentes, personalidades antagônicas e temperamentos diversos. Não se pode mais pensar numa reação unânime, nem mesmo diante da menos controvertida das obras de arte, por mais profunda, expressiva ou talentosa que ela seja. A consciência coletiva difundida pela nova ideologia socialista foi forçada pelas pressões da vida real a ceder espaço para a autoconsciência individual. Existe agora uma oportunidade para que o cineasta e o público estabeleçam um diálogo construtivo e determinado, do tipo que ambas as partes desejam e necessitam. Ambos estão unidos por interesses e tendências comuns, proximidade de pontos de vista e até afinidades espirituais. Sem essas coisas, até mesmo os indivíduos mais instigantes correm o risco de se entediarem mutuamente, de despertar antipatias ou irritação mútua. Isso é normal; é óbvio que nem mesmo os clássicos ocupam uma posição idêntica na experiência subjetiva de cada pessoa.

Qualquer indivíduo capaz de apreciar a arte irá por certo limitar o seu círculo de obras favoritas com base nas suas preferências mais profundas. Nenhuma pessoa capaz de julgar e de selecionar por si própria pode-se interessar por tudo indiscriminadamente. Nem pode haver, para a pessoa dotada de senso estético apurado, qualquer avaliação "objetiva" fixa (quem são esses juízes que se colocaram acima do mundo com o objetivo de fazer julgamentos "objetivos"?).

Contudo, a atual relação entre artista e público prova o interesse *subjetivo* pela arte por parte de um número enorme e muito diversificado de pessoas.

No cinema, as obras de arte procuram formar uma espécie de concentração da experiência, concretizada pelo artista em seu filme: é como se este fosse uma ilusão da verdade, a sua imagem. A personalidade do diretor define a forma das suas relações com o mundo e delimita suas ligações com ele; e o mundo por ele percebido torna-se ainda mais subjetivo através da sua escolha dessas ligações.

Chegar à *verdade* de uma imagem cinematográfica – essas são meras palavras, a formulação de um sonho, uma declaração de intento que, no entanto, a cada vez que se realiza, torna-se uma demonstração do que há de específico na escolha feita pelo diretor, do que há de exclusivo em seu ponto de vista. Procurar a *própria* verdade (e não pode existir nenhuma outra verdade "comum") é procurar a linguagem *específica* de cada um, o sistema de expressão destinado a dar forma às ideias *pessoais* de cada um. Somente através de uma visão geral dos filmes de diferentes diretores é que podemos formular um quadro do mundo moderno que seja mais ou menos realista e que possa ser considerado, com alguma justiça, um relato pleno daquilo que preocupa, estimula e desconcerta nossos contemporâneos: uma verdadeira corporificação daquela experiência generalizada que falta ao homem moderno, cuja concretização é a razão de ser da arte do cinema.

Devo confessar que, antes do aparecimento do meu primeiro longa-metragem, *A infância de Ivan*, eu não sentia que era um diretor, e o cinema não tinha nada a ver com a minha vida.

Só depois de ter feito *Ivan* é que vim a saber que meu destino seria o cinema, até então ele era para mim um universo tão misterioso que eu não fazia a menor ideia do papel para o qual estava sendo preparado por meu professor, Mikhail Ilych Romm[18]. Era como viajar ao longo de linhas paralelas, sem nenhum contato ou influência recíproca. O futuro não parecia ter nada a ver com o presente. Não estava claro para mim, no nível mais profundo, qual seria a minha função. Eu ainda não conseguia ver aquele objetivo que só se alcança por meio da luta consigo mesmo, e que implica uma atitude expressada e formulada de uma vez por todas. Este objetivo permanecerá para sempre constante – embora as táticas empregadas em sua busca possam variar –, uma vez que constituem a função ética de um indivíduo.

Aquele foi um período em que, profissionalmente, eu estava acumulando um repertório de técnicas expressivas, ao mesmo tempo em que procurava precursores, ancestrais, uma linha unitária de tradição que não fosse rompida por minha ignorância e minha falta de conhecimentos. Eu estava apenas começando a conhecer o cinema na prática: o campo em que trabalharia. Minha experiência ilustra – uma vez mais – que o aprendizado escolar não faz de ninguém um artista. Para ser um artista, não basta aprender certas coisas e adquirir técnicas e métodos. Na verdade, como já disse alguém, para ser um bom escritor é preciso esquecer a gramática.

Qualquer pessoa que decida tornar-se um diretor estará pondo em risco todo o resto da sua vida, e, por esse risco, apenas ela será responsável. O ideal seria que essa decisão fosse sempre tomada por alguém já amadurecido; o enorme número de professores que preparam o artista não pode responsabilizar-se pelos anos sacrificados e perdidos pelos que fracassaram e que saíram diretamente dos bancos escolares. A seleção dos estudantes para esse tipo de cursos não deve ser feita pragmaticamente, pois envolve uma questão de ética: oitenta por cento dos que estudaram para se tornar diretores ou atores vão engrossar as fileiras das pessoas profissionalmente inadequadas, que passam o resto de suas vidas gravitando em torno do cinema. A grande maioria desses frustrados não tem forças para desistir de filmar e mudar de profissão. Depois de terem dedicado seis anos ao estudo do cinema, é muito difícil para as pessoas desistir de suas ilusões.

A primeira geração de cineastas soviéticos foi um fenômeno orgânico. Eles surgiram em resposta a um chamado da alma e do coração. Por mais surpreendente que tudo tenha sido, o que eles fizeram foi natural para sua época – um fato cujo verdadeiro significado muitas pessoas não conseguem apreender atualmente. A questão é que o cinema soviético clássico foi o trabalho de jovens, quase garotos, que mesmo assim sabiam o que seu trabalho significava e assumiram a responsabilidade por ele.

Apesar de tudo, os anos passados no Instituto de Cinematografia foram instrutivos no sentido de terem, aos poucos, preparado o caminho para a atual avaliação do aprendizado que ali se fez. Como diz Hermann Hesse, em *O jogo das contas de vidro*, "A verdade tem de ser vivida, e não ensinada. Há que se preparar para a batalha!"

Um movimento se torna verdadeiro, isto é, capaz de transformar a tradição em energia social, somente quando a história dessa tradição, a maneira como ela se desenvolve e passa por transformações, coincide com (ou mesmo antecipa) a lógica objetiva do desenvolvimento da sociedade.

Ora, se se prega que Cristo ressuscitou dos mortos, como dizem alguns dentre vós que não há ressurreição de mortos? E, se não há ressurreição de mortos, também Cristo não ressuscitou. E, se Cristo não ressuscitou, logo é vã a nossa pregação, e também é vã a vossa fé.

Mas agora Cristo ressuscitou dos mortos, e foi feito as primícias dos que dormem. Porque, assim como a morte veio por um homem, também a ressurreição dos mortos veio por um homem. Porque, assim como todos morrem em Adão, assim também todos serão vivificados em Cristo.

i Cor. 15, 12-14, 20-22

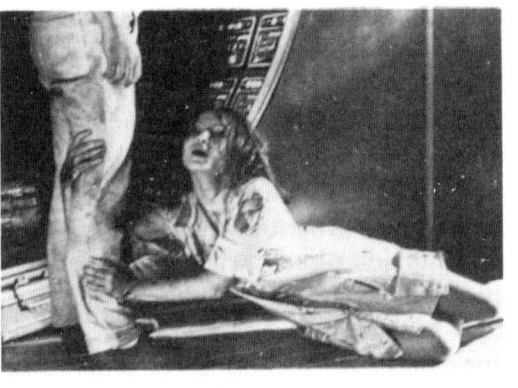

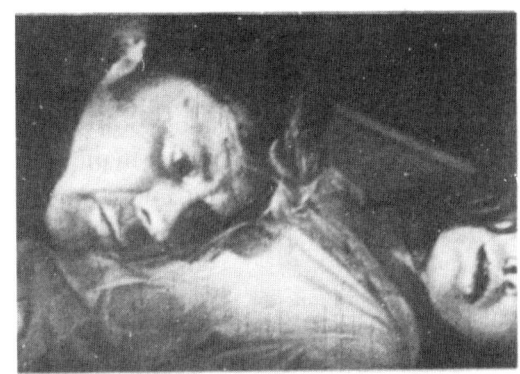

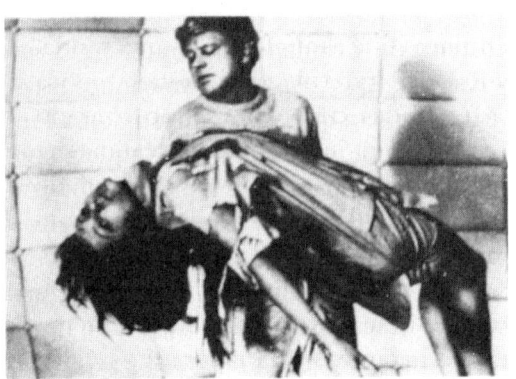

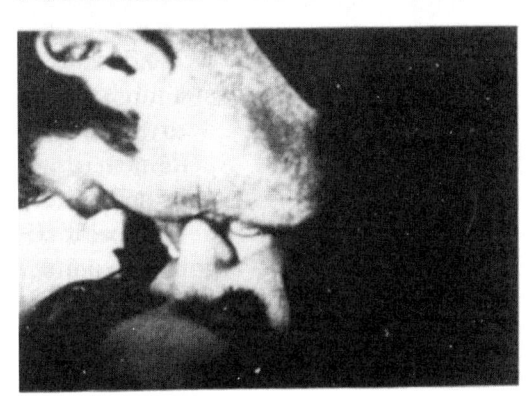

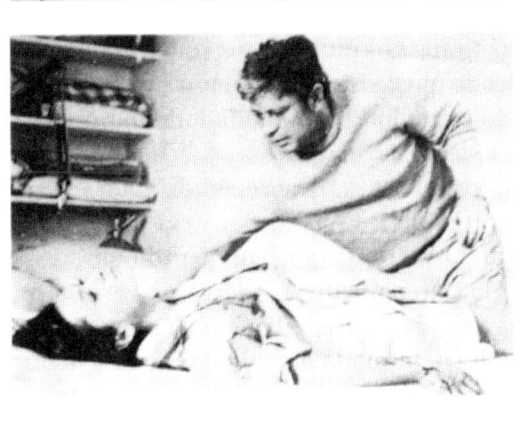

Solaris
Morte e ressurreição de Hari.

Na verdade, as palavras de Hesse transcritas acima poderiam perfeitamente servir de epígrafe para *Andrei Rublióv*.

O esquema de volta à posição original é subjacente à concepção da personalidade de Andrei Rublióv; espero que isso se manifeste no filme como a progressão natural e orgânica do fluxo vital "livre" criado na tela. Para nós, a história de Rublióv é realmente a história de um conceito "ensinado" ou imposto, que se queima na atmosfera da realidade viva, para ressurgir das cinzas como uma verdade nova e recém-descoberta.

Educado no Mosteiro da Trindade e de São Sérgio sob a tutela de Sergey Radonezhsky, Andrei, sem conhecimento direto da vida, é um homem que assimilou o axioma fundamental: amor, comunidade, fraternidade. Naquela época de guerra civil e lutas fratricidas, com o país sendo arrasado pelos tártaros, o lema de Sergey, inspirado pela realidade e por sua própria percepção política, sintetizava a necessidade de unificação, de centralização diante do jugo tártaro-mongol como a única forma de sobreviver e de alcançar a dignidade e a independência nacional e religiosa.

O jovem Andrei assimilou intelectualmente essas ideias; foi educado nelas, tinha-as gravadas em sua mente.

Fora das paredes do mosteiro, ele se depara com uma realidade que lhe é tão estranha e inesperada quanto horrível. A natureza trágica daqueles tempos só pode ser explicada em termos de uma culminação da necessidade de transformações.

É fácil ver como Andrei estava despreparado para esse confronto com a vida depois de ter sido protegido contra ela no interior das veneráveis dependências do mosteiro, de onde tinha uma visão deformada da vida que se desenrolava para além de seus limites... Só depois de ter passado pelos ciclos do sofrimento e de participar do destino de seu povo, depois de perder a fé numa concepção de bem que não podia ser conciliada com a realidade, é que Andrei volta ao ponto de partida: à ideia do amor, do bem e da fraternidade. Agora, porém, ele já sentiu na própria pele a grandiosa e sublime verdade dessa ideia como expressão das aspirações de seu atormentado povo.

As verdades tradicionais só continuam sendo verdades quando a experiência pessoal as confirma... Quando me lembro de meus anos de estudante, preparando-me para ingressar numa profissão em que estou destinado a permanecer até o fim de meus dias, e à luz de minha vida profissional de hoje, aqueles anos de aprendizado parecem-me tão estranhos...

Trabalhávamos muito no *set*, fazendo exercícios práticos de direção e interpretação para um público de estudantes, e escrevíamos bastante, elaborando roteiros para nós mesmos a partir do material didático. Víamos muito poucos filmes (e, atualmente, pelo que sei, os estudantes do Instituto veem menos ainda), porque os professores e as autoridades tinham medo da influência nociva do Ocidente, que os alunos podiam sentir menos "criticamente" do que seria desejável... Claro que se trata de um absurdo: como pode alguém ignorar o cinema mundial contemporâneo e, ainda assim, tornar-se um profissional? Os estudantes veem-se reduzidos, por assim dizer, a ter de inventar a bicicleta. É possível imaginar um pintor que não vá aos museus e ateliês de seus colegas, ou um escritor que não leia livros? E um cineasta que não veja filmes? – Sim, é possível, ei-lo diante de nós: o estudante do Instituto Estatal de Cinema, virtualmente privado da possibilidade de conhecer as realizações do cinema mundial enquanto estuda no Instituto.

Lembro-me ainda do primeiro filme que consegui ver no Instituto, na véspera de meu exame de admissão – *Les bas-fonds*, de Renoir, baseado na peça de Górki. Fiquei com uma impressão estranha, indefinida, uma sensação de algo proibido, clandestino, anormal. Jean Gabin fazia Pepel, e Louis Jouvet, o Barão...

No quarto ano, meu estado de contemplação metafísica subitamente deu lugar a uma explosão de vitalidade. Nossas energias foram primeiro canalizadas para os exercícios práticos, e depois para a realização de um filme que antecedia a obtenção do diploma, e que dirigi em colaboração com Alexander Gordon, meu colega de turma. Era um filme relativamente longo, produzido com os recursos do Instituto e dos Estúdios da Televisão Central, sobre sapadores desarmando bombas deixadas num depósito de munições alemão do tempo da guerra.

Depois de filmá-lo a partir de meu próprio – e inútil – roteiro, não consegui sentir, nem por um instante, que me estava aproximando de uma compreensão daquilo a que se dá o nome de cinema. Tudo ficava ainda pior pelo fato de que, durante todo o tempo em que filmávamos, estávamos ansiosos para fazer um longa-metragem – ou, como erroneamente imaginávamos, um "verdadeiro" filme. Na realidade, fazer um curta-metragem é quase mais difícil que fazer um longa: exige um senso irrepreensível de forma. Naqueles dias, porém, estávamos sobretudo tomados por ideias ambiciosas de produção e organização, ao mesmo tempo que o conceito do filme como obra de arte nos fugia por completo. Como resultado, éramos incapazes de aproveitar nosso trabalho com os curta metragens para definir nossos objetivos estéticos. No entanto, ainda não desisti da ideia de algum dia fazer um curta: tenho, inclusive, alguns esboços em meu caderno de anotações. Um deles é um poema de meu pai, Arseni Alexandrovich Tarkovski, que ele mesmo deveria declamar. A essa altura, porém, não tenho nem mesmo a certeza de voltar a vê-lo um dia. Por enquanto, usei o poema em *Nostalgia*:

> *Quando criança, certa vez adoeci*
> *De fome e medo. De meus lábios tirei*
> *Escama duras, e lambi meus lábios. Lembro-me*
> *Ainda do seu gosto, salgado e fresco.*
> *E o tempo todo eu andava, andava, andava.*
> *Sentei-me na escada da entrada para me aquecer,*
> *Fiz meu caminho delirante como se dançasse*
> *A música do apanhador de ratos, rumo ao rio. Sentei-me*
> *Para me aquecer na escada, tremendo o tempo todo.*

E minha mãe apareceu e acenou, e parecia
Próxima, mas eu não conseguia chegar até ela:
Fui em sua direção, ela estava a sete passos,
Acenando para mim; fui em sua direção, ela estava
A sete passos e acenava para mim.
   Eu sentia muito calor,
Desabotoei o colarinho e deitei-me,
Então clarins soaram, a luz bateu de leve
Em minhas pálpebras, cavalos em tropel, minha mãe
Estava voando sobre a estrada, acenou para mim
E foi embora...
   E agora eu sonhava com
Um hospital, branco sobre as macieiras,
E um lençol branco puxado até o queixo,
E um médico branco olhando para mim,
E uma enfermeira branca ao pé da cama,
E as suas asas se movendo. E lá eles ficaram.
E minha mãe veio, e acenou para mim –
E foi embora...

Muito tempo atrás, pensei em usar a seguinte sequência para o poema:

Cena 1: Estabelecimento do plano. Vista aérea de uma cidade; outono ou começo do inverno. *Zoom* lento numa árvore ao lado da parede de estuque de um mosteiro.

Cena 2: Primeiro plano. Tomada de baixo ângulo, *zoom* em poças de água, relva, musgo, filmados em *close-up* para darem o efeito de uma paisagem. Na primeira tomada, ouvem-se ruídos da cidade – agudos e insistentes – que cessam por completo no final da segunda tomada.

Cena 3: Primeiro plano. Uma fogueira. A mão de alguém estende um envelope velho e amassado em direção ao fogo. A fogueira torna-se mais viva. Tomada de baixo ângulo do pai (o autor do poema), de pé ao lado de uma árvore, olhando para a fogueira. Depois se curva, com o evidente propósito de atiçar o fogo. Passagem para uma ampla paisagem outonal. Céu nublado. Bem ao longe, a fogueira queima no meio do campo, avivada pelo pai, que se ergue, vira-se e se afasta da câmera, rumo aos campos. *Zoom* lento por trás, passando a plano médio. O pai continua andando. O tempo todo, a lente *zoom* mostra-o do mesmo tamanho. Ele se volta aos poucos, até ser mostrado de perfil. Sua figura desaparece nas árvores. Saindo delas, e movendo-se na mesma direção do pai, aparece o filho. *Zoom* gradual no rosto do filho, que, no final da tomada, está bem em frente à câmera.

Cena 4: Do ponto de vista do filho. Elevação da câmera e *zoom* em estradas, poças de água, relva sem viço. Uma pena branca cai, em círculos, dentro de uma poça. [Usei a pena em *Nostalgia*.]

Cena 5: *Close-up*. O filho olha para a pena caída, depois para o céu. Curva-se, depois ergue-se e anda, saindo do enquadramento. Passagem para plano geral: o filho apanha a pena e continua a andar. Desaparece em meio às árvores, das quais, caminhando na mesma direção, surge o neto do poeta. Na mão, uma pena branca. Crepúsculo. O neto caminha através do campo. Passagem para *close-up* do neto, de perfil; de repente, ele vê algo fora de enquadramento, e para. Panorâmica na direção do seu olhar. Plano geral de um anjo na orla da floresta que escurece. Cai a noite. Escurecimento e dissolução da imagem.

O poema é declamado desde o começo da terceira tomada até o final da quarta, entre as cenas da fogueira e da pena que cai. Quase no momento em que o poema termina, tal-

Solaris
Chris Kelvin (Donatas Banionis) na estação espacial.

vez um pouco antes, ouve-se o final da *Sinfonia do adeus*, de Haydn, que termina quando cai a noite.

Se eu fizesse o filme, ele provavelmente não ficaria exatamente como se encontra esboçado em meu caderno de anotações; não concordo com a opinião de René Clair, para quem, assim que se concebeu um filme, basta apenas filmá-lo. Nunca transponho um roteiro para a tela desse modo. Não que eu faça mudanças radicais na concepção original de um filme; o impulso inicial continua intacto e tem de se consumar na obra acabada. No entanto, durante o processo de filmagem, montagem e criação da trilha sonora, a ideia vai-se cristalizando em formas cada vez mais precisas, e a estrutura das imagens do filme só vem a ser decidida no último minuto. O processo de produção de qualquer obra consiste em lutar com o material, em esforçar-se para dominá-lo para obter a concretização plena e perfeita daquela ideia que continua viva para o artista em seu primeiro e imediato impacto.

Haja o que houver, o ponto essencial do filme, a ideia que inicialmente nos inspirou, não deve dispersar-se durante o trabalho: em especial porque nossa concepção vai tomando corpo através do meio cinematográfico, isto é, através do uso de imagens da própria realidade – afinal, ela só surgirá viva, no corpo do filme, através do contato direto com o mundo verdadeiro, substancial...

É um erro grave, e eu diria mesmo fatal, tentar fazer com que um filme corresponda exatamente ao que está no papel, tentar traduzir para a tela estruturas que foram concebidas de antemão, de modo puramente intelectual. Essa simples operação pode ser realizada por qualquer artesão dotado de certo talento. Por ser um processo vivo, a criação artística exige uma capacidade de observação direta do inconstante mundo material, sempre em contínua mutação.

O pintor, com o auxílio das cores; o escritor, com as palavras; o compositor, com os sons estão todos engajados numa luta implacável e extenuante que tem por objetivo dominar o material que constitui a base do seu trabalho.

O cinema nasceu como um meio de registrar justamente o *movimento* da realidade: concreto, específico, no interior do tempo e único; de reproduzir indefinidamente o momento, instante após instante, em sua fluida mutabilidade – aquele instante que somos capazes de dominar ao imprimi-lo na película. É isso que determina o veículo cinematográfico. A concepção do autor torna-se uma testemunha viva, humana, capaz de emocionar e de cativar o público só quando conseguimos lançá-la na impetuosa corrente da realidade, que apreendemos com firmeza em cada momento concreto e tangível a que damos expressão – único e irrepetível em textura e sentimento... De outra forma, o filme está condenado a morrer antes mesmo de ter nascido.

Depois de haver concluído *A infância de Ivan*, senti que começava a me aproximar da essência do cinema. Como acontece no jogo de "quente e frio" – pode-se sentir a presença de uma pessoa num quarto escuro mesmo que ela esteja prendendo a respiração. Tratava-se de algo que estava bem próximo de mim, algo que percebi por meio da minha própria excitação, semelhante à impaciência do cão de caça que acabou de farejar alguma coisa. Acontecera um milagre

– o filme funcionara. Eu me deparava agora com uma nova exigência: precisava entender o que era o cinema.

Foi nessa época que me ocorreu a ideia do "tempo impresso", um conceito a partir do qual pude desenvolver um princípio com pontos de referência que manteriam minha fantasia sob controle enquanto eu procurava a forma, as maneiras de trabalhar com a imagem. Um princípio que me deixaria com as mãos livres, permitindo-me excluir todos os elementos desnecessários, inadequados ou irrelevantes, e fazê-lo de tal maneira que a questão das necessidades do filme e das coisas que deveriam ser evitadas fossem resolvidas por si própria.

Conheço dois diretores que trabalharam dentro de limites rígidos que eles mesmos se impuseram, limites que pudessem ajudá-los a criar uma forma genuína para a realização das suas ideias: o Dovjenko da fase inicial (*A terra*), e Bresson (*Le journal d'un cure de campagne*). Mas talvez Bresson seja o único homem da história do cinema que conseguiu a aliança perfeita entre o resultado final da obra e um conceito teórico formulado de antemão. Quanto a esse aspecto, não sei de nenhum outro artista mais coerente que ele. Seu critério principal era a eliminação daquilo que se conhece por "expressividade", no sentido de que pretendia eliminar a fronteira entre a imagem e a vida real, ou seja, tornar a própria vida sugestiva e expressiva. Nenhuma introdução especial de material, nada de forçado, nada que lembre generalização deliberada. Paul Valéry talvez estivesse pensando em Bresson quando escreveu: "A única maneira de alcançar a perfeição é evitar tudo que possa levar a um exagero consciente." Aparentemente, nada além da observação simples e despretensiosa da vida. O princípio tem algo em comum com a arte *zen*, na qual, da forma como a percebemos, a exata observação da vida transforma-se paradoxalmente em sublimes imagens artísticas. Talvez somente em Púchkin a relação entre forma e conteúdo seja tão mágica, divina e orgânica. Mas Púchkin, como Mozart, criava da mesma maneira que respirava, sem precisar elaborar hipóteses de trabalho… E, quanto à poesia do cinema, Bresson, melhor que qualquer outro, uniu em sua obra a teoria e a prática, através da perseguição coerente e uniforme de um só fim.

Ter uma visão lúcida e precisa das condições do próprio trabalho faz com que seja mais fácil encontrar uma forma que se ajuste com exatidão a nossas ideias e sentimentos, afastando a necessidade de recorrermos ao experimentalismo.

Experimentalismo – para não dizer "busca"! Pode um conceito como esse ter alguma relevância para um poeta que escreveu, por exemplo:

> *Cai a noite sobre as montanhas da Geórgia;*
> *A minha frente ruge o Aragva.*
> *Estou em paz e triste; há um lampejo em meus suspiros,*
> *Meus suspiros são todos teus,*
> *Teus, e de mais ninguém… Minha melancolia*
> *Está insensível a angústias e apreensões,*
> *E meu coração arde e ama mais uma vez,*
> *Pois nada pode fazer além de amar.**

Nada seria mais absurdo que a palavra "busca" aplicada a uma obra de arte. Nela se escondem impotência, vazio interior, falta de uma consciência verdadeiramente criativa, vaidade mesquinha. "Um artista que procura" – são palavras que apenas escondem uma aceitação neutra de uma obra inferior. Arte não é ciência, não se começa a partir de experimentos. Quando um experimento não ultrapassa o nível de experimento, e não constitui uma etapa do processo de criação da obra concebida interiormente pelo artista, o objetivo da arte não foi alcançado. Valéry, mais uma vez, tem um comentário interessante sobre essa questão. Em seu ensaio "Degas, dança, desenho", diz ele:

---

* Por certo, nenhuma tradução pode fazer justiça à perfeição deste poema. [N. T. ingl.]

Eles [alguns pintores contemporâneos de Degas – A. T.] conseguiram confundir exercício com obra, e tomaram por fim o que não passava de meio. Nada poderia ser mais "moderno". Para uma obra estar "concluída", tudo aquilo que revela ou sugere a sua manufatura tem de se tornar invisível. O artista, segundo o ditame consagrado pelo tempo deve se revelar apenas através do seu estilo, e deve-se prosseguir em seus esforços até que seu trabalho tenha eliminado todos os indícios de trabalho. No entanto, à medida que a preocupação com o indivíduo e com o momento vieram substituir gradualmente a preocupação com a obra em si e com a sua perpetuação, essa exigência de acabamento começou a parecer não apenas inútil e tediosa, mas efetivamente contrária à *verdade*, à *sensibilidade* e à manifestação do *gênio*. A personalidade adquiriu importância absoluta, mesmo para o público. O esboço adquiriu o valor de pintura.

Na arte da última metade do século xx, o mistério realmente se perdeu. Hoje, os artistas querem um reconhecimento imediato e total – uma recompensa imediata por algo que acontece nos domínios do espírito. Nesse aspecto, a figura de Kafka é extraordinária: não publicou nada em vida e, em seu testamento, instruiu o testamenteiro para que queimasse todos os seus escritos. A mentalidade de Kafka, num sentido moral, pertencia ao passado. Foi por essa razão que ele sofreu tanto, incapaz de se sintonizar com seu próprio tempo.

O que hoje passa por arte é, em sua maior parte, mentira, pois é uma falácia supor que o método pode tornar-se o significado e o objetivo da arte. Não obstante, a maior parte dos artistas contemporâneos passa seu tempo em exibições autocomplacentes de método.

A questão da vanguarda é peculiar ao século xx, à época em que a arte vem progressivamente perdendo sua espiritualidade. A situação é ainda pior nas artes visuais, que hoje

O espelho
A velha casa, reconstruída a partir de fotos da família, onde o narrador nasceu e passou a infância, e onde o pai e a mãe viveram.

estão quase inteiramente privadas de espiritualidade. A opinião corrente é a de que essa situação reflete a "desespiritualização" da sociedade moderna, um diagnóstico com o qual, a nível de simples constatação da tragédia, concordo plenamente: trata-se mesmo de um reflexo da atual situação. A arte, porém, não deve apenas refletir, mas também transcender; seu papel é fazer com que a visão espiritual influencie a realidade, como fez Dostoiévski, o primeiro a expressar de forma inspirada o mal da época.

Todo conceito de vanguarda em arte é destituído de sentido. Posso perceber o que ele significa quando aplicado ao esporte, por exemplo. Aplicá-lo à arte, porém, equivale a admitir a ideia de progresso artístico; e, muito embora o progresso seja um componente óbvio da tecnologia – máquinas mais perfeitas, capazes de desempenhar suas funções de maneira mais adequada e precisa –, como é possível, no campo da arte, que alguém seja mais avançado? Como afirmar que Thomas Mann é melhor que Shakespeare?

As pessoas costumam falar de experimentalismo e procura sobretudo em relação à vanguarda. Mas o que significa isso? Como se pode fazer experimentos na arte? Você tenta e vê o que acontece? Mas, se o experimento não funcionar, haverá algo a ser levado em conta a não ser o problema específico da pessoa que fracassou? A arte, afinal, é portadora de uma unidade estética e filosófica integral; é um organismo que vive e se desenvolve segundo suas próprias leis. Pode-se falar em experimentalismo em relação ao nascimento de uma criança? É absurdo e imoral.

Será que as pessoas que começaram a falar em vanguarda não foram aquelas incapazes de separar o joio do trigo? Confusas, devido às novas estruturas estéticas, perdidas diante das verdadeiras conquistas e descobertas, incapazes de estabelecer critérios próprios, elas incluíram na definição de vanguarda tudo o que não lhes fosse familiar e fácil de entender – só como precaução, para não cair em erro? Gosto muito da história que se conta sobre Picasso, que, ao lhe perguntarem sobre sua "procura", respondeu com precisão e argúcia (obviamente irritado com a pergunta): "Eu não procuro, eu acho."

E será que se pode aplicar o termo "procura" a um artista tão extraordinário como Lev Tolstói? O velho escritor (vejam só…) estava "procurando". É ridículo, embora alguns críticos soviéticos quase digam o mesmo quando assinalam que ele "se perdeu" na sua "procura de Deus" e na "resistência pacífica ao mal" – assim, a julgar pelo que dizem, Tolstói não deve ter procurado no lugar certo…

A procura como processo (e não há outra maneira de considerá-la) tem com a obra completa a mesma relação que existe entre a procura de cogumelos na floresta e a cesta cheia depois que eles foram encontrados. Somente esta última – a cesta cheia – é uma obra de arte: seu conteúdo é

O espelho
A Mãe (Margarita Terekhova): poema de Arseni Tarkovski, Perviye Svidanya (Primeiros encontros).

Primeiros encontros

*Todo instante que passávamos juntos
Era uma celebração, como a Epifania,
No mundo inteiro, nós dois sozinhos.
Eras mais audaciosa, mais leve que a asa de um
    pássaro,
Atordoante como uma vertigem, corrias escada
    abaixo
Dois degraus por vez, e me conduzias
Por entre lilases úmidos, até teu domínio,
Do outro lado, para além do espelho.*

*Quando chegava a noite eu conseguia a graça,
Os portões do altar se escancaravam,
E nossa nudez brilhava na escuridão
Que caía vagarosa. E ao despertar
Tu dizia, "Abençoada sejas!"
E sabia que minha benção era impertinente:
Dormias, os lilases estendiam-se da mesa
Para tocar tuas pálpebras com um universo de
    azul,
E tu recebias o toque sobre as pálpebras,
E elas permaneciam imóveis, e tua mão ainda
    estava quente.*

*Havia rios vibrantes dentro do cristal,
Montanhas assomavam por entre a neblina,
    mares espumavam,*

*E tu seguravas uma esfera de cristal nas mãos,
Sentada num trono ainda adormecida,
E – Deus do céu! – tu me pertencias.
Acordavas e transfiguravas
As palavras que as pessoas pronunciam todos os
    dias,
E a fala enchia-se até transbordar
De poder ressonante, e a palavra "tu"
Descobria seu novo significado: "rei".
Objetos comuns transfiguravam-se imediatamente,
Tudo – o jarro, a bacia – quando,
Entre nós como uma sentinela,
Era colocada a água, laminar e firme.*

*Éramos conduzidos, sem saber para onde;
Como miragens, diante de nós recuavam
Cidades construídas por milagre,
Havia hortelã silvestre sob nossos pés,
Pássaros faziam a mesma rota que nós,
E no rio peixes nadavam correnteza acima,
E o céu se desenrolava diante de nossos olhos.
Enquanto isso o destino seguia nossos passos
Como um louco de navalha na mão.*

Arseni Tarkovski

Texto original russo na p. 299.

real e incontestável, ao passo que a busca na floresta continua sendo a experiência pessoal de alguém que gosta de caminhar e de tomar ar fresco. Nesse nível, engano equivale a má intenção. "O mau hábito de tomar metonímia por revelação, metáfora por prova, uma torrente de palavras por conhecimento fundamental, e a si próprio por um gênio, constitui um mal que já nasce conosco", observa Valéry, mais uma vez, com sarcasmo, na "Introdução ao sistema de Leonardo da Vinci".

No cinema, "procura" e "experimento" apresentam dificuldades ainda maiores. Recebemos um rolo de filme e o equipamento necessário, e temos que imprimir na película tudo aquilo que tem relevância, aquilo em nome de que o filme está sendo feito.

A ideia e o objetivo de um filme devem estar claros para o diretor desde o início – além do que, ninguém irá pagar-lhe por vagos experimentos. Aconteça o que acontecer, e por mais exaustiva que seja a procura do artista – e isso nada mais é que um problema particular e inteiramente pessoal dele –, a partir do momento em que essas pesquisas forem impressas na película (os *retakes* são raros, e, na linguagem da produção, significam produtos defeituosos), isto é, a partir do momento em que a ideia do artista foi objetivada, deve-se supor que ele já encontrou aquilo que deseja transmitir ao público através do cinema, e que não mais está vagando no escuro.

No próximo capítulo, examinaremos detalhadamente as formas através das quais uma ideia se concretiza num filme. No momento, quero dizer algumas coisas sobre a rapidez com que um filme envelhece, um fenômeno que é visto como um de seus atributos essenciais e que, na verdade, relaciona-se com os seus objetivos éticos.

Seria absurdo, por exemplo, dizer que a *Divina Comédia* é uma obra envelhecida. E, no entanto, filmes que há poucos anos pareciam obras importantíssimas, tornam-se de repente frágeis e desajeitados como trabalhos de escolares. Por quê? A razão principal, da forma como vejo o problema, é que, em sua maioria, a obra do cineasta não constitui um ato criador, uma realização exigente em termos morais e de importância vital para eles. Uma obra torna-se envelhecida em decorrência do esforço consciente por ser expressivo e contemporâneo; não são coisas que se possa obter: elas já devem estar em nós.

Nas artes que já contam a sua existência em dezenas de séculos, o artista se vê, naturalmente e sem quaisquer dúvidas, como algo mais que um narrador ou intérprete: acima de tudo, ele é um indivíduo que decidiu formular para os outros, com absoluta sinceridade, sua verdade sobre o mundo... Os cineastas, por outro lado, sentem-se como artistas de segunda categoria, e essa é a sua desgraça.

Na verdade, posso entender o porquê. O cinema ainda procura sua linguagem, e só agora está mais próximo de encontrá-la. A trajetória do cinema rumo à autoconsciência sempre foi dificultada por sua posição ambígua, pairando entre a arte e a indústria: o pecado original do seu nascimento como fenômeno de mercado.

A questão sobre o que constitui a linguagem do cinema está longe de ser simples, não estando ainda clara nem mesmo para os profissionais. Sempre que falamos sobre a linguagem do cinema, moderno ou não, tendemos a colocar em seu lugar uma série de métodos atualmente em voga, em geral tomados de empréstimo às artes contíguas. Ficamos, assim, sob o domínio dos postulados fortuitos e transitórios do momento. Torna-se possível, por exemplo, afirmar hoje que "o *flashback* representa a última palavra do cinema", e declarar amanhã, com a mesma arrogância, que "qualquer desarticulação do tempo não tem mais lugar no cinema, que a tendência, hoje, é o desenvolvimento clássico do enredo". Um método pode, por si próprio, envelhecer ou ajustar-se ao espírito do tempo? A primeira coisa que se deve estabelecer, ainda, é a intenção do autor; só depois é que se deve perguntar por que ele lançou mão deste ou daquele recurso formal. Não estamos, por certo, discutindo a adoção indiscriminada de métodos superados pelo uso –

isso é imitação e artesanato mecânico, e, como tal, não é um problema artístico.

Os métodos do cinema certamente se modificam, como os de qualquer outra forma de arte. Já mencionei que os primeiros espectadores saíam correndo da sala de projeção, aterrorizados diante da máquina a vapor que avançava da tela em sua direção, e como gritavam de horror quando achavam que um *close-up* era uma cabeça decepada. Hoje em dia, esses métodos, por si próprios, não provocam emoção alguma e usamos como sinais de pontuação aceitos por todos aquilo que ontem parecia uma descoberta eletrizante; e não ocorreria a ninguém sugerir que o *close-up* esteja fora de moda.

No entanto, antes de se tornarem de uso comum, as descobertas de métodos e procedimentos têm de se tornar o único recurso de que o artista dispõe para comunicar, através da sua própria linguagem, e tão plenamente quanto possível, a sua visão pessoal do mundo. O artista nunca vai em busca do método pelo método, ou apenas em nome da estética; ele é dolorosamente forçado a desenvolver o método como um meio de transmitir com fidelidade a sua visão de autor acerca da realidade.

O engenheiro inventa máquinas em função das necessidades cotidianas das pessoas – ele quer tornar o trabalho e, portanto, a vida, mais fáceis para elas. Porém, nem só de pão… Pode-se dizer que o artista enriquece o seu próprio arsenal com o objetivo de fomentar a comunicação e levar as pessoas a se compreenderem melhor, nos níveis intelectuais, emocionais, psicológicos e filosóficos mais elevados. Assim, também se pode dizer que os esforços do artista têm por objetivo melhorar e aperfeiçoar a vida das pessoas, de facilitar a sua compreensão mútua.

Não que um artista seja necessariamente simples e claro no retrato que faz de si mesmo ou em suas reflexões sobre a vida – que podem ser de difícil compreensão. A comunicação, porém, sempre exige esforço. Sem ele e, na verdade, sem um engajamento apaixonado, jamais poderá haver entendimento entre as pessoas.

Assim, a descoberta de um método torna-se a descoberta de alguém que adquiriu o dom da fala. E, a essa altura, já podemos falar do nascimento de uma imagem, ou seja, de uma revelação. E os recursos que ainda ontem tinham a finalidade de transmitir uma verdade alcançada com dor e sacrifício, amanhã podem muito bem se tornar – como de fato se tornam – um estereótipo mais que desgastado.

Se um artesão talentoso recorrer a um meio moderno altamente desenvolvido para falar de um tema que não o toque pessoalmente, e se tiver certo gosto, ele poderá enganar o público por algum tempo. No entanto, não demorará a ficar claro que o seu filme não tem uma significação duradoura; mais cedo ou mais tarde, o tempo irá revelar, inexoravelmente, o vazio de qualquer obra que não seja a expressão de uma visão de mundo única e pessoal. Pois a criação artística não é apenas uma maneira de articular informações que existam objetivamente, cuja expressão requeira apenas certa capacidade profissional. Em última análise, ela é a própria forma de existência do artista, o seu único meio de expressão, exclusivamente seu. E fica claro, então, que não se pode aplicar esta palavra flácida, "procura", a uma vitória sobre o silêncio, que exige um esforço incansável e sobre-humano.

V.
A imagem cinematográfica

> Coloquemos assim: um fenômeno espiritual – isto é, significativo – é "significativo" exatamente porque extrapola seus próprios limites e atua como expressão e símbolo de algo espiritualmente mais vasto e mais universal, todo um universo de sensações e ideias corporificadas em seu interior com maior ou menor felicidade – eis aí a medida de sua significação.
>
> Thomas Mann, *A montanha mágica*

É difícil imaginar que um conceito como *imagem artística* possa ser expressado através de uma tese precisa, fácil de formular e de compreender. Não é possível fazê-lo, e ninguém desejaria que o fosse. Posso apenas dizer que a imagem avança para o infinito, e leva ao absoluto. Mesmo aquilo que se conhece como a "ideia" da imagem, em sua multiplicidade de dimensões e significados, não pode, pela própria natureza das coisas, ser colocado em palavras. Porém, encontra expressão na arte. Quando o pensamento é expressado numa imagem artística, isso significa que se encontrou uma forma exata para ele, a forma que mais se aproxima da expressão do mundo do autor, capaz de concretizar o seu anseio pelo ideal.

O que desejo tentar aqui é definir os parâmetros de um sistema possível do que genericamente chamamos imagens, um sistema dentro do qual eu possa pensar com liberdade e espontaneidade.

Se lançarmos um olhar, mesmo que superficial, para o passado, para a vida que ficou para trás, sem nem mesmo recordar seus momentos mais significativos, iremo-nos surpreender continuamente com a singularidade dos acontecimentos de que participamos, com a individualidade absoluta dos personagens com os quais nos relacionamos. Essa singularidade é como a nota dominante de cada momento da existência; em cada momento da vida, o princípio vital é único em si. O artista, portanto, tenta apreender esse princípio e torná-lo concreto, renovando-o a cada vez; a cada nova tentativa, mesmo que em vão, ele tenta obter uma imagem completa da Verdade da existência humana. A qualidade da beleza encontra-se na verdade da vida, que o artista assimila e dá a conhecer de acordo com sua visão pessoal.

Qualquer pessoa que tenha um mínimo de sutileza será sempre capaz de distinguir, no comportamento humano, a verdade da mentira, a sinceridade do fingimento, a integridade da afetação. A partir da experiência de vida, a percepção desenvolve uma espécie de filtro que nos impede de dar crédito aos fenômenos nos quais se rompeu o padrão estrutural – deliberadamente ou por inadvertência, através da inépcia.

Há pessoas incapazes de mentir, e outras que mentem com inspiração e de forma convincente. Outras, ainda, não sabem como fazê-lo, mas são incapazes de não mentir, e o fazem mal e insipidamente. Dentro dos nossos termos de referência – isto é, a observação precisa da lógica da vida – somente a segunda categoria descobre a pulsação da verdade e consegue seguir os caprichosos desvios da vida com precisão quase geométrica.

A imagem é indivisível e inapreensível e depende da nossa consciência e do mundo real que tenta corporificar. Se o mundo for impenetrável, a imagem também o será. É uma espécie de equação, que indica a correlação existente entre a verdade e a consciência humana, limitada como esta última pelo espaço euclidiano. Não podemos perceber o universo em sua totalidade, mas a imagem poética é capaz de exprimir essa totalidade.

A imagem é uma impressão da verdade, um vislumbre da verdade que nos é permitido em nossa cegueira. A imagem concretizada será fiel quando suas articulações forem nitidamente a expressão da verdade, quando a tornarem única e singular – como a própria vida é, até mesmo em suas manifestações mais simples.

Enquanto observação precisa da vida, a imagem nos traz à mente a poesia japonesa.

Nela, o que me fascina é a recusa em até mesmo sugerir a espécie de significado final da imagem, que pode ser gradualmente decifrado como uma charada. O haicai cultiva

O espelho
O diretor no local do incêndio.

O espelho
Sequência do incêndio.

suas imagens de tal forma que elas nada significam para além de si mesmas, ao mesmo tempo que, por expressarem tanto, torna-se impossível apreender seu significado final. Quanto mais a imagem corresponde à sua função, mais impossível se torna restringi-la à nitidez de uma fórmula intelectual. O leitor do haicai deve-se incorporar a ele como à natureza; deve mergulhar, perder-se em suas profundezas como no cosmo, onde não existem nem o fundo nem o alto. Examinemos, a título de exemplo, este haicai de Bashô:

Um velho lago silencioso
Salta uma rã na água
Um chape quebra o silêncio.

Ou:

Colmo cortado para o teto
Sobre os tocos esquecidos
Caem flocos de neve.

Ou este, ainda:

Por que esta letargia?
Mal conseguiram-me acordar...
Ruído da chuva de primavera.

Com que simplicidade e exatidão a vida é observada! Quanta disciplina de intelecto e nobreza de imaginação! Os versos são belos porque o momento, apreendido e fixado, é único e lança-se no infinito.

Os poetas japoneses sabiam como expressar suas visões da realidade numa observação de três linhas. Não se limitavam a simplesmente observá-la, mas, com uma calma sublime, procuravam o seu significado eterno. Quanto mais precisa a observação, tanto mais ela tende a ser única, e, portanto, mais próxima de ser uma verdadeira imagem. Como disse Dostoiévski, com extraordinária precisão: "A vida é mais fantástica do que qualquer fantasia."

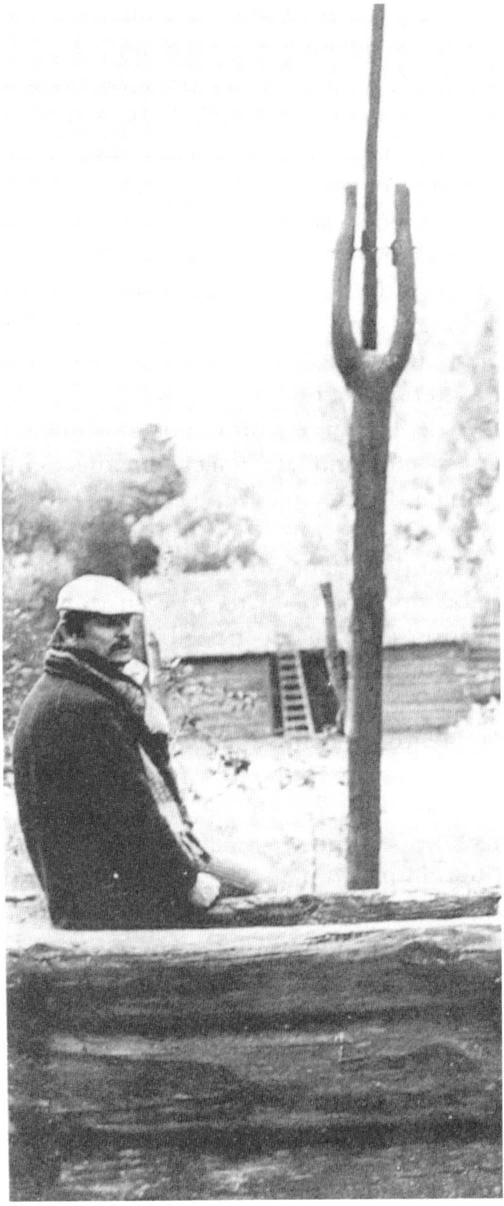
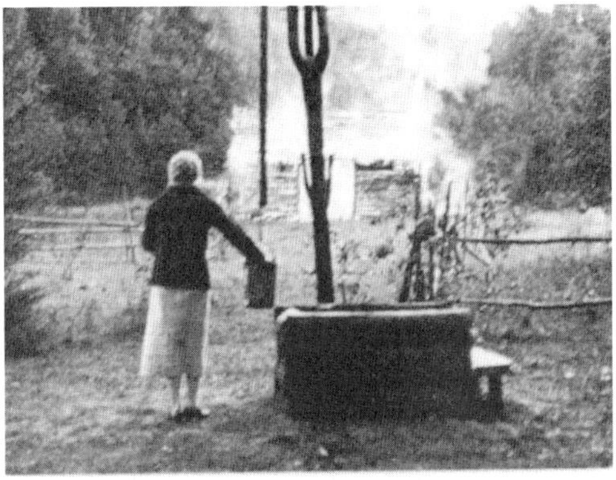
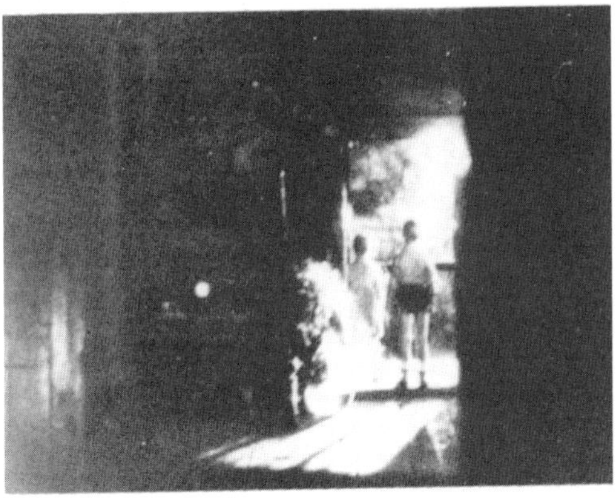
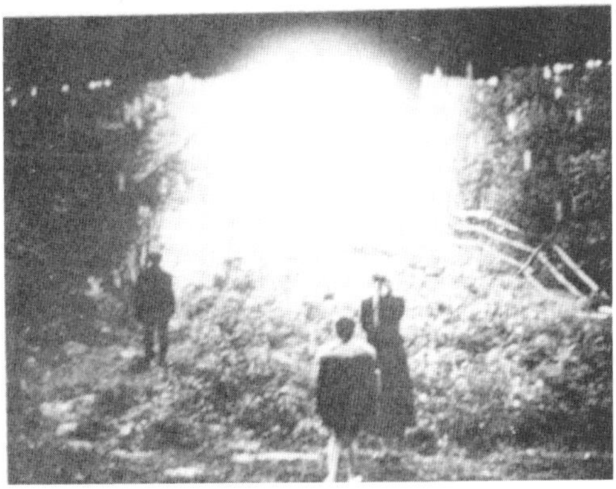

No cinema, de forma ainda mais intensa, a observação é o primeiro princípio da imagem, que sempre foi inseparável do registro fotográfico. A imagem cinematográfica assume uma forma quadridimensional e visível. De nenhum modo, porém, é possível elevar cada tomada à condição de uma imagem do mundo; o mais comum é que ela se limite à descrição de algum aspecto específico. Em si mesmos, os fatos registrados naturalisticamente são absolutamente inadequados para a criação da imagem cinematográfica. No cinema, a imagem baseia-se na capacidade de apresentar como uma observação a percepção pessoal de um objeto.

Examinemos um exemplo extraído da prosa: no final de *A morte de Ivan Ilitch*, de Tolstói, encontramos um homem mau e limitado, que está morrendo de câncer, tem uma esposa horrível e uma filha indigna, e quer que elas o perdoem antes que morra. Nesse momento, e de forma totalmente inesperada, ele é invadido por tamanha sensação de bondade que sua família, sempre preocupada só com roupas e bailes, insensível e insensata, parece-lhe subitamente por demais infeliz, digna de pena e indulgência. E assim, em seu leito de morte, ele tem a sensação de estar rastejando por um túnel longo, negro e macio, semelhante a um intestino... Bem ao longe, parece tremular uma luz; ele se arrasta em sua direção e não consegue chegar ao fim, incapaz de superar a última barreira que separa a vida da morte. A mulher e a filha estão junto ao leito. Ele quer dizer: "Perdoem-me", mas, em vez disso, balbucia, no último instante: "Deixem-me passar." Sem dúvida, essa imagem, que nos faz tremer no mais fundo da alma, não pode ser interpretada de uma só maneira. Suas associações vão mais longe, e atingem o que há de mais profundo em nossos sentimentos, evocando lembranças e experiências obscuras da nossa própria experiência, abalando e afetando a nossa alma como uma revelação. Correndo o risco de parecer banal – é tudo tão parecido com a vida, com uma verdade que já intuímos, que nos faz lembrar de situações pelas quais já passamos ou que secretamente imaginamos. Segundo a teoria aristotélica, identificamos como algo familiar aquilo que foi expressado por um gênio. O caráter profundo e multidimensional dessa identificação dependerá da psique do leitor.

Vejamos, agora, o retrato feito por Leonardo da *Jovem com um ramo de zimbro*, que usei em *O espelho*, na cena do breve encontro do pai com os filhos, quando ele vem para casa em licença.

Há nas imagens de Leonardo duas coisas fascinantes. Uma delas é a extraordinária capacidade de o artista examinar o objeto de fora, do exterior, com um olhar que paira por cima do mundo – uma característica de artistas como Bach ou Tolstói. A outra consiste no fato de o quadro nos atingir simultaneamente de duas maneiras opostas. É impossível exprimir a impressão final que o quadro produz em nós. Nem mesmo é possível dizer com certeza se gostamos ou não da mulher, se ela é simpática ou desagradável. Ela é ao mesmo tempo atraente e repugnante. Há nela algo de indizivelmente belo e ao mesmo tempo repulsivo, satânico; satânico, porém, não no sentido romântico e sedutor do termo – trata-se, pelo contrário, de algo para além do bem e do mal, de fascínio com um signo negativo. O retrato tem um elemento de degeneração – e de beleza. Em *O espelho*, precisávamos dele para introduzir um elemento atemporal nos momentos que se sucedem uns aos outros diante dos nossos olhos e, ao mesmo tempo, para confrontar o retrato e a heroína, enfatizando nela e na atriz, Margarita Terekhova, a mesma capacidade de ser simultaneamente encantadora e repugnante...

Se tentarmos analisar o retrato de Leonardo, decompondo os seus elementos, a tentativa não funcionará. Ou, de qualquer modo, não explicará nada, pois o efeito emocional exercido sobre nós pela mulher retratada é poderoso exatamente por ser impossível descobrir nela qualquer coisa que possamos privilegiar de modo definido, é impossível extrair qualquer detalhe do contexto geral, destacar qualquer impressão momentânea em detrimento de outra e fazê-la nossa, ou chegar a um equilíbrio quanto à maneira de olhar a imagem que nos é apresentada. E assim abre-se diante de nós a possibilidade de uma interação com o infinito, uma vez que a grande função da imagem artística é ser uma espécie de detector do infinito... em direção ao qual nossa razão e nossos sentimentos elevam-se num ímpeto alegre e arrebatador.

Esse sentimento é despertado pela integridade da imagem: ela nos atinge precisamente pelo fato de ser impossível decompô-la. Considerada isoladamente, cada uma de suas partes estará morta – ou, pelo contrário, o elemento mais íntimo talvez revele as mesmas características da obra completa e acabada. Essas características nascem da interação de princípios opostos, cujo significado, como se em vasos comunicantes, passa de um para o outro: o rosto da mulher pintada por Leonardo está animado por uma ideia elevada, ao mesmo tempo em que parece pérfido e sujeito às mais baixas paixões. Muitas são as coisas que podemos ver no retrato, e, ao tentarmos apreender-lhe a essência, vagaremos por labirintos sem fim, sem jamais encontrarmos a saída. Encontraremos grande prazer na constatação de que não podemos exauri-lo ou esgotá-lo. Uma verdadeira imagem artística oferece ao espectador uma experiência simultânea dos sentimentos mais complexos, contraditórios e, por vezes, mutuamente exclusivos.

Não é possível captar o instante em que o positivo transforma-se no seu oposto, ou em que o negativo começa a dirigir-se para o positivo. O infinito é natural e inerente à estrutura mesma da imagem. Na prática, porém, uma pessoa invariavelmente prefere uma coisa a outra, seleciona, procura o que lhe é próprio, fixa a obra de arte no contexto da sua experiência pessoal. E, uma vez que todas as pessoas têm certas tendências naquilo que fazem, e fazem valer a sua própria verdade tanto nas coisas grandes quanto nas pequenas, à medida que adaptam a arte às suas necessidades cotidianas, elas passarão a interpretar uma imagem artística em "benefício" próprio. Elas colocam uma obra no contexto de suas vidas e cercam-na com seus aforismos; afinal, as obras-primas são ambivalentes e prestam-se a interpretações extremamente diferenciadas.

Irrita-me sempre ver um artista justificar seu sistema de imagens com tendenciosidade ou ideologia deliberada. Sou contra esse procedimento do artista de permitir que seus métodos sejam absolutamente visíveis. Muitas vezes me arrependo de ter permitido que algumas tomadas permanecessem em meus filmes; elas me parecem agora a prova de uma concessão que se insinuou em meus filmes por ter-me faltado a necessária coerência. Se ainda fosse possível, eu teria todo o prazer em excluir a cena do galo de *O espelho*, muito embora ela tenha causado uma profunda impressão em muitos espectadores. Isso, porém, aconteceu porque eu estava brincando de "perde-ganha" com o público.

Quando a protagonista do filme, exausta e prestes a desmaiar, pensa se vai ou não cortar a cabeça do galo, nós a filmamos em *close-up*, em alta velocidade nos últimos noventa fotogramas e com uma iluminação evidentemente artificial. Uma vez que na tela essa cena aparece em câmera lenta, obtém-se um efeito de alargamento da estrutura temporal – estamos levando o espectador a mergulhar no estado de espírito da protagonista, estamos retardando aquele momento, acentuando-o. Isso não é bom, pois a tomada começa a ter um significado puramente literário. Deformamos o rosto da atriz independentemente dela, como se estivéssemos representando o papel por ela. Servimos a emoção que desejamos, forçando a sua exteriorização através de nossos próprios meios – os do diretor. O estado de espírito do personagem fica excessivamente claro e legível. E, na interpretação do estado de espírito de um personagem, sempre se deve deixar algo em segredo.

Vejamos um exemplo mais bem-sucedido de um procedimento semelhante, também extraído de *O espelho*: alguns fotogramas da cena da tipografia também são filmados em câmera lenta, mas, dessa vez, o procedimento é quase imperceptível. Esforçamo-nos para fazer tudo com muito cuidado e sutileza, para que o espectador não se desse conta do fato imediatamente, mas tivesse apenas uma vaga sensação de que algo estranho se passava. Não estávamos tentando enfatizar uma ideia através da câmera lenta; o que pretendíamos era evocar um estado de espírito através de outro meio que não o trabalho do ator.

Na versão de *Macbeth*, de Kurosawa, encontramos um exemplo perfeito. Na cena em que Macbeth se perde na floresta, um diretor de menor estatura faria com que os atores se pusessem a correr para lá e para cá na neblina, chocando-se contra as árvores em busca da direção certa. E o que faz o gênio de Kurosawa? Encontra um lugar com uma árvore distinta, que fica gravada em nossa memória. Os cavaleiros andam em círculo por três vezes, de tal forma que a visão da árvore acaba por deixar claro que eles estão andando em círculos. Os cavaleiros, por sua vez, não percebem que já se perderam há muito tempo. Através desse tratamento do conceito de espaço, Kurosawa exibe uma abordagem poética extremamente sutil, expressando-se sem o mais leve indício de maneirismo ou pretensão. Afinal, o que poderia ser mais simples do que ajustar a câmera e seguir os personagens enquanto eles se movimentam três vezes em círculo?

Em resumo, a imagem não é certo *significado* expressado pelo diretor, mas um mundo inteiro refletido como que numa gota d'água.

No cinema não existem problemas técnicos de expressão, desde que saibamos exatamente o que dizer; se virmos, de dentro, cada célula de nosso filme e conseguirmos senti-lo com precisão. Por exemplo, na cena do encontro casual da protagonista com um estranho (representado por Anatoli Solonitsyn), depois que ele se afastava, era importante que se desenhasse algum tipo de vínculo que unisse essas duas pessoas cujo encontro parece ter-se dado inteiramente por acaso. Se, enquanto caminhava, ele se voltasse e a olhasse expressivamente, tudo teria parecido linear e falso. Pensamos, então, na rajada de vento no campo, que atrai a atenção do estranho por ser tão inesperada: é por isso que ele olha para trás... Nesse caso não se trata de, por assim dizer, "pegar o autor em seu próprio jogo" e fazer-lhe uma leitura explícita de suas intenções.

Quando o espectador ignora as razões que levaram o diretor a valer-se de um determinado procedimento, ele tende a crer na realidade do que está acontecendo na tela, a crer na vida que está sendo observada pelo artista. Mas, se o público, como se costuma dizer, "pega" o diretor e descobre por que recorreu a certos truques "expressivos", ele não mais conseguirá identificar-se com o que está acontecendo, não se deixará emocionar, e começará a *julgar* os objetivos e a execução do truque. Em outras palavras, a "mola" a que Marx se referiu começa a saltar para fora do sofá. Como disse Gógol, a função da imagem é expressar a própria vida, e não conceitos e reflexões sobre ela. Ela não designa nem simboliza a vida, mas a corporifica, exprimindo-lhe o caráter único. O que é, então, o típico e como ele se relaciona àquilo que na arte é único e original? Se a imagem se manifesta como algo de único, haverá lugar para o típico?

O paradoxo é que aquilo que há de único numa imagem artística torna-se misteriosamente típico; pois, por mais estranho que pareça, o típico está em correlação direta com o que é individual, idiossincrático, diferente de tudo o mais. O típico não se manifesta quando registramos a semelhança dos fenômenos e aquilo que eles têm de comum (como se costuma acreditar), mas, sim, onde se percebe seu caráter distintivo. Poder-se-ia dizer que o geral ressalta o particular, depois se retrai e fica fora dos limites da reprodução visível. Pressupõe-se simplesmente que o geral é a subestrutura do fenômeno único.

Se isso parece estranho, à primeira vista, basta lembrarmos que a imagem artística não deve evocar nenhuma associação além daquelas que expressam a verdade (referimo-nos aqui ao artista que cria a imagem, e não ao público que vê). Quando começa a trabalhar, o artista deve acreditar que é a primeira pessoa a dar forma a um determinado

O espelho
Lembranças de infância em tempo de paz: o leite derramado.

fenômeno. Trata-se de algo que está sendo feito pela primeira vez, e de uma forma que só ele sinta e compreenda.

A imagem artística é única e singular, ao passo que os fenômenos da vida real podem ser inteiramente banais. Mais uma vez, um haicai:

*Não, não para minha casa
Veio o guarda-chuva tamborilante;
Foi para o meu vizinho.*

Em si mesmo, a pessoa com um guarda-chuva que já vimos em algum momento da nossa vida não significa nada de novo: é apenas mais uma pessoa que se apressa e tenta proteger-se da chuva. Porém, no contexto da imagem artística que estamos examinando, um momento de vida, único e irrepetível para seu autor, foi registrado de forma simples e perfeita. Os três versos são suficientes para nos fazer sentir seu estado de alma: sua solidão, o tempo cinza e chuvoso que ele vê pela janela, e a esperança vã de que alguém viesse, por milagre, visitá-lo em sua casa solitária e desolada. Uma situação e um estado de espírito, meticulosamente registrados, atingem uma expressividade de extraordinário alcance e riqueza.

No início destas reflexões, ignoramos deliberadamente o que se conhece por personificação. A esta altura, talvez fosse conveniente incluí-la em nossos comentários. Consideremos Bashmachkin[19] e Onegin. Como tipos literários, ambos personificam certas leis sociais que constituem a precondição de sua existência – isso, por um lado. Por outro, eles são portadores de algumas características humanas universais. Tudo pode ser assim formulado: na literatura, um personagem pode tornar-se típico desde que passe a refletir padrões correntes, formados em decorrência de leis gerais de desenvolvimento. Como tipos, portanto, Bashmachkin e Onegin têm um grande número de correspondentes na vida real. Como tipos, isso certamente é verdade, mas, enquanto imagens artísticas, ambos são absolutamente únicos e inimitáveis. Eles são por demais concretos, por demais engrandecidos pela concepção de seus autores, estão impregnados pelos seus pontos de vista, a tal ponto que podemos dizer: "Sim, Onegin, é igual ao meu vizinho." Em termos históricos e sociológicos, o niilismo de Raskolnikov é certamente típico; porém, nos termos pessoais e individuais da sua imagem, ele é único. Hamlet, sem dúvida, é também um tipo; mas onde, para falar claramente, você já se encontrou com um Hamlet?

Estamos diante de um paradoxo: a imagem constitui a mais plena expressão do que é típico, e, quanto mais plenamente ela o expressar, tanto mais individual e única se torna. Que coisa extraordinária é a imagem! Em certo sentido, ela é muito mais rica do que a própria vida, e talvez assim seja exatamente por expressar a ideia da verdade absoluta.

O que significam, em termos funcionais, Leonardo e Bach? Nada – não significam absolutamente nada para além daquilo que eles próprios significam; é essa a medida de sua autonomia. Eles veem o mundo como se o fizessem pela primeira vez, como se não sentissem o peso de nenhuma experiência anterior. Olham para o mundo com a independência de pessoas que acabaram de chegar!

Toda criação artística luta pela simplicidade, pela expressão perfeitamente simples, o que implica chegar aos níveis mais distantes e profundos da recriação da vida. Esse, porém, é o aspecto mais doloroso do trabalho de criação: descobrir o caminho mais curto entre aquilo que se quer dizer ou expressar e sua reprodução definitiva na imagem consumada. A luta pela simplicidade é a dolorosa busca de uma forma adequada para a verdade que se conquistou. Deseja-se intensamente realizar grandes coisas com a máxima economia de meios.

A busca da perfeição leva um artista a fazer descobertas espirituais e a empregar o máximo de esforço espiritual. A aspiração ao absoluto é a força que impele o desenvolvimento da humanidade. Para mim, a ideia de realismo na arte está ligada a essa força. A arte é realista quando se empenha em expressar um ideal ético. O realismo é uma aspiração à verdade, e a verdade sempre é bela. Nesse ponto, o estético e o ético coincidem.

Tempo, ritmo e montagem

Voltando-nos, agora, para a imagem cinematográfica como tal, quero afastar de imediato a ideia muito difundida de que é essencialmente "composta". Essa ideia parece-me falsa, pois implica que o cinema fundamenta-se nos atributos próprios de artes afins, nada tendo de especificamente seu. Tal ponto de vista equivale a negar que o cinema seja uma arte.

O fator dominante e todo-poderoso da imagem cinematográfica é o *ritmo*, que expressa o fluxo do tempo no interior do fotograma. A verdadeira passagem do tempo também se faz clara através do comportamento dos personagens, do tratamento visual e da trilha sonora – esses, porém, são atributos colaterais, cuja ausência, teoricamente, em nada afetaria a existência do filme. É impossível conceber uma obra cinematográfica sem a sensação de tempo fluindo através das tomadas, mas pode-se facilmente imaginar um filme sem atores, música, cenário e até mesmo montagem. O já mencionado *Arrivée d'un train*, dos irmãos Lumière, era assim. O mesmo se pode dizer de um ou dois filmes do cinema *underground* norte-americano; um deles, por exemplo, mostra um homem adormecido; vemos, em seguida, esse homem acordando, e, graças à magia do cinema, esse momento provoca em nós um impacto estético extraordinário e inesperado.

Ou, ainda, o filme de dez minutos de Pascal Aubier[20], constituído por uma única tomada. No início, o filme nos mostra a vida da natureza, majestosa e sem pressa, indiferente à agitação e às paixões humanas. Em seguida, a câmera, num movimento de habilidade virtuosística, revela-nos um minúsculo ponto: uma figura adormecida, de contornos indistintos, na encosta de uma colina. Imediatamente, sobrevém o dramático desenlace. A passagem do tempo parece acelerar-se, estimulada por nossa curiosidade. É como se, junto com a câmera, nos aproximássemos furtivamente do homem, para percebermos, já bem perto, que ele está morto. No instante seguinte, mais informações nos são dadas: ele não só está morto como foi assassinado; trata-se de um rebelde que morreu devido a ferimentos, visto por nós contra o fundo de uma natureza indiferente. Nossas lembranças voltam-se, imperiosamente, para acontecimentos que convulsionam o mundo contemporâneo.

Lembrem-se de que o filme não tem montagem, não há atores representando e nenhum cenário. No entanto, o ritmo do fluir do tempo ali está, dentro do quadro, como única força organizadora do extremamente complexo desenvolvimento dramático.

Nenhum dos componentes de um filme pode ter qualquer significado autônomo: *o que constitui a obra de arte é o filme*. E só podemos falar dos seus componentes de uma forma muito arbitrária, decompondo-o artificialmente para facilitar a discussão teórica.

Também não posso aceitar o ponto de vista segundo o qual a montagem é o principal elemento de um filme, como os adeptos do "cinema de montagem" afirmavam na década de 1920, defendendo as ideias de Kuleshov e Eisenstein, como se um filme fosse feito na moviola.

Já se observou muitas vezes, com acerto, que toda forma de arte envolve a montagem, no sentido de seleção e cotejo, ajuste de partes e peças. A imagem cinematográfica nasce durante a filmagem, e existe *no interior* do quadro. Durante as filmagens, portanto, concentro-me na passagem do tempo no quadro, para reproduzi-la e registrá-la. A montagem reúne tomadas que já estão impregnadas de tempo, e organiza a estrutura viva e unificada inerente ao filme; no interior de cujos vasos sanguíneos pulsa um tempo de diferentes pressões rítmicas que lhe dão vida.

A ideia de "cinema de montagem" – segundo a qual a montagem combina dois conceitos e gera um terceiro – parece-me, mais uma vez, incompatível com a natureza do cinema. A interação de conceitos jamais poderá ser o objetivo fundamental da arte. A imagem está presa ao concreto e ao material, e, no entanto, ela se lança por misteriosos caminhos, rumo a regiões para além do espírito – talvez Púchkin se referisse a isso quando disse que "A poesia tem que ter um quê de estupidez."

A poética do cinema, uma mistura das mais desprezíveis substâncias materiais, como aquelas com que nos deparamos todos os dias, resiste ao simbolismo. A partir da maneira como um diretor escolhe e registra seu material, num único quadro que seja, já podemos saber se ele é talentoso e se tem visão cinematográfica.

A montagem, em última instância, nada mais é que a variante ideal da junção das tomadas, necessariamente contidas no material que foi colocado no rolo de película. Montar um filme corretamente, com competência, significa permitir que as cenas e tomadas se juntem espontaneamente, uma vez que, em certo sentido, elas se montam por si mesmas, combinando-se segundo o seu próprio padrão intrínseco. Trata-se, simplesmente, de reconhecer e seguir esse padrão durante o processo de juntar e cortar. Nem sempre é fácil perceber o padrão de relações, as articulações entre as tomadas, principalmente quando a cena não foi bem filmada; nesse caso, será necessário não apenas colar as peças com lógica e naturalidade na moviola, mas procurar laboriosamente o princípio básico das articulações. Aos poucos, porém, manifestar-se-á, lentamente e com clareza cada vez maior, a unidade essencial contida no material.

Num curioso processo retroativo, uma estrutura que se auto-organiza adquire forma durante a montagem, graças às propriedades específicas conferidas ao material durante as filmagens. A natureza essencial do material filmado manifesta-se através do caráter da montagem.

Voltando à minha experiência pessoal, devo dizer que a montagem de *O espelho* consumiu uma quantidade prodigiosa de trabalho. Havia cerca de vinte ou mais variantes,

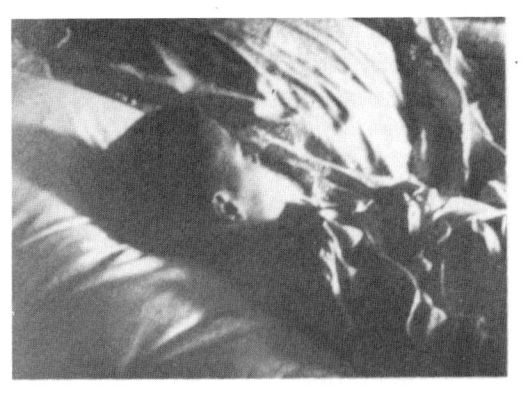

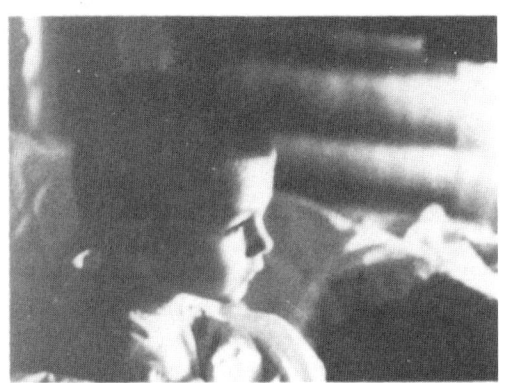

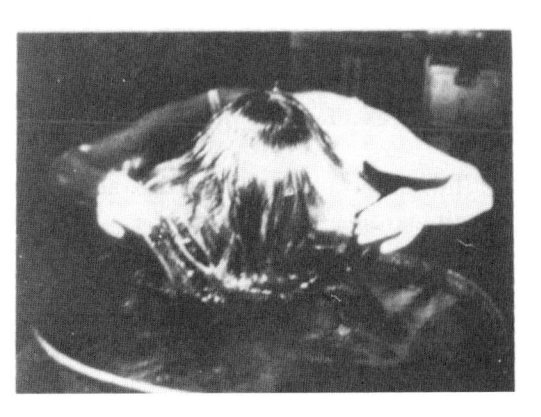

O espelho
Sequência do primeiro sonho.

Não me refiro simplesmente a alterações na ordem de certas tomadas, mas a alterações fundamentais na própria estrutura, na sequência dos episódios. Em alguns momentos, tínhamos a impressão de que seria impossível montar o filme, o que implicaria a existência de lapsos imperdoáveis durante as filmagens. O filme não se sustentava, não ficava em pé, fragmentava-se diante dos nossos olhos, não tinha unidade nem as necessárias conexões internas, nenhuma lógica. E então, um belo dia, quando, de certa forma, tentávamos fazer uma última e desesperada recomposição – ali estava o filme. O material adquiriu vida; as partes começaram a funcionar organicamente, como se unidas por uma corrente sanguínea. Quando aquela derradeira e desesperadora tentativa foi projetada na tela, o filme nasceu diante dos nossos olhos. Por muito tempo, eu não consegui crer no milagre – o filme se sustentava.

Foi um teste sério para verificarmos a qualidade das filmagens. Estava claro que as partes se juntavam devido a uma tendência interior do material, que deve ter-se originado durante as filmagens; e, se não nos estávamos iludindo quanto ao fato de o filme estar ali, a despeito de todas as nossas dificuldades, então as partes do filme não poderiam ter feito outra coisa que não fosse juntar-se, pois isso fazia parte da própria natureza das coisas. Tinha de acontecer, legítima e espontaneamente, assim que reconhecêssemos o significado e o princípio vital das tomadas. E, quando isso aconteceu, graças a Deus! – que grande alívio foi para todos.

O próprio tempo, fluindo através das tomadas, acabara por harmonizar-se e articular-se.

O espelho tem cerca de duzentas tomadas, um número bastante reduzido quando se pensa que filmes da mesma metragem costumam ter cerca de quinhentos; o número é pequeno devido ao tamanho das tomadas.

Embora a junção das tomadas seja responsável pela estrutura de um filme, ela não cria seu ritmo, como se costuma pensar.

O tempo específico que flui através das tomadas cria o ritmo do filme, e o ritmo não é determinado pela extensão das peças montadas, mas sim pela pressão do tempo que passa através delas. A montagem não pode determinar o ritmo (neste aspecto, ela só pode ser uma característica do estilo); na verdade, o fluxo do tempo num filme dá-se muito mais apesar da montagem do que por causa dela. O fluxo do tempo, registrado no fotograma, é o que o diretor precisa captar nas peças que tem diante de si na moviola.

O tempo, impresso no fotograma, é quem dita o critério de montagem, e as peças que "não se montam" – que não podem ser coladas adequadamente – são aquelas em que está registrada uma espécie radicalmente diferente de tempo. Não se pode, por exemplo, colocar juntos o tempo real e o tempo conceitual, da mesma maneira como é impossível encaixar tubos de água de diferentes diâmetros. A consistência do tempo que corre através do plano, sua intensidade ou "densidade", pode ser chamada de pressão do tempo; assim, então, a montagem pode ser vista como a união de peças feita com base na pressão do tempo existente em seu interior.

A unificação do impacto das diferentes tomadas será obtida mantendo-se a pressão, ou o impulso.

De que modo o tempo se faz sentir numa tomada? Ele se torna perceptível quando sentimos algo de significativo e verdadeiro, que vai além dos acontecimentos mostrados na tela; quando percebemos, com toda clareza, que aquilo que vemos no quadro não se esgota em sua configuração visual, mas é um indício de alguma coisa que se estende para além do quadro, para o infinito: um indício de vida. Como o infinito da imagem, a que nos referimos anteriormente, sempre há mais num filme do que aquilo que se vê – pelo menos, se for um verdadeiro filme. Sempre descobriremos nele mais reflexões e ideias do que as que ali foram conscientemente colocadas pelo autor. Assim como a vida, em constante movimento e mutação, permite que todos sintam e interpretem cada momento a seu próprio modo, o mesmo acontece com um filme autêntico; ao registrar fielmente na película o tempo que flui para além dos limites do fotograma, o verdadeiro filme vive no tempo, se o tempo também estiver vivo nele: esse processo de interação é um fator fundamental do cinema.

O filme, então, torna-se mais que um rolo de película exposto e montado, com uma história, um enredo. Uma vez em contato com a pessoa que o vê, o filme se separa do autor, começa a viver a sua própria vida, passa por mudanças de forma e significado.

Não aceito os princípios do "cinema de montagem" porque eles não permitem que o filme se prolongue para além dos limites da tela, assim como não permitem que se estabeleça uma relação entre a experiência pessoal do espectador e o filme projetado diante dele. O "cinema de montagem" propõe ao público enigmas e quebra-cabeças, obriga-o a decifrar símbolos, diverte-se com alegorias, recorrendo o tempo todo à sua experiência intelectual. Cada um desses enigmas, porém, tem sua solução exata, palavra por palavra. Assim, creio que Eisenstein impede que as sensações do público sejam influenciadas por suas próprias reações àquilo que vê. Quando, em *Outubro*, ele justapõe a balalaica e Kerensky, seu método tornou-se seu objetivo, no sentido a que aludia Valéry. A construção da imagem torna-se um fim em si mesma, e o autor desfecha um ataque total ao público, impondo-lhe sua própria atitude diante do que está acontecendo.

Se compararmos o cinema com artes baseadas no tempo, como, digamos, a música ou o bale, veremos que a marca distintiva do cinema consiste em dar ao tempo forma real e visível. Uma vez registrado na película, o fenômeno ali está, dado e imutável, mesmo quando o tempo for intensamente subjetivo.

Os artistas se dividem entre aqueles que criam seu próprio mundo interior, e aqueles que recriam a realidade. Pertenço, sem sombra de dúvida, à primeira categoria – isso, porém, não muda nada: meu mundo interior pode ser de interesse para alguns, enquanto outros permanecerão frios diante dele, quando não irritados. A questão é que o mundo interior criado através de recursos cinematográficos deve sempre ser tomado como realidade, estabelecido objetivamente na imediação do momento registrado.

Uma composição musical pode ser executada de diferentes maneiras, e sua duração também pode ser variada. Nesse caso, o tempo é simplesmente uma condição de certas causas e efeitos dispostos numa determinada ordem; tem um caráter abstrato e filosófico. O cinema, por outro lado, é capaz de registrar o tempo através de signos exteriores e visíveis, identificáveis aos sentimentos. E, assim, o tempo torna-se o próprio fundamento do cinema, como o som na música, a cor na pintura, o personagem no teatro.

O ritmo, então, não é a sequência métrica das diferentes peças: ele é criado pela pressão temporal no interior dos quadros. Além disso, estou convencido de que o principal elemento formal do cinema é o ritmo, e não a montagem, como as pessoas costumam pensar.

A montagem existe, por certo, em todas as formas de arte, uma vez que é sempre necessário escolher e combinar os materiais com que se trabalha. A diferença é que a montagem cinematográfica junta pedaços de tempo que estão impressos nos segmentos da película. Montar consiste em combinar peças maiores e menores, cada uma das quais é portadora de um tempo diverso. A união dessas peças gera uma nova consciência da existência desse tempo, emergindo em decorrência dos intervalos, daquilo que é cortado, arrancado ao longo do processo; contudo, como dissemos anteriormente, o caráter distintivo da união que se realiza durante a montagem já está presente nos segmentos. A montagem não gera nem recria uma nova qualidade; o que ela faz é evidenciar uma qualidade já inerente aos quadros que ela une. A montagem é prevista durante a filmagem, é pressuposta no caráter daquilo que se filma, está programada desde o início. A montagem tem relação com espaços temporais e com o grau de intensidade com que existem, tal como registrados pela câmera; não tem nada a ver com símbolos abstratos, objetos reais pitorescos, composições meticulosamente organizadas e dispostas com rigor pelo cenário. Também não tem nada a ver com dois conceitos semelhantes que – segundo nos dizem – produzem, quando combinados, um "terceiro significado", mas sim com a diversidade da vida percebida.

Minha tese é comprovada pela obra do próprio Eisenstein. O ritmo, que, segundo ele, dependia diretamente da montagem, demonstra a inconsistência da sua premissa teórica quando a intuição o trai, e ele não consegue colocar nas peças montadas a pressão temporal exigida por aquele trecho específico de montagem. Vejamos, por exemplo, a batalha sobre o gelo em *Alexander Nevsky*. Ignorando a necessidade de preencher os quadros com um tempo de tensão adequada, ele se esforça por obter a dinâmica interna da batalha mediante a montagem de uma sequência de tomadas breves – por vezes excessivamente breves. No entanto, apesar do ritmo acelerado com que mudam os fotogramas, os espectadores (pelo menos aqueles de mente aberta, que ainda não foram convencidos de que se trata de um filme "clássico", e de um "clássico" exemplo de montagem, tal como ensinada no Instituto Estatal de Cinema) são tomados pela sensação de que tudo o que se passa na tela é lerdo e artificial. Isso acontece porque não existe verdade temporal em nenhum dos quadros. Em si, eles são estáticos e insípidos. Existe assim uma contradição inevitável entre o quadro em si, que não registra nenhum processo temporal específico, e o estilo precipitado da montagem, que é arbitrária e superficial por não ter relação alguma com o tempo de nenhuma das tomadas. A sensação que o diretor pretendia transmitir nunca chega ao espectador, pois ele não teve a preocupação de impregnar o quadro com a verdadeira percepção de tempo da legendária batalha. O acontecimento não é recriado, mas sim juntado de qualquer maneira.

No cinema, o ritmo é comunicado pela vida do objeto visivelmente registrado no fotograma. Assim como se pode determinar o tipo de corrente e de pressão existentes num rio pelo movimento de um junco, da mesma forma podemos identificar o tipo de movimento do tempo a partir do fluxo do processo vital reproduzido na tomada.

O diretor revela sua individualidade sobretudo através do ritmo, da sua percepção do tempo. O ritmo dá cor a uma obra, imprimindo-lhe marcas estilísticas. Ele não é inventado nem composto em bases arbitrárias e teóricas, mas nasce espontaneamente num filme, em resposta à consciência inata da vida que tem o diretor, à sua "procura do tempo". Parece-me que, numa tomada, o tempo deve fluir independentemente e com dignidade, pois só assim as ideias encontrarão nele o seu lugar, sem agitação, pressa ou estardalhaço. Sentir o ritmo de uma tomada assemelha-se muito ao que sentimos na literatura diante de uma palavra exata. Assim como um ritmo inadequado num filme, uma palavra imprecisa na literatura destrói a veracidade da obra – o conceito de ritmo pode, certamente, ser aplicado à prosa (embora num sentido muito diferente).

Aqui, porém, estamos diante de um problema inevitável. Digamos que eu pretenda que o tempo se escoe pelo fotograma com dignidade e independência, de tal maneira que, no público, ninguém sinta que essa percepção do tempo está sendo forçada, para que o espectador possa, por assim dizer, deixar-se aprisionar voluntariamente pelo artista e comece a perceber o material do filme como seu, assimilando-o e apropriando-se dele como uma experiência nova e sua. Mas há ainda uma aparente dicotomia: a percepção do tempo por parte do diretor sempre equivale a uma espécie de coerção sobre o público, assim como acontece com a imposição de seu mundo interior. Para o espectador, existem duas alternativas: ou ele entra no ritmo do diretor (o seu mundo) e torna-se seu aliado, ou não faz nada disso – e, em tal caso, não se estabelece nenhuma espécie de contato. Decorre daí a existência de um espectador que "pertence" ao diretor, e de outros que lhe são estranhos. Creio que isso não é apenas perfeitamente natural, mas também, ai de mim, inevitável.

Vejo, então, que minha tarefa profissional é criar meu fluxo de tempo pessoal, e transmitir na tomada a percepção que tenho do seu movimento – do movimento arrastado e sonolento ao rápido e tempestuoso –, que cada pessoa sentirá a seu modo.

Juntar, fazer a montagem é algo que perturba a passagem do tempo, interrompe-a e, simultaneamente, dá-lhe algo de novo. A distorção do tempo pode ser uma maneira de lhe dar expressão rítmica.

Esculpir o tempo!

Entretanto, a deliberada junção de tomadas com tensões temporais diferentes não deve ser feita com displicência; ela deve nascer de uma necessidade interior, de um processo orgânico que se processe no material como um todo. No momento em que se viola o processo orgânico das transações, a ênfase sobre a montagem (que o diretor deseja ocultar) começa a se impor; ela se expõe à vista, salta aos olhos. Se a velocidade do tempo for reduzida ou acelerada artificialmente, e não em resposta a um desenvolvimento endógeno, se a mudança de ritmo estiver equivocada, o resultado será falso e óbvio.

A junção de segmentos de valores temporais diferentes leva inevitavelmente a uma ruptura de ritmo. No entanto, se essa ruptura for gerada por forças em atuação no interior dos quadros montados, ela será então um fator essencial para a moldagem do *design* rítmico exato. Tomemos as diferentes pressões temporais, que poderíamos designar metaforicamente por regato, torrente, rio, catarata e oceano: sua junção engendra aquele *design* rítmico único que é o sentimento de tempo do autor, que adquire vida como uma nova entidade orgânica.

Na medida em que o sentimento de tempo está ligado à percepção inata da vida por parte do diretor, e na medida em que a montagem é determinada pelas pressões rítmicas nos segmentos do filme, a marca pessoal do diretor é percebida na montagem. Ela expressa sua atitude para com a concepção do filme, e representa a definitiva concretização da sua filosofia de vida. Creio que um diretor que monte seus filmes facilmente e de várias maneiras é superficial. Será sempre fácil reconhecer a montagem de Bergman, Bresson, Kurosawa ou Antonioni; é impossível confundi-los com quaisquer outros, pois a percepção do tempo de cada um, tal como expressa no ritmo dos seus filmes, é sempre a mesma.

É preciso conhecer as leis da montagem, assim como cada pessoa deve conhecer as leis da sua profissão; a criação artística, porém, começa exatamente no momento em que essas regras são alteradas ou violadas. Só porque Lev Tolstói não tinha um estilo impecável como Bunin[21] e porque faltam a seus romances a elegância e perfeição características dos contos deste último, não podemos afirmar que Bunin é superior a Tolstói. Não só perdoamos a este seu moralismo grave e frequentemente desnecessário, e suas frases desajeitadas, como até mesmo passamos a gostar disso tudo como sendo uma das suas características, como um atributo do homem. Diante de uma figura realmente grandiosa, nós a aceitamos com todas as suas "fraquezas", que se tornam os traços distintivos da sua estética.

Se extrairmos as descrições dos personagens de Dostoiévski do contexto das suas obras não poderemos senão achá-las desconcertantes: "belos", "de lábios brilhantes", "rostos pálidos", e assim por diante... Mas isso simplesmente não tem a menor importância, pois não estamos falando de um profissional ou artesão, mas de um artista e filósofo. Bunin, que sentia uma admiração irrestrita por Tolstói, achava *Ana Karênina* um livro abominavelmente escrito e, como sabemos, tentou reescrevê-lo – sem qualquer sucesso. As obras de arte são, por assim dizer, criadas por um processo orgânico; quer boas, quer más, elas são organismos vivos com seu próprio sistema circulatório, que não deve ser perturbado.

O mesmo se pode dizer da montagem: não se trata de dominar a técnica, como um virtuose, mas de uma necessi-

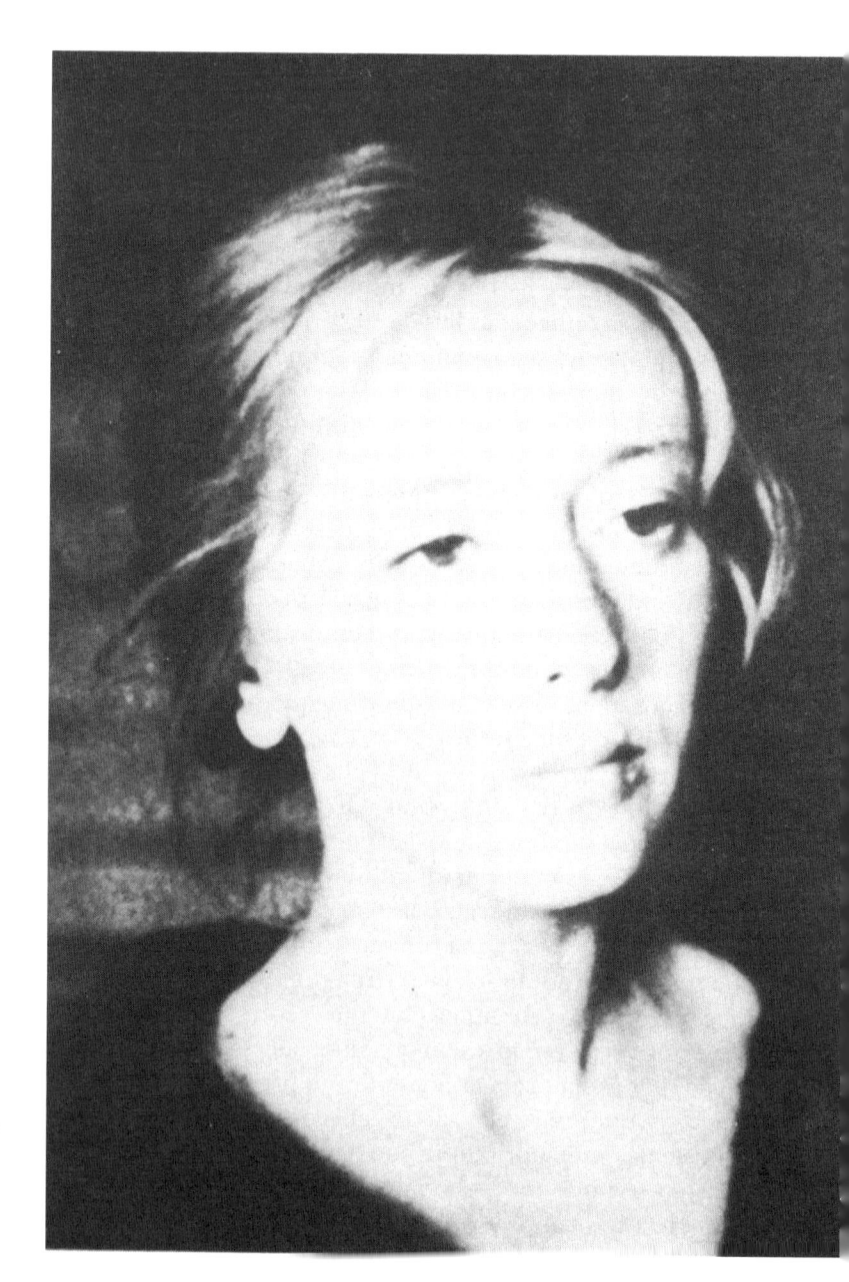

O espelho
*Margarita Terekhova:
poema de Arseni
Tarkovski*
S utra ya tebya…
(Desde manhã…)

Ontem fiquei esperando desde manhã,
Eles sabiam que não virias, eles adivinhavam.
Lembras como o dia estava lindo?
Um feriado! Eu não precisava de casaco.

Você veio hoje, e aconteceu
Que o dia foi cinzento, sombrio,
E chovia, e era meio tarde,
E ramos frios com gotas escorrendo.

Palavras não podem consolar, nem lenços enxugar.

Arseni Tarkovski
Texto original russo na p. 300

dade de dar forma àquilo que desejamos expressar. Acima de tudo, é preciso que uma pessoa saiba o que a levou a optar pelo cinema, e não por qualquer outra forma de arte, e o que se pretende dizer através da poética do cinema. A propósito, nos últimos anos há um número cada vez maior de jovens inscrevendo-se nos cursos de cinema, preparados, de antemão, para fazerem "o que se deve fazer" – na Rússia ou onde se remunera melhor – no Ocidente. É uma coisa trágica. Os problemas técnicos são brincadeira de criança: pode-se aprendê-los com a maior facilidade. Pensar com independência e dignidade, porém, é muito diferente de aprender a fazer alguma coisa, ou de tornar-se uma personalidade inconfundível. Ninguém pode ser forçado a carregar um peso que não apenas é difícil, mas, às vezes, impossível de suportar. No entanto, não há outra saída: tem de ser tudo, ou nada.

O homem que roubou para nunca mais ter de roubar novamente continua sendo um ladrão. Ninguém que traiu seus princípios alguma vez pode voltar a manter uma relação pura com a vida. Portanto, quando um cineasta diz que vai fazer um filme comercial para juntar as forças e adquirir os meios que lhe permitam fazer o filme dos seus sonhos – isso é trapaça, ou, pior ainda, uma trapaça para consigo mesmo. Ele nunca fará o *seu* filme.

Roteiro e decupagem técnica

Entre os primeiros e os últimos estágios da realização de um filme, o diretor entra em conflito com um número tão grande de pessoas e tem de resolver problemas tão diferentes – alguns dos quais praticamente sem solução – que quase se tem a impressão de que as circunstâncias foram deliberadamente tramadas para fazê-lo esquecer os motivos que o levaram a começar o filme.

Devo dizer que, no meu caso, as dificuldades especificamente ligadas à concepção de um filme têm muito pouco a ver com sua inspiração inicial: o problema sempre foi mantê-lo intacto e não adulterado, como um estímulo para o trabalho e um símbolo do filme concluído. A concepção original corre sempre o perigo de degeneração em meio ao tumulto que cerca a produção de um filme, o perigo de ser deformado e destruído durante o processo da sua própria realização.

A trajetória do filme, da sua concepção até o acabamento final no estúdio é ameaçada por todo tipo de obstáculos, relacionados não apenas a problemas técnicos, mas também ao enorme número de pessoas envolvidas na produção.

Se o diretor não conseguir transmitir ao ator a forma como ele vê um personagem e como deve ser interpretado, a sua concepção começará imediatamente a se desvirtuar. Se o *camera man* não entendeu com perfeição a sua tarefa, o filme perderá ligação com sua ideia central e acabará sem coesão alguma, por mais brilhantes que tenham sido as filmagens, em termos visuais e formais.

É possível construir cenários magníficos, que sejam o orgulho do projetista; no entanto, se não forem inspirados pela concepção original do diretor, eles serão apenas um obstáculo para o filme. Se o compositor não estiver sob o controle do diretor e compuser a música inspirado em suas próprias ideias, por mais maravilhoso que seja o resultado, a menos que seja aquilo de que o filme necessita, a concepção do filme também estará correndo o risco de não se concretizar.

Não é exagero dizer que, a cada passo, o diretor corre o risco de se tornar uma simples testemunha, observando o roteirista a escrever, o projetista a construir cenários, o ator a representar, e o montador a cortar. É isso, na verdade, o que acontece nas produções essencialmente comerciais: a tarefa do diretor nada mais é que coordenar as atividades profissionais dos diferentes membros da equipe. Em resumo, é terrivelmente difícil insistir na realização de um filme *de autor* quando todos os seus esforços estão concentrados em não permitir que a ideia seja "esvaziada" até que dela nada mais reste, enquanto se luta contra as condições de trabalho características da realização de um filme. Só se pode esperar obter um resultado satisfatório quando a concepção original permanecer viva e não adulterada.

Devo dizer de imediato que não vejo o roteiro como um gênero literário. Na verdade, quanto mais cinematográfico um roteiro, menos ele pode aspirar a um *status* literário autônomo, como acontece frequentemente com as peças de teatro. E sabemos que na prática nenhum roteiro cinematográfico jamais se elevou ao nível de uma obra literária.

Não entendo que motivos levam uma pessoa dotada de talento literário a querer ser um roteirista – a não ser, obviamente, que o faça por dinheiro. Um escritor tem de escrever, e uma pessoa que pense por meio de imagens cinematográficas deve dirigir filmes. Afinal, a concepção e o objetivo de um filme, bem como sua realização, devem ser em última instância da responsabilidade do diretor-autor; de outro modo, ele perderá o controle das filmagens.

Certamente o diretor pode recorrer, e de fato muitas vezes recorre, a um escritor com o qual tenha afinidade espiritual. Este último, na condição de roteirista, acaba tornando-se um coautor. A base literária do filme é desenvolvida com sua colaboração, mas, neste caso, ele deve ter a mesma concepção que o diretor e estar preparado para deixar-se guiar por ela em todos os momentos e ser também capaz de empenhar sua força criadora para desenvolvê-la e realçá-la sempre que necessário.

Quando um roteiro for uma obra literária magnífica, é muito melhor que permaneça na esfera da prosa. Se, mesmo assim, um diretor quiser usá-lo como ponto de partida de um filme, a primeira coisa a fazer é transformá-lo num roteiro que seja uma base adequada para o seu trabalho. A essa altura, a obra se terá transformado num novo roteiro, no qual as imagens literárias foram substituídas por equivalentes cinematográficos.

Se o roteiro constituir um projeto detalhado do filme, se incluir somente o que vai ser filmado, especificando como isso será feito, teremos diante de nós uma espécie de transcrição antecipada do filme acabado, sem nenhuma relação com a literatura. Uma vez que a versão original tenha sido alterada durante a filmagem (como quase sempre acontece nos meus filmes) e tenha perdido a sua estrutura, ela passará a ter interesse apenas para o especialista às voltas com a história de um determinado filme. Essas versões continuamente modificadas podem chamar a atenção daqueles que desejam explorar a natureza da arte do cineasta, mas não podem ser consideradas literatura.

Um roteiro com qualidades literárias só tem utilidade como uma forma de convencer da validade do filme aqueles de quem depende a sua realização. Não que, em si, um roteiro seja uma garantia da qualidade da obra concluída: conhecemos dúzias de exemplos de maus filmes realizados a partir de "bons" roteiros, e vice-versa. Também não é segredo que o verdadeiro trabalho com um roteiro só começa depois que ele foi aceito e comprado, e que a obra envolverá também o próprio diretor, que irá escrever e trabalhar em colaboração com seus parceiros literários, canalizando seus talentos nas direções por ele exigidas. Refiro-me, certamente, àquilo que se conhece como filmes *de autor*.

Durante o processo de elaboração de um roteiro, eu sempre tentava obter em minha mente um quadro exato do filme, e até mesmo dos cenários. Atualmente, porém, estou mais propenso a trabalhar uma cena ou tomada apenas em termos muito gerais, para que elas surjam espontaneamente durante as filmagens, pois a vida característica do lugar onde se desenvolve ação, a atmosfera do *set* e o estado de espírito dos atores podem sugerir novas estratégias, surpreendentes e inesperadas. A imaginação é menos rica que a vida. E, hoje em dia, sinto com intensidade cada vez maior que ideias e estados de espírito não devem ser determinados antecipadamente. É preciso saber abandonar-se à atmosfera da cena e lidar com o *set* com a mente aberta. Já houve época em que eu não conseguia começar a filmar antes de ter elaborado um projeto completo do episódio; agora, porém, vejo tal procedimento como uma coisa abstrata que cerceia a imaginação. Talvez fosse o caso de parar de pensar nisso por algum tempo. Lembremo-nos de Proust:

> Tão afastadas se encontravam as torres e tão pouco me parecia aproximar-nos delas que fiquei atônito quando paramos, instantes depois, diante da igreja de Martinville. Ignorava o motivo do prazer que tivera ao avistá-las no horizonte, e a obrigação de procurar desvendá-lo me parecia muito penosa; tinha vontade de guardar de reserva na cabeça aquelas linhas que se moviam ao sol e não mais pensar nelas por enquanto. [...]
> Sem confessar-me que aquilo que estava oculto atrás das torres de Martinville devia ser algo assim como uma bela frase, pois que aparecera sob a forma de palavras que me causavam prazer, pedi lápis e papel ao doutor e, para aliviar a consciência e obedecer ao meu entusiasmo, compus, apesar dos solavancos do carro, o pequeno trecho seguinte. [...]
> Jamais tornei a pensar em tal página, mas naquele instante, ao terminar de escrevê-la, na ponta do assento onde o cocheiro do doutor costumava colocar um cesto com as aves que comprara no mercado de Martinville, achei-me tão feliz, sentia que ela me havia desembaraçado tão perfeitamente daquelas torres e do que ocultavam atrás de si, que, como se fosse eu próprio uma galinha e acabasse de pôr um ovo, pus-me a cantar a plenos pulmões.*

Passei por emoções exatamente iguais quando terminei de filmar *O espelho*. Recordações da infância que por tantos anos não me haviam deixado em paz de repente desapareceram como que por encanto, e finalmente deixei de sonhar com a casa em que vivera tantos anos atrás.

---

* *No caminho de Swann*, p. 155-7, Editora Globo, tradução de Mário Quintana.

O espelho
O pequeno Andrei na casa do pai.

Muitos anos antes de fazer o filme, eu me tinha decidido a simplesmente colocar no papel as lembranças que me atormentavam; naquela altura, não pensava ainda em fazer um filme. Pretendia escrever uma novela sobre a evacuação durante a guerra, e o enredo teria como ponto central o instrutor militar da minha escola. Achei depois que o tema fosse muito frágil para tornar-se uma novela, e nunca a escrevi. Mas o incidente, que me impressionara profundamente quando criança, continuou a me atormentar e permaneceu vivo em minhas lembranças até tornar-se um episódio menor do filme.

Quando terminei a primeira versão do roteiro de *O espelho*, originalmente intitulado *Um dia branco, branco*, percebi que, em termos cinematográficos, minha concepção estava longe de ser clara; um simples fragmento de minhas lembranças, cheio de uma tristeza elegíaca e de nostalgia pela infância, não era o que eu queria. Era óbvio que faltava alguma coisa ao roteiro, e o que faltava era crucial. Portanto, mesmo quando o roteiro estava sendo apreciado pela primeira vez, a alma do filme ainda não viera habitar-lhe o corpo. Eu tinha plena consciência de que precisava encontrar uma ideia chave que o elevasse acima do nível de uma reminiscência lírica.

Escrevi, assim, uma segunda versão do roteiro: pretendia intercalar os episódios da infância contidos na novela com fragmentos de uma entrevista franca com minha mãe, justapondo, desse modo, duas formas paralelas de percepção do passado (a da mãe e a do narrador) que adquiriria forma para o público através da interação de duas projeções diferentes desse passado nas lembranças de duas pessoas muito próximas uma da outra, mas de gerações diferentes. Ainda acho que poderíamos ter obtido resultados interessantes e imprevisíveis dessa forma.

Não me arrependo, porém, de ter depois abandonado também essa estrutura, que continuaria sendo excessivamente direta e pouco sutil, e de ter substituído todas as entrevistas planejadas com a mãe por cenas aromatizadas. Na verdade, nunca achei que os elementos da representação e do documentário pudessem unir-se de modo dinâmico. Eles se chocavam e contradiziam, e sua combinação não teria passado de um exercício formal e intelectual de montagem: uma unidade espúria, fundamentada em conceitos. Os dois elementos carregavam concentrações de material muito diferentes, tempos e tensões temporais também diversos: por um lado, o tempo exato, real e documentário das entrevistas, e, por outro, o tempo das memórias do narrador, recriado pela representação dos atores. A coisa toda lembrava, de certo modo, o *Cinema-Vérité* e Jean Rouch, e não era absolutamente isso o que eu desejava.

As transições entre o tempo subjetivo e ficcional e o tempo verdadeiro, do documentário, de repente me pareceram pouco convincentes – artificiais e monótonas, semelhantes a um jogo de pingue-pongue.

Minha decisão de não montar um filme com dois planos temporais diferentes não significa de forma alguma que, por definição, seja impossível combinar material documentário e material representado. Na verdade, acho que, em *O espelho*, as cenas de cinejornal e as representadas harmonizam-se de forma perfeitamente natural, tanto que já ouvi mais de uma vez pessoas dizerem que pensavam que as sequências de cinejornal eram reconstruções deliberadamente criadas para darem a impressão de documentários verdadeiros: o elemento documentário tornara-se uma parte orgânica do filme.

Consegui esse resultado graças ao material extraordinário que encontrei. Tive que examinar milhares de metros de película antes de encontrar a sequência do Exército Soviético atravessando o lago Sivash. Fiquei perplexo, pois eu nunca me deparara com nada parecido. Em geral, o que encontrávamos eram filmes de baixa qualidade, ou pequenos fragmentos registrando o cotidiano do exército, ou, ainda, documentários que rescendiam muito a coisa planejada e pouco a verdade. Eu estava começando a perder as esperanças de unificar toda essa confusão num sentido temporal único, quando subitamente – algo de muito inédito em se tratando de um cinejornal – ali estava um registro de um dos momentos mais dramáticos da história do avanço soviético de 1943. Era um material único, e eu mal podia acreditar que se tivesse gasto tanto filme para registrar um só acontecimento em observação contínua. Sem dúvida, a cena fora filmada por um *camera man* de extraordinário talento. Quando, na tela à minha frente, e como que saídas do nada, surgiram aquelas pessoas devastadas pelo esforço terrível e desumano daquele trágico momento histórico, tive certeza de que aquele episódio tinha que se tornar o centro, a própria essência, o coração e o sistema nervoso desse filme que tivera início simplesmente como uma reminiscência lírica íntima.

Surgiu na tela uma imagem de força dramática esmagadora – e era tudo meu, especificamente meu, como se eu houvesse suportado a opressão e a dor (a propósito, foi esse o episódio que o chefe do Cinema Estatal queria que eu deixasse fora do filme). A cena era sobre aquele sofrimento que é o preço do chamado progresso histórico, e sobre as incontáveis vítimas que, desde tempos imemoriais, ele exige. Era impossível acreditar, por um momento, que tal sofrimento fosse destituído de significado. As imagens falavam de imortalidade, e os poemas de Arseni Tarkovski foram a consumação do episódio, pois davam voz ao seu significado fundamental. O documentário tinha qualidades estéticas que atingiam um extraordinário grau de intensidade emocional. Uma vez impressa na película, a verdade registrada nessa crônica de uma autenticidade absoluta deixava de ser simplesmente semelhante à vida. Tornava-se, de repente, uma *imagem* de sacrifício heroico e do preço desse sacrifício: a imagem de um momento histórico decisivo, obtida a um custo incalculável.

O filme nos atingia com uma pungência intensa e lancinante, pois o que havia nas tomadas era simplesmente gente. Gente se arrastando, com lama até os joelhos, através de um pântano interminável que se estendia para além do horizonte, sob um céu uniforme e esbranquiçado. Quase não houve sobreviventes. A perspectiva ilimitada desses momentos registrados pelo filme criava um efeito próximo à catarse. Mais tarde vim a saber que o *camera man* do exército que fizera o filme, com uma consciência tão extraordinária dos acontecimentos ocorrendo ao seu redor, havia sido morto naquele mesmo dia.

Quando só tínhamos quatrocentos metros de filme para prosseguir com *O espelho* ou, em outras palavras, cerca de treze minutos de projeção, o filme ainda não existia. Os sonhos da infância do narrador haviam sido determinados e filmados, mas mesmo essas sequências não conseguiam dar ao filme uma estrutura unificada.

Em sua forma atual, o filme só passou a existir com a introdução da esposa do narrador na trama da narrativa; ela não aparecia nem no projeto original, nem no roteiro.

Gostamos muito de Margarita Terekhova no papel de mãe do narrador, mas sentíamos o tempo todo que o papel a ela atribuído no roteiro original não bastava para trazer à tona e utilizar todas as suas enormes possibilidades interpretativas. Decidimos, então, escrever mais alguns episódios e lhe demos o papel da esposa. Depois disso, tivemos a ideia de alternar na montagem episódios do passado e do presente do autor.

Para começar, meu brilhante coautor – Alexander Misarin – e eu quisemos inserir no novo diálogo uma afirmação das nossas concepções sobre os fundamentos estéticos e morais da obra de arte; felizmente, no entanto, tivemos o bom senso de repensar essa intenção. Acredito que algumas dessas ideias agora fluem, imperceptivelmente, por todo o filme.

Este relato da realização de *O espelho* ilustra o meu ponto de vista de que o roteiro é uma estrutura frágil, viva e em constante mutação, e que um filme só está pronto no momento em que finalmente terminamos de trabalhar com ele. O roteiro é a base a partir da qual tem início a exploração, e, durante todo o tempo em que estou trabalhando num filme, sinto a angústia permanente de que talvez nada resulte dele.

O espelho é um exemplo óbvio de como alguns dos meus princípios de trabalho em relação ao roteiro foram levados a suas conclusões lógicas. Muita coisa só veio a ser pensada, formulada e feita ao longo do processo de filmagem. Os roteiros dos meus filmes anteriores foram mais claramente estruturados. Quando começamos a fazer *O espelho*, decidimos que, por uma questão de princípios, o filme não seria elaborado e planejado antecipadamente, antes que o material fosse filmado. Era importante ver como, sob quais condições, o filme poderia, por assim dizer, adquirir forma por si próprio: dependendo das tomadas, do contato com os atores, através da construção dos *sets* e da forma como ele viesse a se adaptar às locações escolhidas.

Não fizemos nenhum projeto antecipado para cenas e episódios, uma vez que não pretendíamos trabalhar com entidades visuais já definidas: o que fizemos foi desenvolver uma clara percepção da atmosfera e uma empatia com os personagens, o que exigiu no *set* uma concepção plástica rigorosa. A única coisa que "vejo" antes de filmar, a única coisa que imagino, se é que vejo ou imagino alguma coisa, é o estado interior, a tensão interior específica das cenas a serem filmadas e da psicologia dos personagens. No entanto, desconheço ainda a forma precisa em que tudo isso será moldado. Analiso todas as possibilidades do *set* para compreender através de que meios esse estado interior pode ser expressado no filme. Assim que consigo fazê-lo, começo a filmar.

O espelho é também a história da velha casa onde o narrador passou sua infância, da fazenda onde ele nasceu e onde viveram seu pai e sua mãe. Essa casa, que com o passar dos anos se transformara em ruínas, foi reconstruída, "ressuscitada" a partir de fotografias da época e dos alicerces que ainda sobreviviam. Assim, acabou ficando exatamente como fora quarenta anos antes. Quando mais tarde levamos até lá minha mãe, que passara a infância naquele lugar e naquela casa, sua reação superou todas as minhas expectativas. O que ela experimentou foi uma volta ao seu passado, e isso me deu a certeza de que estávamos no caminho certo. A casa despertou nela os sentimentos que o filme pretendia expressar...

Diante da casa, estendia-se um campo; lembro que crescia trigo-sarraceno entre ela e a estrada que levava ao próximo vilarejo. O trigo-sarraceno é muito bonito quando está em floração. As flores brancas, que dão o efeito de um campo coberto de neve, ficaram em minhas lembranças como um dos detalhes essenciais e inesquecíveis da minha infância. Porém, quando chegamos para decidir onde filmaríamos, não havia trigo-sarraceno à vista – há anos o *kolkhoz* vinha semeando os campos com trevo e aveia. Quando pedimos que semeassem trigo-sarraceno, garantiram que a planta não crescia ali, pois o solo não favorecia o seu cultivo. Apesar disso, arrendamos o campo e semeamos o trigo por nossa própria conta e risco. As pessoas do *kolkhoz* não

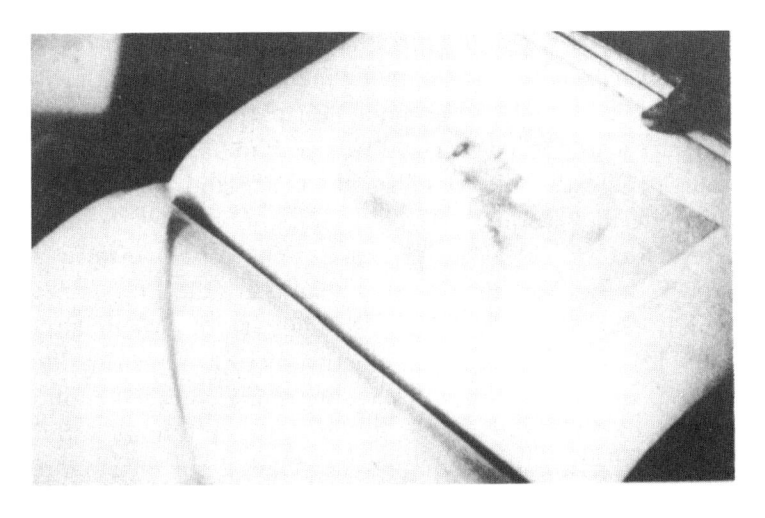

O espelho
Folheando um velho livro de arte e encontrando desenhos de Leonardo.

conseguiram esconder o espanto quando viram o trigo brotar; quanto a nós, vimos essa conquista como um bom presságio. Ela parecia dizer-nos algo sobre a qualidade especial da nossa memória – sobre sua capacidade de penetrar para além dos véus estendidos pelo tempo, e era exatamente sobre isso o filme: essa era sua ideia seminal.

Não sei o que teria sido o filme se o trigo-sarraceno não crescesse... Nunca me esquecerei do momento em que ele começou a florir.

Quando comecei a filmar *O espelho*, passei a refletir cada vez mais sobre o fato de que, quando se leva a sério o trabalho que se realiza, um filme deixa de ser apenas o próximo passo da nossa carreira, pois trata-se de um ato que irá repercutir por toda nossa vida. Eu havia decidido que nesse filme, pela primeira vez, iria usar os recursos do cinema para falar de todas as coisas que me eram mais caras, e que iria fazê-lo diretamente, sem usar quaisquer truques.

Foi extremamente difícil explicar para as pessoas que não há nenhum significado oculto no filme, que não há nada além do desejo de dizer a verdade. Muitas vezes as minhas afirmações provocaram incredulidade e até mesmo decepção. Algumas pessoas evidentemente queriam mais:

precisavam de símbolos secretos e significados ocultos. Não estavam habituadas à poética da imagem cinematográfica. Eu também fiquei desapontado. Da parte do público, foi essa a reação dos que se opuseram ao filme; quanto a meus colegas, atacaram-me com ferocidade, acusando-me de falta de modéstia e de querer fazer um filme sobre mim mesmo.

No final, fomos salvos por uma única coisa – pela fé: a crença de que, como o nosso trabalho era tão importante para nós, ele só podia tornar-se igualmente importante para o público. O filme tinha por objetivo reconstruir as vidas de pessoas que eu amara intensamente e que conhecia muito bem. Eu queria contar a história da dor de um homem por achar que não pode recompensar a família por tudo o que ela lhe deu. Ele sente que não a amou o suficiente, uma ideia que o atormenta e da qual não consegue desvencilhar-se.

Quando falamos de coisas que nos são caras, ficamos imediatamente ansiosos por saber como as pessoas irão reagir àquilo que dissemos, e desejamos proteger essas coisas, defendê-las contra a incompreensão. Uma das nossas preocupações era imaginar de que forma os públicos do futuro receberiam o filme, mas, ao mesmo tempo, continuamos acreditando, com uma obstinação de maníacos, que seríamos compreendidos. Nossa decisão foi confirmada pelas circunstâncias futuras; a esse respeito, as cartas transcritas no começo deste livro dizem algo sobre o que aconteceu. Eu não podia esperar por um nível mais alto de compreensão, e tal reação da parte do público foi extremamente importante para o desenvolvimento das minhas obras futuras.

O espelho não foi, em absoluto, uma tentativa de falar sobre mim mesmo. Ele falava sobre meus sentimentos por pessoas que me eram muito queridas, sobre meu relacionamento com elas, sobre minha eterna compaixão pelo seu sofrimento e pelas minhas próprias falhas – o meu sentimento de dever não cumprido.

Os episódios dos quais o narrador se lembra num momento de crise profunda provocam-lhe uma dor que não cessa até o último instante, enchendo-o de tristeza e angústia... Quando lemos uma peça, podemos fazer uma clara ideia do seu significado, muito embora ela possa ser interpretada de modo diferente em sucessivas produções; ela tem identidade própria desde o início, ao passo que a identidade de um filme não pode ser percebida a partir do roteiro, que morre no filme. O cinema pode buscar seus diálogos na literatura, mas isso é tudo – ele não mantém nenhuma relação essencial com a literatura. Uma peça de teatro passa a fazer parte da literatura, pois as ideias e os personagens expressados ao longo dos seus diálogos constituem sua essência, e o diálogo é sempre literário. No cinema, porém, o diálogo é apenas um dos componentes da estrutura material do filme. Por uma questão de princípios, tudo aquilo que tiver pretensões literárias num roteiro, deve ser assimilado e adaptado de modo coerente durante a realização do filme. No cinema, o elemento literário deve *ser filtrado*; ele deixa de ser literatura assim que o filme for concluído. Uma vez terminado o trabalho, tudo o que resta é a transcrição escrita do filme, a decupagem técnica, que não pode, por qualquer definição, ser chamado literatura: assemelha-se mais à descrição de algo que se viu feita a um cego.

A realização gráfica do filme

É extremamente importante, e ao mesmo tempo muito difícil, transformar o cenógrafo e o *camera man* (e, por extensão, todas as outras pessoas que trabalham na realização de um filme) em parceiros, colaboradores no nosso projeto. É fundamental que eles não sejam reduzidos a meros funcionários; eles devem participar como artistas criadores autônomos, com liberdade para compartilharem nossas ideias e sentimentos. No entanto, transformar o *camera man* num aliado, num espírito irmão, é um trabalho que requer certa diplomacia, que chega até mesmo ao ponto de fazer com que ocultemos nossa concepção, nosso objetivo final, para que este possa alcançar sua realização ideal no tratamento que lhe for dado pelo *camera man*. Já houve ocasião em que cheguei a ocultar toda a concepção de um filme para que o *camera man* a realizasse da forma como eu desejava.

A história da minha relação com Yusov ilustra o que pretendo dizer. Até *Solaris*, foi ele o *camera man* responsável por todos os meus filmes. Quando leu o roteiro de *O espelho*, Yusov recusou-se a filmá-lo. Ele achava que a natureza claramente autobiográfica da obra era abominável do ponto de vista ético, e estava constrangido e irritado com o tom lírico e por demais pessoal da narrativa toda, e pelo desejo do autor de falar exclusivamente sobre si mesmo (como disse antes, foi essa também a reação dos meus colegas). Yusov estava, por certo, sendo autêntico e honesto, e não tinha a menor dúvida de que eu estava sendo muito pouco modesto. É verdade que depois, quando o filme já fora feito por Georgi Rerberg, ele me fez a seguinte confissão: "Odeio dizer isso, Andrei, mas é o seu melhor filme." Espero que essa observação também tenha sido inteiramente sincera.

Conhecendo Vadim Yusov tão bem como eu o conhecia, eu talvez devesse ter sido mais sutil: em vez de dar-lhe a conhecer todas as minhas ideias já de início, teria sido melhor passar-lhe pequenos trechos do roteiro de cada vez... Não sei... Não sou muito bom na hora de enganar os outros e não consigo bancar o diplomata com meus amigos.

Seja como for, em todos os filmes que fiz até agora, sempre vi o *camera man* como um coautor. Em si mesmo, o estreito contato entre as pessoas que trabalham na realização de um filme não é suficiente. O tipo de subterfúgio que acabei de mencionar é realmente necessário, mas, para ser franco, sempre cheguei a essa conclusão *post factum*, em bases inteiramente teóricas. Na prática, nunca tive segredos para com meus colegas: pelo contrário, durante as filmagens a equipe sempre trabalhou como um só homem. Isso porque, enquanto não estivermos, por assim dizer, ligados por nossas artérias e nervos, enquanto nosso sangue não começar a circular por um mesmo sistema, é simplesmente impossível fazer um filme.

O espelho
Retrato de uma jovem com um ramo de zimbro (Ginevra Benci, provavelmente de Leonardo).

Durante todo o tempo em que estávamos fazendo *O espelho*, quase nunca nos separávamos; falávamos sobre as coisas que cada um de nós conhecia e amava, sobre o que nos era caro e o que odiávamos, e era comum que nos perdêssemos em nossas divagações sobre o filme. E a posição desta ou daquela pessoa nos trabalhos não tinha a menor importância. Edward Artemiev, por exemplo, compôs apenas alguns trechos da música do filme, mas sua participação é tão importante quanto a de todos os outros, pois, sem a colaboração de cada um, o filme não teria sido feito da forma que o foi.

Quando o *set* foi construído sobre os alicerces da casa em ruínas, nós todos, como membros da equipe, costumávamos ir até lá esperar pelo nascer do sol, para sentirmos o que havia de especial no lugar, estudá-lo em climas diferentes e observá-lo nos diferentes períodos do dia. Queríamos impregnar-nos das sensações das pessoas que haviam vivido na casa e presenciado, uns quarenta anos antes, as mesmas auroras e crepúsculos, as mesmas chuvas e neblinas. Contagiávamo-nos mutuamente com nossas recordações e com o sentimento de que a comunhão entre nós era sagrada. No final do trabalho, separamo-nos com pesar, como se aquele fosse o momento em que devíamos estar começando: na ocasião, quase nos havíamos tornado parte uns dos outros.

A atmosfera de harmonia na equipe foi tão importante que, nos momentos de crise – e foram muitos –, quando eu e o *camera man* não nos conseguíamos entender, minha sensação era a de estar completamente perdido. Tudo me escapava das mãos, e por vários dias não conseguíamos prosseguir com as filmagens. Só retomávamos o trabalho quando descobríamos uma nova forma de comunicação, e então o equilíbrio se restaurava. Em outras palavras, o processo de criação não era regido por disciplina ou horários rígidos, mas pelo clima psicológico que predominava entre os membros da equipe. Além do mais, terminamos o filme antes do prazo estipulado.

A realização de filmes, como qualquer outra forma de criação artística, tem de obedecer, em primeiro lugar e acima de tudo, às suas exigências internas, e não às exigências exteriores de disciplina e produção, as quais, quando muito valorizadas, só destroem o ritmo de trabalho. É possível mover montanhas quando as pessoas que trabalham em conjunto para concretizar a concepção de um filme, cada qual com seus diferentes temperamentos e suas diferentes personalidades, histórias de vida e idades, permanecem unidas como se fossem uma família, e se deixam inflamar por uma só paixão. Se for possível estabelecer uma atmosfera verdadeiramente criadora entre os membros da equipe, deixa de ter importância saber quem é responsável por uma ideia: quem pensou naquela maneira de fazer um *close-up* ou uma panorâmica, quem inventou aquele contraste de luz ou aquele ângulo da câmera.

E, assim, é impossível dizer qual das funções é a mais importante – a do *camera man*, a do diretor ou a do cenógrafo; a cena transforma-se numa estrutura viva, em que não existe nada de forçado e nenhum indício de autoadmiração

No caso de *O espelho*, vocês podem imaginar quão sensíveis precisavam ser os membros da equipe para que pudessem aceitar como sua uma ideia que não apenas provinha de outra pessoa, mas que era também profundamente pessoal; e, também, para ser franco, como me foi difícil compartilhá-la com meus colegas, talvez ainda mais difícil do que com o público – afinal, até o dia da estreia, o público não passa de uma espécie de abstração remota.

Até chegarmos ao ponto em que meus companheiros realmente aceitassem a minha concepção como sendo também a deles, foi preciso superar um grande número de obstáculos. Por outro lado, quando *O espelho* foi concluído, não foi mais possível vê-lo como simplesmente a história da minha família, pois um grupo de pessoas das mais diversas havia tomado parte em sua realização. Era como se minha família houvesse aumentado.

Com uma cooperação tão perfeita entre os membros do grupo, os problemas puramente técnicos de certa forma deixam de existir. O *camera man* e o cenógrafo não estavam fazendo apenas o que sabiam fazer ou o que lhes era pedido, mas ampliando um pouco mais, a cada nova situação, as fronteiras das suas habilidades profissionais. Não se tratava de ficarem restritos ao que "podia" ser feito, mas sim de fazerem o que quer que fosse preciso. Tratava-se de algo que envolvia mais que a simples abordagem profissional, quando o *camera man* seleciona, dentre as propostas do diretor, apenas o que ele é tecnicamente capaz de executar.

O que é preciso atingir é aquele grau de autenticidade e verdade que deixará o público convencido de que havia almas humanas entre as paredes daquele *set*.

Uma das maiores dificuldades ligadas à realização gráfica de um filme é, certamente, a cor. De forma paradoxal, ela constitui um dos principais obstáculos à criação na tela de uma autêntica sensação de verdade. No momento, a cor é menos uma questão de estética do que de necessidade comercial, e é significativo que aumente cada vez mais o número de filmes em preto e branco.

A percepção da cor é um fenômeno fisiológico e psicológico ao qual, via de regra, ninguém dedica atenção especial. O caráter pictórico de uma tomada, que em geral deve-se apenas à qualidade do filme, é mais um elemento artificial que oprime a imagem, e é preciso fazer alguma coisa para neutralizar essa tendência, se o objetivo for a fidelidade para com a vida. É preciso tentar neutralizar a cor, modificar o impacto que ela exerce sobre o público. Se a cor torna-se o elemento dramático dominante de uma tomada, isso significa que o diretor e o *camera man* estão empregando os métodos do pintor para atingir o público. É por esse motivo que hoje é tão fácil constatar que um filme médio, feito com competência, produz o mesmo efeito que as revistas elegantes, luxuosamente ilustradas. A fotografia em cores entra em conflito com a expressividade da imagem.

Talvez a maneira de neutralizar o efeito produzido pelas cores seja alternar sequências coloridas e monocromáticas, de tal maneira que a impressão criada pelo espectro completo seja espaçada, diminuída. Se tudo o que a câmera está fazendo é registrar a vida real no filme, por que uma tomada em cores acaba parecendo tão inacreditável e monstruosamente falsa? A explicação, com certeza, é que falta à cor reproduzida por meios mecânicos o toque da mão do artista; nessa esfera, ele perde a sua função organizadora, e fica impossibilitado de selecionar o que pretende. A partitura cromática do filme, com o seu próprio padrão de desenvolvimento, está ausente, subtraída ao diretor pelo processo tecnológico. Torna-se também impossível para ele selecionar e reavaliar os elementos cromáticos do mundo que o circunda. Por mais estranho que pareça, embora o mundo seja colorido, a imagem em preto e branco aproxima-se mais da verdade psicológica e naturalista da arte, fundamentada em propriedades especiais da visão e da audição.

O ator de cinema

Quando faço um filme, sou eu, em última análise, o responsável por tudo, inclusive pelo desempenho dos atores. No teatro, a responsabilidade do ator por seus sucessos e fracassos é incomparavelmente maior.

O fato de conhecer muito bem o projeto do diretor desde o início pode representar um grande obstáculo para o ator. Cabe ao diretor criar o papel, dando assim total liberdade ao ator em cada segmento isolado – uma liberdade que não pode ocorrer no teatro. Se o ator de cinema criar seu próprio papel, estará perdendo a oportunidade de representar espontaneamente e sem premeditação, dentro dos termos estipulados pelo projeto e pelo objetivo do filme. O diretor tem de induzir nele o estado de espírito ideal e fazer com que ele seja mantido. Isso pode ser feito de várias maneiras – depende das circunstâncias do *set* e da personalidade do ator com quem se trabalha. O estado psicológico deste último deve ser tal que não lhe permita fingir. Nenhuma pessoa que esteja desanimada é capaz de ocultar inteiramente tal fato – e o que o cinema exige é a verdade de um estado de espírito que não se pode ocultar.

É claro que as funções podem ser compartilhadas: o diretor pode compor uma partitura das emoções dos personagens, e os atores podem expressá-las – ou melhor, podem se deixar impregnar por elas – durante as filmagens. No *set*, porém, o ator não pode fazer as duas coisas ao mesmo tempo; no teatro, pelo contrário, ele é obrigado a fazê-las enquanto elabora o seu papel.

Diante da câmera, o ator tem de existir com autenticidade e imediatamente no estado definido pelas circunstâncias dramáticas. Então, o diretor, tendo em mãos as sequências, segmentos e *retakes* do que realmente se passou diante da câmera, irá montá-los de acordo com seus objetivos artísticos pessoais, criando a lógica interna da ação.

O cinema não tem nada do fascínio do contato direto entre ator e público, uma característica tão marcante no teatro. O cinema, portanto, nunca substituirá o teatro. O cinema vive da sua capacidade de fazer ressurgir na tela o

O espelho
Cena de cinejornal, em que o Exército Vermelho atravessa o lago Sivash.

Vida, vida

1 *Não acredito em pressentimentos, e augúrios*
   Não me amedrontam. Não fujo da calúnia
   Nem do veneno. Não há morte na Terra.
   Todos são imortais. Tudo é imortal. Não há por que
   Ter medo da morte aos dezessete
   Ou mesmo aos setenta. Realidade e luz
   Existem, mas morte e trevas, não.
   Estamos agora todos na praia,
   E eu sou um dos que içam as redes
   Quando um cardume de imortalidade nelas entra.

2 *Vive na casa – e a casa continua de pé.*
   Vou aparecer em qualquer século.
   Entrar e fazer uma casa para mim.
   É por isso que teus filhos estão ao meu lado
   E as tuas esposas, todos sentados em uma mesa,
   Uma mesa para o avô e o neto.
   O futuro é consumado aqui e agora,
   E se eu erguer levemente minha mão diante de ti,
   Ficarás com cinco feixes de luz.
   Com omoplatas como esteios de madeira
   Eu ergui todos os dias que fizeram o passado,
   Com uma cadeia de agrimensor, eu medi o tempo
   E viajei através dele como se viajasse pelos Urais.

3 *Escolhi uma era que estivesse à minha altura.*
   Rumamos para o sul, fizemos a poeira rodopiar na estepe.
   Ervaçais cresciam viçosos; uma gafanhoto tocava,
   Esfregando as pernas, profetizava.
   E contou-me, como um monge, que eu pereceria.
   Peguei meu destino e amarrei-o na minha sela;
   E agora que cheguei ao futuro ficarei
   Ereto sobre meus estribos como um garoto.

Só preciso da imortalidade
Para que meu sangue continue a fluir de era para era.
Eu prontamente trocaria a vida
Por um lugar seguro e quente
Se a agulha veloz da vida
Não me puxasse pelo mundo como uma linha.

Arseni Tarkovski
Texto original russo na p. 301.

mesmo acontecimento, vezes e vezes – por sua própria natureza é uma arte, por assim dizer, *nostálgica*. No teatro, por outro lado, a peça vive, desenvolve-se, estabelece uma relação de empatia... É um meio diferente de autoconsciência para o espírito criador.

O diretor de cinema assemelha-se muito a um colecionador. O que ele tem a expor são seus fotogramas, que estão impregnados da vida, registrada, de uma vez por todas, em miríades de pormenores que lhe são caros, em trechos e fragmentos dos quais o ator e o personagem podem ou não fazer parte...

No teatro, como Kleist certa vez observou, com muita profundidade, representar é como esculpir na neve. O ator, porém, tem a felicidade de comunicar-se com seu público em momentos de inspiração. Não há nada mais sublime do que essa harmonia entre ator e público, quando eles criam arte juntos. O desempenho só existe na medida em que o ator ali está como criador, quando ele está presente, quando está física e espiritualmente vivo. Sem atores, não existe teatro.

Ao contrário do ator de cinema, cada ator de teatro precisa construir seu próprio papel interiormente, do começo ao fim, sob a orientação do diretor. Ele deve desenhar uma espécie de gráfico dos seus sentimentos, subordinado à concepção integral da peça. No cinema, não se admite essa elaboração introspectiva do personagem; não cabe ao ator tomar decisões sobre a ênfase, o tom e a modulação da sua interpretação, pois ele não conhece todos os componentes que farão parte da composição do filme. Sua tarefa é viver! – e confiar no diretor.

O diretor seleciona para si momentos da sua existência que expressem de forma mais exata a concepção do filme. O ator não se deve impor quaisquer restrições, nem ignorar sua própria liberdade, divina e incomparável.

Quando faço um filme, tento não atormentar meus atores com discussões, e não admito que o ator estabeleça uma ligação entre o trecho que está representando e o filme em sua totalidade; às vezes, não permito que ele o faça nem mesmo com relação às cenas imediatamente anteriores ou posteriores. Por exemplo: na cena de *O espelho* em que a protagonista espera pelo marido, o pai dos seus filhos, sentada na cerca e fumando um cigarro, achei melhor que Margarita Terekhova não conhecesse o enredo, que não soubesse se o marido realmente voltaria. A história foi mantida em segredo para que a atriz não reagisse a ela em algum nível inconsciente da sua mente, mas sim para que vivesse aquele momento exatamente como minha mãe, seu protótipo, o vivera no passado, sem saber o que seria feito da sua vida. Não há dúvida de que o comportamento da atriz teria sido diferente caso ela soubesse como seria a sua relação futura com o marido; não apenas diferente, mas também falsificado pelo conhecimento que ela teria da continuidade da história. O sentimento de estar condenada não poderia senão influenciar o trabalho da atriz naquela etapa inicial da história. Em algum momento – de forma inconsciente, sem querer contrariar a vontade do diretor – ela teria revelado alguns indícios do sentimento de futilidade da espera, e nós também o teríamos sentido; na verdade, o que precisávamos sentir nessa cena era a singularidade, o caráter único daquele momento, e não suas ligações com o resto da sua vida.

É muito comum no cinema que o diretor tome decisões que contrariem os desejos do ator. No teatro, pelo contrário, temos que estar conscientes a cada cena das ideias que entram na composição de um personagem – trata-se do único procedimento correto e natural. Afinal, no teatro, as coisas não são feitas sob encomenda; o teatro funciona através da metáfora, do ritmo e do verso – através da sua poesia.

No caso do meu filme, queríamos que a atriz sentisse aqueles momentos exatamente como teria feito em sua vida, sem ter consciência do roteiro; naqueles instantes ela provavelmente teria esperanças, depois as perderia, apenas para ressuscitá-las, em seguida... Na ação proposta, a espera pelo marido, a atriz tinha que viver seu próprio e *misterioso* fragmento de vida, sem saber para onde este a levava.

A única coisa que um ator de cinema tem de fazer é expressar em circunstâncias específicas um estado psicológico peculiar apenas a ele próprio, sendo fiel à sua estrutura emocional e intelectual, e fazendo-o da maneira que melhor se ajuste a ele. Não tenho o menor interesse em saber como ele o faz, ou de quais recursos lança mão: acho que não tenho o direito de impor a forma de expressão que a sua psicologia individual deve adotar. Afinal, cada um de nós sente uma determinada situação a seu próprio modo, que é sempre intensamente pessoal. Quando estão deprimidas, algumas pessoas anseiam por abrir suas almas; outras preferem ser deixadas a sós com sua infelicidade, fecham-se em si mesmas e evitam todo e qualquer contato com os outros.

Muitas vezes vejo atores copiando os gestos e o comportamento do seu diretor. Notei que Vassily Shukshin, quando estava profundamente influenciado por Sergey Gerasimov[22], e Kuravlyov, quando trabalhava com Shukshin, imitavam, ambos, os seus diretores. Jamais levarei um ator a adotar a concepção que tenho do seu papel. Quero que ele tenha total liberdade, desde que tenha deixado claro, antes de começarem as filmagens, que está em perfeita sintonia com a concepção do filme.

Expressividade original e única – eis o atributo essencial do ator de cinema, pois nada menos que isso pode tornar-se contagiante na tela ou expressar a verdade.

Para levar o ator ao necessário estado de espírito, é preciso que o diretor compreenda os processos mentais do personagem. Não existe outra maneira de encontrar o tom exato para a representação do papel. Não se pode, por exemplo, entrar numa casa desconhecida e começar a filmar uma cena ensaiada. Trata-se de uma casa que não conhecemos, habitada por estranhos, que, naturalmente, não pode favorecer a expressão de um personagem que pertença a um mundo diferente. Em cada cena, a tarefa fundamental e específica do diretor é transmitir ao ator toda a verdade do estado de espírito que deve ser alcançado

É claro que diferentes atores devem ser tratados de forma diferente. Terekhova não conhecia o roteiro todo e representou seu papel em partes separadas. Quando percebeu que eu não lhe contaria o enredo nem lhe explicaria todo o seu papel, ela ficou muito desconcertada... Desse modo, porém, os diferentes fragmentos que ela interpretou (e que, mais tarde, combinei num único desenho como peças de um mosaico), foram o resultado de sua intuição. No início, não foi fácil trabalharmos juntos. Ela achava difícil acreditar que eu pudesse prever – por ela, por assim dizer – a organização do seu papel num todo orgânico no final do filme; em outras palavras, ela achava difícil confiar em mim.

Já trabalhei com atores que até o término das filmagens não conseguiam confiar inteiramente em minha leitura do seu papel; por algum motivo, eles se esforçavam por dirigir seus próprios papéis, tirando-os do contexto do filme. Vejo esse tipo de atores como pouco profissionais. A ideia que faço do autêntico ator de cinema é a de alguém capaz de aceitar as regras do jogo que lhe são apresentadas, quaisquer que sejam elas, e que o façam com desembaraço e naturalidade, sem esforço aparente, que sejam espontâneos em suas reações a qualquer situação improvisada. Não me interessa trabalhar com nenhum outro tipo de ator, pois ele jamais será capaz de representar nada, a não ser lugares-comuns mais ou menos simplificados.

A esse respeito, que ator brilhante era o falecido Anatoli Solonitsyn, e como sinto falta dele atualmente! Margarita Terekhova também acabava entendendo o que se pedia a ela, e representava com liberdade e desembaraço, acreditando sem reservas no objetivo do diretor. Tais atores confiam no diretor como se fossem crianças, e considero essa capacidade de confiar extraordinariamente inspiradora.

Anatoli Solonitsyn era um ator de cinema nato, muito sensível e emocionável. Era muito fácil contagiá-lo com emoções e chegar, assim, ao estado de espírito desejado.

É muito importante que o ator de cinema nunca faça aquelas perguntas que são tradicionais e perfeitamente justifica-

O espelho
O Pai volta para casa em licença.

das no caso dos atores de teatro (e que são quase estatutárias na União Soviética, onde todos os atores são formados na tradição de Stanislavski) – "Por quê? Com qual objetivo? Qual é o núcleo da imagem? Qual é a ideia subjacente?" Para mim foi ótimo que Tolya Solonitsyn nunca fizesse esse tipo de perguntas – que considero decididamente absurdas – pois ele conhecia muito bem a diferença entre teatro e cinema. O mesmo posso dizer de Nikolai Grinko – terno e nobre como homem e como ator, por quem sinto enorme afeição. Uma alma serena, sutil e de grande profundidade.

Certa vez, quando perguntaram a René Clair de que maneira trabalhava com os atores, ele respondeu que não trabalhava com eles, mas que apenas os pagava. Por trás do aparente cinismo que, para alguns, pode parecer a nota dominante da sua observação (como pareceu a muitos críticos soviéticos), oculta-se um profundo respeito pelo profissional que é mestre do seu ofício. Um diretor tem que *trabalhar* com a pessoa menos apta para ser um ator. Que dizer, por exemplo, sobre a forma como Antonioni trabalha com seus atores em *L'avventura?* Ou Orson Welles, em *Cidadão Kane?* A única coisa de que temos consciência é a convicção única do personagem. Trata-se, porém, de uma convicção cinematográfica, qualitativamente diversa, cujos princípios não são os mesmos que tornam a atuação expressiva num sentido especificamente teatral.

Infelizmente, nunca desenvolvi uma relação profissional com Donatas Banionis, que fez o papel principal em *Solaris*, pois ele pertence à categoria de atores analíticos incapazes de trabalhar sem conhecer o "como" e o "porquê". Donatas não consegue representar nada de espontâneo, que venha de dentro de si. Precisa, primeiro, construir o seu papel; precisa conhecer a relação entre as sequências e saber o que os outros atores estão fazendo, não apenas em suas próprias cenas, mas no filme todo; ele tenta tomar o lugar do diretor. Isso se deve, quase certamente, a todos os anos que passou no teatro. Ele é incapaz de aceitar que, no cinema, o ator não deve ter uma imagem de como será o filme concluído.

No entanto, até mesmo o melhor dos diretores, que sabe exatamente o que quer, dificilmente conseguirá fazer uma ideia antecipada do resultado final. Mesmo assim, Donatas foi um excelente ator, e só posso ser grato por ter sido ele, e não outro, quem fez o papel; não foi fácil, porém.

O ator mais analítico e cerebral pressupõe conhecer o filme em sua forma final, ou, de qualquer modo, tendo estudado o roteiro, faz um esforço enorme para tentar imaginá-la. Ao pressupor que sabe como o filme tem de ser, o ator começa a representar o "produto final" – isto é, a concepção que tem do seu papel; ao fazê-lo, está negando exatamente o princípio criador da imagem cinematográfica.

Já afirmei que cada ator exige uma abordagem diferente, e, na verdade, um mesmo ator pode exigir diferentes abordagens a cada novo papel que representa. O diretor é obrigado a ser inventivo na busca da melhor maneira de levar o ator a fazer aquilo que ele deseja. Ao fazer o papel de Boriska, o filho do fundidor de sinos em *Andrei Rublióv*, Kolya Burlyaev estava trabalhando comigo pela segunda vez depois de *A infância de Ivan*. Durante todo o tempo em que estávamos filmando, eu precisava dar-lhe a entender, através dos meus assistentes, que estava inteiramente insatisfeito com o seu trabalho e que poderia refazer as suas cenas com outro ator. Queria que ele pressentisse uma catástrofe pairando sobre ele, talvez prestes a desabar, de tal forma que ele realmente se sentisse tomado por uma enorme insegurança. Burlyaev é um ator extraordinariamente disperso, superficial e pretensioso. Suas explosões de temperamento são artificiais. Foi por isso que tive que recorrer a medidas tão severas. Mesmo assim, seu desempenho não esteve no mesmo nível do dos meus atores favoritos – Irma Rausch, Solonitsyn, Grinko, Beyshenagiev, Nazarov (para mim, o desempenho de Lapikov também não esteve em sintonia com o dos outros: ele representou Kyril teatralmente, atuando de acordo com a concepção que tinha do seu papel, do seu personagem).

Detenhamo-nos um pouco em *Vergonha*, de Bergman. O filme não contém um único trecho especialmente feito para a exibição do ator, em que ele possa "delatar" as intenções do diretor, representar a concepção do personagem, sua atitude diante dele ou avaliá-lo em relação à ideia geral; além do mais, esta última se encontra inteiramente oculta no interior da dinâmica das vidas dos personagens, em perfeita sintonia com ela. Os protagonistas do filme são esmagados pelas circunstâncias; só agem de acordo com sua situação, à qual eles próprios estão subordinados; não tentam, em momento algum, oferecer-nos alguma ideia, alguma avaliação do que está acontecendo, nem chegar a conclusão alguma. Todos esses elementos são deixados a cargo do filme como um todo, ou seja, da concepção do diretor. E de que forma magnífica isso é feito! Não se pode dizer quem é bom ou mau entre os personagens. Eu nunca poderia dizer que von Sydow é um homem mau. Todos eles são em parte bons, em parte maus, cada um à sua maneira. Não se faz julgamento algum, pois não há o menor indício de tendenciosidade em nenhum dos atores, e as circunstâncias do filme são usadas pelo diretor para explorar as possibilidades humanas que eles põem à prova; em momento algum isso é feito para ilustrar uma tese.

O personagem de Max von Sydow é elaborado com a força de um mestre. Trata-se de um homem muito bom, de um músico generoso e sensível. Descobre-se depois que ele é um covarde. Nunca se pode afirmar, porém, que um homem corajoso é sempre um bom ser humano, e que os covardes sempre são patifes. Sem dúvida, ele é fraco e indeciso. Sua mulher é muito mais forte que ele, tanto que é capaz de superar o próprio medo, uma força que falta ao protagonista, atormentado por sua própria fraqueza, sua vulnerabilidade e sua falta de resistência. Ele tenta esconder-se, encolher-se num canto qualquer, sem ver e ouvir, e o faz como uma criança, ingenuamente e com absoluta sinceridade. Quando, porém, as circunstâncias o forçam a se defender, ele imediatamente se transforma num canalha. Perde todas as suas melhores qualidades, mas o drama e o absurdo da sua situação é que agora, tal como está, ele se torna necessário para a mulher, a qual, por sua vez, recorre a ele em busca de proteção e socorro, em vez de desprezá-lo, como sempre o fizera. Quando ele a esbofeteia e diz "Fora daqui!", ela se arrasta atrás dele. Encontra-se aqui algo da antiga concepção da passividade do bem e da energia do mal, mas isso é expressado com imensa complexidade. No começo do filme, o protagonista é incapaz de matar até mesmo uma mosca, mas assim que descobre uma forma de se defender, torna-se cínico e cruel. Ele tem alguma coisa de Hamlet: em minha opinião, o príncipe da Dinamarca não perece depois do duelo, quando morre fisicamente, mas quando compreende como são inexoráveis as leis da vida que o forçaram, a ele, um humanista que cultiva o intelecto, a agir como a gente inferior que habita Elsinore. O personagem de Max von Sydow torna-se agora sinistro, sem medo de nada: ele mata e não ergue um dedo para salvar seus companheiros, perseguindo somente os seus interesses. O fato é que é preciso ser uma pessoa de muita integridade para sentir medo diante da odiosa necessidade de matar e humilhar. Ao desprender-se desse medo e adquirir uma aparente coragem, uma pessoa na verdade perde força espiritual e a honestidade intelectual e despede-se da sua inocência. A guerra é o catalisador óbvio dos aspectos cruéis e desumanos das pessoas. Nesse filme, Bergman usa a guerra exatamente como usa a doença da protagonista em *Através de um espelho*: com o objetivo de explorar sua concepção do homem.

Bergman nunca permite que os seus atores estejam acima das circunstâncias em que os personagens são colocados, e é essa a razão dos magníficos resultados obtidos em seus filmes. No cinema, o diretor tem de instilar vida no ator, não transformá-lo num porta-voz das suas próprias ideias.

Via de regra, nunca sei de antemão quais atores usarei – com a única exceção de Solonitsyn, que participou de todos os meus filmes, e pelo qual eu nutria um sentimento quase supersticioso. Escrevi o roteiro de *Nostalgia* pensando nele, e parece-me simbólico que a morte desse ator divida, por assim dizer, a minha carreira artística: a primeira parte, na

Rússia, e o restante – tudo o que aconteceu e ainda acontecerá desde que deixei o meu país.

A busca de atores é um processo longo e doloroso. Até a metade das filmagens, é impossível saber se foram feitas as escolhas certas. Eu diria até mesmo que, para mim, a coisa mais difícil é acreditar que escolhi o ator adequado, e que sua personalidade realmente corresponde àquilo que planejei.

Devo registrar que é enorme a ajuda que recebo dos meus assistentes. Quando nos preparávamos para filmar *Solaris*, Larissa Pavlovna Tarkovskaya (minha esposa e constante colaboradora) foi para Leningrado em busca de alguém que fizesse o papel de Snout, e voltou com Yuri Yarvet, o maravilhoso ator estoniano que participava na época de *Rei Lear*, sob a direção de Grigoriy Kozintsev.

Sabíamos desde o início que para o papel de Snout precisávamos de um ator com uma expressão ingênua, assustada e louca, e Yarvet, com seus extraordinários olhos azuis, correspondia exatamente ao que tínhamos imaginado (arrependo-me muito, agora, por ter insistido em que ele dissesse o seu texto em russo, principalmente porque foi preciso dublá-lo; ele poderia ter sido mais livre, e, portanto, mais vivo e expressivo, se houvesse falado em estoniano). Embora o fato de não falar russo criasse dificuldades, fiquei muito feliz por trabalhar com ele, um ator de alto nível e com um grau de intuição realmente extraordinário.

Certa vez, quando estávamos ensaiando uma cena, pedi que repetisse o mesmo trecho, mas que o fizesse modificando ligeiramente o sentimento: eu queria algo "um pouco mais triste". Ele fez exatamente como pedi, e, quando concluímos a cena, ele perguntou, no seu russo terrível: "O que significa 'um pouco mais triste'?"

Uma das diferenças entre o teatro e o cinema é que este último registra a *personalidade* a partir de um mosaico de imagens registradas na película, às quais o diretor confere unidade artística. Para o ator de teatro, as questões teóricas são de grande importância: é preciso trabalhar os fundamentos de cada desempenho individual em relação à concepção geral da produção e desenvolver um esquema das ações e interações dos personagens, ou seja, do padrão de comportamento e motivação que deve correr por toda a peça. No cinema, tudo o que se exige é a verdade daquele estado de espírito do momento. Mas como é difícil conseguir isso, às vezes! Como é difícil impedir que o ator represente a sua própria vida; como é difícil penetrar nas camadas mais profundas do estado psicológico do ator, naquela região que pode oferecer os mais extraordinários recursos para que um personagem se expresse.

Como o cinema é sempre um registro da realidade, fico muito admirado com os discursos sobre o caráter "documentário" da representação, tão em voga nas décadas de 1960 e 1970.

A dramatização da vida não pode ser um documentário. A análise de um filme em que trabalham atores pode e deve incluir uma discussão de como o diretor organizou a vida diante da câmera, mas não creio que se deva fazer o mesmo com relação ao método utilizado pelo *camera man*. Examinemos, a título de exemplo, o diretor Otar Iosseliani[23]: desde *A queda das folhas* até *Era uma vez um melro cantor* e *Pastoral*, ele se acerca cada vez mais da vida, tentando capturá-la de um modo cada vez mais direto. Só o mais superficial, insensível e formalista dos críticos poderia estar tão preso ao detalhe documentário a ponto de negligenciar a visão poética que caracteriza os filmes de Iosseliani. Para mim, não tem a menor importância se a sua câmera – em termos de como ele faz suas tomadas – é "documentária" ou poética. Todo artista, como se costuma dizer, tem suas próprias ideias. E, para o autor de *Pastoral*, nada é mais precioso que o caminhão observado numa estrada cheia de pó, ou as pessoas em férias que saem das suas casas de campo para um passeio, uma cena que, em si, nada tem de extraordinário, mas que é observada com profundidade meticulosa – e nos surge repleta de poesia. Ele deseja falar dessas coisas sem romantizá-las e sem grandiloquência. Essa forma de expressar amor pelo seu tema é muito mais convincente que o tom pseudopoético e deliberadamente exaltado de Konchalovski em *Romance de apaixonados*. Há um toque teatral no filme, em conformidade com as leis de certo "gênero" que o diretor concebeu e ao qual fez referências constantes em tom exaltado e forma grandiloquente, ao longo de toda a filmagem. O resultado é que, no filme, tudo é frio, intoleravelmente exagerado e piegas. Nenhum "gênero" pode justificar o uso deliberado, por parte do diretor, de uma voz que não seja a sua, para falar de coisas que lhe sejam indiferentes. Seria um grande erro enxergar prosa banal em Iosseliani e poesia refinada em Konchalovski. Ocorre simplesmente que, no caso de Iosseliani, o poético está incrustado naquilo que ele ama, e não em alguma coisa inventada para ilustrar uma concepção quase-romântica do mundo...

Tenho horror a rótulos e chavões. Não entendo, por exemplo, como as pessoas podem falar do "simbolismo" de Bergman. Muito longe de ser simbólico, ele me parece chegar, através de um naturalismo quase biológico, à verdade da vida humana espiritual que é importante para ele.

O fundamental é que a profundidade e o significado da obra de um diretor só podem ser medidos em termos daquilo que o leva a filmar alguma coisa: a motivação é o fator decisivo, a maneira e o método são incidentais.

A meu ver, a única coisa com que o diretor deve preocupar-se é com a afirmação categórica das suas ideias. Que tipo de câmera ele pretende usar é problema seu. As questões relativas ao estilo "poético", "intelectual" ou "documentário" são irrelevantes, pois o documentário e a objetividade não têm lugar na arte. A única objetividade possível é a do autor, que se torna, portanto, subjetiva, mesmo que ele esteja montando um cinejornal.

Se, como afirmo, os atores de cinema devem representar apenas situações precisas, o que dizer – podemos perguntar – da tragicomédia, da farsa e do melodrama, casos em que

O espelho
A sarça ardente. "O anjo apareceu ao profeta Moisés na forma de um arbusto em chamas; ele conduziu seu povo através do mar."

o desempenho de um ator pode ser exagerado? Creio, porém, que a transposição indiscriminada dos gêneros teatrais para o cinema é uma prática questionável. As convenções do teatro são de escala diferente. Qualquer conversa sobre "gênero" no cinema refere-se, em regra, às produções comerciais – comédias de situações, filmes de bangue-bangue, drama psicológico, melodrama, musicais, filmes policiais, de terror ou de suspense. E o que esses filmes têm a ver com arte? São produtos para o consumo de massas. E, infelizmente, são também a forma em que o cinema hoje existe em quase todo o mundo, uma forma que lhe foi imposta de fora e por razões comerciais. Só há uma maneira de conceber o cinema: poeticamente. Só através dessa abordagem é possível resolver o paradoxal e o irreconciliável, e fazer com que o cinema se transforme no meio de expressão ideal para as ideias e os sentimentos do autor.

A verdadeira imagem cinematográfica edifica-se sobre a destruição do gênero, sobre o conflito com ele. E, nesse caso, os ideais que o artista aparentemente busca expressar não se prestam, sem dúvida alguma, às restrições dos parâmetros de um gênero.

Qual é o gênero de Bresson? Ele não tem nenhum. Bresson é Bresson. Ele é, em si mesmo, um gênero. Antonioni, Fellini, Bergman, Kurosawa, Dovjenko, Vigo, Mizoguchi, Buñuel – não são iguais senão a si próprios. O próprio conceito de gênero tem a frieza de um túmulo. E quanto a Chaplin – trata-se de comédia? Não: ele é Chaplin, pura e simplesmente, um fenômeno único e irrepetível. Trata-se de uma hipérbole autêntica; mas, acima de tudo, ele nos arrebata, em cada momento da sua presença na tela, com a verdade do comportamento do seu personagem. Na mais absurda das situações, Chaplin é completamente natural, e por isso ele é engraçado. Seu personagem parece não perceber o mundo de exagero que o cerca, nem a sua lógica irracional. Chaplin é um clássico tão consumado, tão completo em si mesmo, que dá a impressão de ter morrido já há três séculos.

O que poderia ser mais ridículo, ou menos provável, do que uma pessoa começar inadvertidamente a comer, junto com seu espaguete, pedaços de papel que pendem do teto? Com Chaplin, porém, esse ato é vivo, natural. Sabemos que a coisa toda é inventada e exagerada, mas, no seu desempenho, a hipérbole torna-se profundamente natural e provável, e, portanto, convincente – além de engraçadíssima. Ele não representa. Ele vive essas situações idiotas; ele é parte orgânica delas.

A natureza da interpretação cinematográfica é exclusiva do cinema. É claro que cada diretor trabalha diferentemente com seus atores, e os de Fellini são muito diferentes dos de Bresson, pois cada diretor precisa de tipos humanos diferentes.

Vendo os filmes mudos de Protozanov[24] – que foram muito populares em sua época – ficamos quase constrangidos pela aceitação indiscriminada das convenções teatrais por parte dos atores, por seu uso imoderado de clichês teatrais antiquados e pela maneira como forçam o tom da sua atuação. Eles tentam tão desesperadamente ser engraçados na comédia, ou expressivos nas situações dramáticas que, com o passar dos anos, fica cada vez mais evidente que o seu "método" é vazio. A maior parte dos filmes daquele período envelheceu rapidamente, pois faltava aos atores uma compreensão das exigências específicas da criação cinematográfica. Por isso seu fascínio foi tão efêmero.

Por outro lado, os atores de Bresson nunca parecerão anacrônicos, e o mesmo se pode dizer dos seus filmes. Não há nada de premeditado ou especial em seus desempenhos, a não ser a profunda verdade da consciência humana dentro da situação definida pelo diretor. Eles não representam personagens, mas vivem diante de nós suas próprias vidas interiores. Nem por um instante Mouchette pensa no público, ou tenta expressar a "profundidade" do que lhe está acontecendo. Ela nunca "mostra" ao público como está mal; nunca. Parece nem mesmo suspeitar que sua vida interior possa ser observada, testemunhada. Ela vive, existe, dentro do seu universo denso e restrito, explorando-lhe a profundidade. É esse o segredo do seu magnetismo, e tenho certeza de que, daqui a muitas décadas, o filme será tão arrebatador quanto no dia da sua estreia. *Joana D'Arc*, o filme mudo de Dreyer, não deixou até hoje de nos emocionar.

É claro que as pessoas não aprendem com a experiência; os diretores atuais usam constantemente estilos de representação que, sem dúvida alguma, pertencem ao passado. Mesmo *A ascensão*, de Larissa Shepitko, é um filme que considero prejudicado por sua determinação de ser "expressivo" e significativo: o resultado é que a "parábola" pretendida pela diretora adquire significado em apenas um nível. Como é tão comum acontecer, seu esforço no sentido de "estimular" o público resulta numa ênfase exagerada sobre as emoções dos personagens. É como se ela, com medo de não ser compreendida, fizesse seus personagens caminharem sobre coturnos invisíveis. Até mesmo a iluminação é premeditada para instilar "significado" nos desempenhos. Infelizmente, o resultado é falso e afetado. Para levar o público a compartilhar os sentimentos dos personagens, os atores foram obrigados a demonstrar seus sofrimentos. Tudo é mais doloroso e mais torturante do que seria na vida real – mesmo o tormento e a dor – tudo é exageradamente grandioso. A impressão causada é de fria indiferença, pois a autora não entendeu seus próprios objetivos. O filme já era velho antes de nascer. Nunca tentem transmitir suas ideias ao público – é uma tarefa ingrata e absurda. Mostrem-lhe a vida, e eles descobrirão em si mesmos os meios de julgá-la e apreciá-la. É triste ter que dizer isso sobre uma diretora tão admirável quando Larissa Shepitko.

O cinema não precisa de atores que "representem". São insuportáveis quando os assistimos, pois percebemos de imediato o que é que estavam pretendendo, e, mesmo assim, eles prosseguem obstinadamente, recitando o significado do texto em todos os níveis possíveis. Eles são incapazes de confiar em nosso próprio entendimento. Somos, então, forçados a perguntar: o que distingue esses atores modernos de Mozhukhin[25], o grande astro das telas na Rússia pré-revolucionária? O fato de esses filmes serem tecnicamente mais avançados? Mas o avanço técnico não constitui um critério, e, se constituísse, teríamos de admitir que o cinema não é uma arte. As questões técnicas têm importância comercial, em termos de espetáculo, mas não são essenciais ao problema do cinema, e não lançam luz alguma sobre a força única que este tem de nos atingir. Se assim não fosse, não mais nos emocionaríamos com Chaplin, Dreyer, ou *Terra*, de Dovjenko – que ainda hoje nos inflamam a imaginação.

Ser engraçado não é o mesmo que fazer o público rir. Despertar sentimentos solidários não significa arrancar lágrimas do espectador. A hipérbole só é admissível como um princípio de construção da obra em sua totalidade, como um dos elementos do seu sistema de imagens, não como o princípio da sua metodologia. A grafia do autor não deve ser pesada, acentuada ou nítida em excesso.

Muitas vezes, o que é profundamente irreal acaba expressando a própria realidade. "O realismo", como diz Mitenka Karamazov, "é uma coisa terrível." Valéry, por sua vez, observou que o real se expressa de forma mais imanente através do absurdo.

A arte é uma forma de conhecimento e, como tal, tende sempre à representação realista, mas isso não é, por certo, o mesmo que naturalismo – ou representação dos costumes (o prelúdio coral em ré menor de Bach é realista, pois expressa uma visão da verdade).

Já afirmei que faz parte dá natureza do teatro o usar convenções, codificar: as imagens são estabelecidas por meio da sugestão. Através de um detalhe, o teatro nos fará conscientes de todo um fenômeno. Cada fenômeno tem, por certo, um determinado número de facetas e aspectos, e, quanto menor for a quantidade reproduzida no palco, para que o público possa reconstruir por si o fenômeno, maior a precisão e maior a eficácia com que o diretor estará fazendo uso da convenção teatral. O cinema, pelo contrário, reproduz um fenômeno em seus pormenores e minúcias, e, quanto mais o diretor reproduzi-los na sua forma sensível e concreta, mais próximo estará do seu objetivo. Não se pode permitir, no palco, nenhum derramamento de sangue, mas, se conseguirmos ver o ator escorregando no sangue, onde nenhum sangue existe – isso é teatro!

Dirigindo *Hamlet* em Moscou, decidimos fazer a cena da morte de Polônio com ele surgindo do seu esconderijo, mortalmente ferido por Hamlet e comprimindo contra o peito um turbante vermelho que estivera usando, como se ocultasse o ferimento com ele. Em seguida, ele deixa cair o turbante, perde-o, tenta recuperá-lo para levá-lo consigo e deixar o lugar limpo antes de sair – é falta de limpeza deixar sangue no chão, em presença do próprio senhor – mas faltam-lhe as forças. Quando Polônio deixa cair o turbante, para nós este ainda é um turbante, mas, ao mesmo tempo, é também um símbolo de sangue, uma metáfora. No teatro, o sangue verdadeiro não pode ser convincente como demonstração de uma verdade poética se o seu significado estiver reduzido a um único nível, como uma função natural. No cinema, porém, sangue é sangue, e não um signo ou símbolo de outra coisa. Em *Cinzas e diamantes*, de Wajda, quando o protagonista é morto, cercado por lençóis brancos estendidos para secar, quando aperta um deles contra o peito ao cair, e o sangue se espalha pelo tecido branco, formando um símbolo vermelho e branco da bandeira polonesa, a imagem resultante é mais literária que cinematográfica, embora seja emocionalmente muito poderosa.

O cinema é por demais dependente da vida, ele a ouve muito atentamente para querer restringi-la através do gênero, ou provocar emoções com o auxílio dos padrões de um gênero. É diferente do teatro, que funciona com ideias, e onde até mesmo um personagem individual é uma ideia.

Toda arte é certamente artificial e apenas simboliza a verdade. Isso é por demais óbvio. No entanto, o tipo de artificialismo que provém da falta de talento e de instinto profissional não pode ser imposto como estilo; quando o exagero não é inerente às imagens, não passando de uma tentativa e de uma vontade exageradas de agradar, estamos diante de um sinal de provincianismo e do desejo de ser notado como artista. O que o público merece é respeito e um senso da sua própria dignidade. Não se deve soprar em seus rostos: trata-se de algo que até os cães e gatos detestam.

Reiterando o que eu já disse, é uma questão de confiar no seu público. O público é um conceito abstrato: ao referir-se a ele, ninguém pensa em cada um dos espectadores sentados na sala de projeção. O artista sempre sonha alcançar a máxima compreensão, mesmo quando aquilo que oferece ao público não passa de um mero fragmento do que desejaria transmitir-lhe. Não que esse problema deva deixá-lo preocupado – o que ele precisa ter sempre em mente é a própria sinceridade na concretização daquilo que imaginou fazer.

É comum dizer aos atores que "deixem claro o significado". E assim, obedientemente, o ator "transmite o significado" – e sacrifica a verdade do personagem ao fazê-lo. Como é possível ter tão pouca confiança no público? O desejo de satisfazê-lo pela metade não é suficiente.

Em *Era uma vez um melro cantor*, de Iosseliani, o papel principal foi entregue a um amador. E, mesmo assim, a autenticidade do protagonista está acima de qualquer dúvida: ele está vivo na tela, sua vida é plena e incondicional, impossível de questionar ou ignorar. Pois a vida real é imediatamente relevante para cada um de nós e para tudo que nos acontece.

Para que um ator seja eficiente no cinema, não basta que se dê a entender. Ele tem de ser autêntico. O que é autêntico nem sempre é de fácil compreensão, e sempre transmite uma sensação especial de plenitude – é sempre uma experiência única, que não se pode nem isolar nem explicar.

Música e sons

A música já se associou ao cinema na época do filme mudo, graças ao pianista que ilustrava o que acontecia na tela com um acompanhamento musical apropriado ao ritmo e à intensidade emocional das imagens visuais. Era uma forma bastante arbitrária e mecânica de sobrepor a música às imagens, um sistema de ilustração fácil cujo objetivo era dar maior intensidade às impressões criadas por cada episódio.

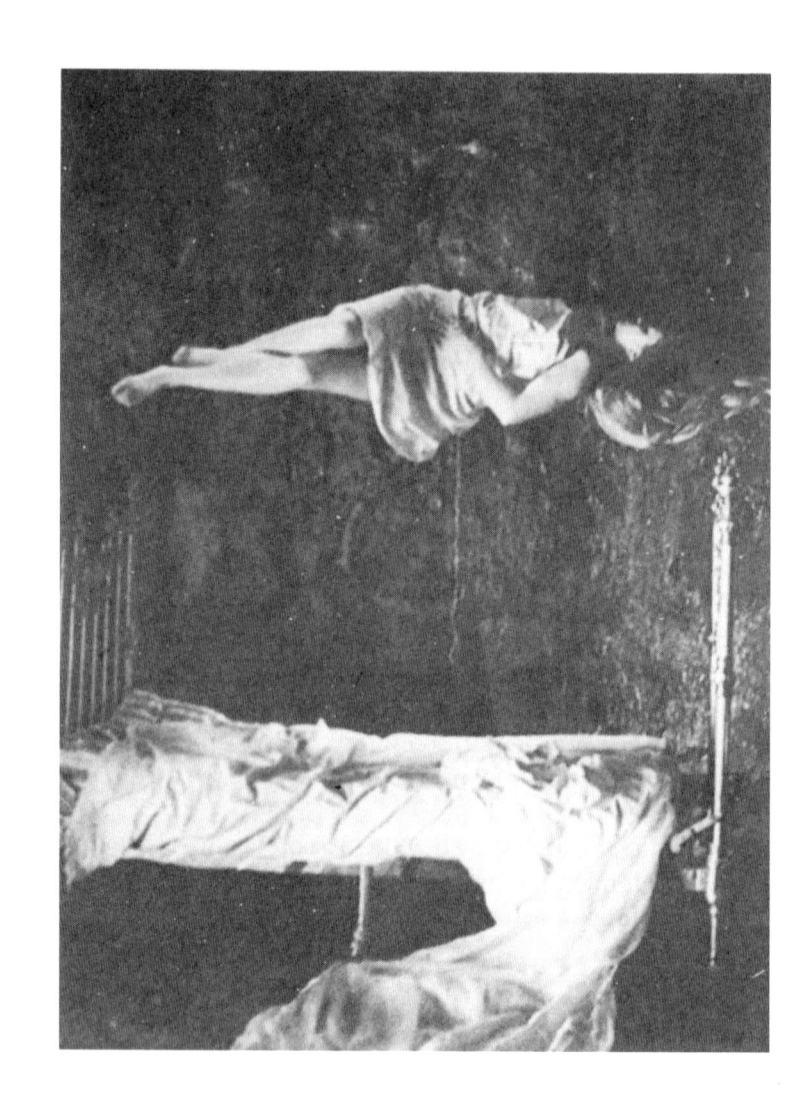

O espelho
"Minha mãe veio, acenou para mim e foi embora…"

Eurídice

Uma pessoa tem um corpo,
Um só, sozinho.
A alma já está farta
De ficar confinada dentro
De uma caixa, com orelhas e olhos
Do tamanho de moedas,
Feita de pele – só cicatrizes –
Cobrindo um esqueleto.

Pela córnea ela voa
Para a cúpula do céu,
Sobre um raio gélido,
Até uma rodopiante revoada de pássaros,
E ouve pelas grades
Da sua prisão viva
O crepitar de florestas e milharais,
O troar de sete mares.

Uma alma sem corpo é pecaminosa
Como um corpo sem camisa –
Nenhuma intenção, nem um verso.
Uma charada sem solução:
Quem vai voltar
Ao salão depois do baile,
Quando não há ninguém para dançar?

E eu sonho com uma alma diferente
Vestida com outras roupas:
Que se inflama enquanto corre.
Da timidez à esperança;
Pura e sem sombra,
Como fogo, ela percorre a Terra,
Deixa lilases sobre a mesa
Para que se lembrem dela.

Então continua a correr, criança, não te aflige
Por causa da pobre Eurídice;
Continua a rodar teu aro de cobre,
Corre com ele mundo afora,
Enquanto, em notas firmes
De tom alegre e frio,
Em resposta a cada passo que deres,
A Terra soar em teus ouvidos.

Arseni Tarkovski
Original russo na p. 302

Curiosamente, a música continua sendo usada quase do mesmo modo em nossos dias. Os episódios são, por assim dizer, reforçados por um acompanhamento que reitera o tema principal e intensifica o seu impacto – ou que, às vezes, apenas ajuda a salvar uma cena que não funcionou.

Para mim, a música no cinema é aceitável quando usada como um refrão. Quando nos deparamos com um refrão num poema, nós voltamos (já tendo assimilado o que lemos) à causa primeira que estimulou o poeta a escrever os versos. O refrão faz renascer em nós a experiência inicial de penetrar naquele universo poético, tornando-o próximo e direto, ao mesmo tempo que o renova. Voltamos, por assim dizer, às suas fontes.

Usada dessa forma, a música faz mais que oferecer uma ilustração paralela da mesma ideia e intensificar a impressão decorrente das imagens visuais; ela cria a possibilidade de uma impressão *nova* e transfigurada do mesmo material: alguma coisa de qualidade diversa. Ao mergulharmos no elemento musical a que o refrão dá vida, retomamos inúmeras vezes as emoções que o filme nos despertou, e, a cada vez, a nossa experiência é aprofundada por novas impressões. Com a introdução da progressão musical, a vida registrada nos fotogramas pode modificar sua cor, e, em alguns casos, até mesmo sua essência.

Além disso, a música pode conferir ao material filmado uma inflexão lírica, nascida da experiência do autor. Em *O espelho*, por exemplo, que é um filme autobiográfico, a música é introduzida muitas vezes como parte do material da própria vida, da experiência espiritual do autor, sendo, portanto, um elemento vital do universo do herói lírico do filme.

A música pode ser usada para introduzir uma distorção necessária do material visual na percepção do espectador, tornando-o mais pesado ou mais leve, mais transparente e sutil, ou, pelo contrário, mais grosseiro... Através da música, o diretor pode ampliar a esfera de percepção da imagem visual do espectador e, assim, conduzir as suas emoções em determinada direção. O significado do objeto observado não se altera, mas o objeto adquire novos matizes. O público passa a percebê-lo ou tem, ao menos, a oportunidade de percebê-lo) como parte de uma nova entidade, da qual a música é parte integral. Aprofunda-se a percepção.

A música, porém, não é apenas um complemento da imagem visual. Deve ser um elemento essencial na concretização do conceito como um todo. Bem usada, a música tem a capacidade de alterar todo o tom emocional de uma sequência fílmica; ela deve ser inseparável da imagem visual a tal ponto que, se fosse eliminada de um determinado episódio, a imagem não apenas se tornaria mais pobre em termos de concepção e impacto, mas seria também qualitativamente diferente.

Não tenho certeza se consegui cumprir sempre em meus filmes as exigências teóricas que estou expondo aqui. Devo dizer que, do fundo do meu coração, não acredito que os filmes precisem de música. No entanto, não fiz até hoje nenhum filme que dela prescindisse, embora me tenha aproximado disso em *Stalker* e *Nostalgia*... Até o momento, pelo menos, a música tem ocupado seu devido lugar nos meus filmes, e tem sido importante e valiosa.

Espero que ela nunca tenha sido apenas uma ilustração insípida do que se passa na tela, uma espécie de aura emocional ao redor dos objetos mostrados, para levar o público a perceber a imagem como eu queria. Para mim, em todos os casos, a música no cinema é uma parte natural do nosso mundo sonoro e da vida humana. Não obstante, é perfeitamente possível que, num filme sonoro realizado com plena coerência teórica, não haja lugar para a música: ela será substituída por sons, nos quais o cinema constantemente descobre novos níveis de significado. Foi esse o meu objetivo em *Stalker* e *Nostalgia*.

Pode acontecer que, para dar maior autenticidade à imagem cinematográfica e levá-la à sua máxima intensidade, seja preciso abandonar a música. Pois, falando com toda sinceridade, o mundo transformado pelo cinema e o mundo transformado pela música são coisas paralelas e em con-

O espelho
Uma das tomadas finais da tempestade na floresta de Ignatievo, que também forneceu o título do poema na página ao lado.

Floresta de Ignatievo

Brasas de folhas últimas, uma autoimolação densa,
Ascendem ao céu, e no teu caminho
A floresta inteira vive o mesmo nervosismo
Que tu e eu vivemos este ano.

A estrada se espelha nos teus olhos lacrimejantes
Como arbustos ao crepúsculo num campo inundado,
Não te deves inquietar ou ameaçar, deixa estar,
Não perturba o sossego das matas do Volga.

Podes ouvir a velha vida respirar:
Cogumelos viscosos crescem na grama molhada,
Lesmas abriram caminho até o miolo,
E uma umidade corrosiva atormenta a pele.

Todo o nosso passado é como uma ameaça:
"Cuidado, estou voltando, olha que te mato!"
O céu se agita, segura um bordo, como uma rosa –
Que a chama brilhe mais ainda! – quase na frente dos olhos.

Arseni Tarkovski
Original russo na p. 303

flito mútuo. Organizado adequadamente num filme, o mundo sonoro é musical em sua essência – e é essa a verdadeira música do cinema.

Bergman é um mestre do som. É impossível esquecer o que ele fez com o farol em *Através de um espelho*: um som no limite da audibilidade.

Bresson é brilhante no uso que faz do som, e o mesmo se pode dizer de Antonioni em sua trilogia... Porém, mesmo assim, tenho a sensação de que devem existir outras maneiras de trabalhar com o som, que nos permitiriam ser mais exatos, mais verdadeiros para com o mundo interior que tentamos reproduzir na tela; não só o mundo interior do autor, mas aquilo que é intrínseco ao próprio mundo, que faz parte da sua essência e não depende de nós.

É impossível, no cinema, imaginar uma reprodução naturalista dos sons do mundo: o resultado seria uma cacofonia. Qualquer coisa que aparecesse na tela teria de ser ouvida na trilha sonora, mas essa cacofonia significaria apenas que o filme não recebeu nenhum tratamento sonoro. Caso não haja uma seleção, o filme equivale ao silêncio, uma vez que está privado de expressão sonora própria. Em si mesmo, e quando corretamente registrado, o som nada acrescenta ao sistema de imagens do cinema, pois não tem ainda nenhum conteúdo estético.

Quando os sons do mundo visível refletido na tela são removidos, ou quando esse mundo é preenchido, em benefício da imagem, com sons exteriores que não existem literalmente, ou, ainda, se os sons reais são distorcidos de modo que não mais correspondam à imagem, o filme adquire ressonância.

Quando, por exemplo, Bergman usa o som de forma aparentemente naturalista – passos surdos num corredor vazio, o repicar de um relógio e o farfalhar de um vestido, o que ele consegue, na verdade, é ampliar os sons, isolá-los do seu contexto, acentuá-los... Ele escolhe um som e exclui todas as circunstâncias incidentais do mundo sonoro que existiriam na vida real. Em *Luz de inverno*, ele coloca o som da água do córrego em cujas margens foi encontrado o corpo do suicida. Ao longo da sequência inteira, toda filmada em planos médios e gerais, nada se ouve, a não ser o som ininterrupto da água – nenhum passo, nenhum farfalhar de roupas, nenhuma das palavras trocadas pelas pessoas na margem. É assim que ele dá expressividade ao som nessa sequência; é assim que Bergman o usa.

Acho que, acima de tudo, os sons deste mundo são tão belos em si mesmos que, se aprendêssemos a ouvi-los adequadamente, o cinema não teria a menor necessidade de música.

Não obstante, há momentos no cinema moderno em que a música é explorada com consumada mestria. Como exemplos, podemos citar *Vergonha*, de Bergman, quando pequenos trechos de uma bela melodia surgem por entre o rangido e a chiadeira de um pequeno rádio de qualidade inferior, ou a música de Nino Rota, em *Fellini oito e meio* – triste, sentimental, e ao mesmo tempo levemente zombeteira...

A música eletrônica parece-me oferecer possibilidades infinitamente valiosas ao cinema. Artemiev e eu a utilizamos em algumas cenas de *O espelho*.

Queríamos que o som se assemelhasse ao de um eco terrestre, cheio de sugestões poéticas – que fizesse lembrar sussurros, suspiros. As notas deveriam transmitir o fato de que a realidade é condicional, e, ao mesmo tempo, deveriam reproduzir com exatidão estados de espírito específicos, os sons do mundo interior de uma pessoa. No momento em que a ouvimos como ela é, e percebemos que está sendo construída, a música eletrônica morre, e Artemiev precisou recorrer a artifícios muito complexos para obter os sons que desejávamos. A música eletrônica deve ser depurada de suas origens "químicas", para que, ao ouvi-la, possamos descobrir nela as notas primordiais do mundo.

A música instrumental é artisticamente tão autônoma que é muito mais difícil dissolvê-la no filme ao ponto de torná-la uma parte orgânica dele. Sua utilização, portanto, sempre implicará certa medida de concessão, pois ela é sempre ilustrativa. Além do mais, a música eletrônica tem a capacidade exata de se dissolver na atmosfera sonora geral. Pode ocultar-se por trás de outros sons e permanecer indistinta, como a voz da natureza, cheia de misteriosas alusões... Ela pode ser como a respiração de uma pessoa.

VI.
O autor em busca de um público

A posição ambígua do cinema, situado entre a arte e a indústria, explica muitas das anomalias nas relações entre autor e público. Partindo desse fato cuja verdade não se costuma questionar, quero examinar uma ou duas dificuldades que o cinema enfrenta, e examinar algumas das consequências dessa situação.

Como sabemos, toda manufatura tem de ser viável; para funcionar e se desenvolver, ela não deve apenas cobrir os seus custos, mas também proporcionar certo lucro. Portanto, como produto, um filme faz sucesso ou fracassa, e, por mais paradoxal que pareça, o seu valor estético é determinado pelas leis de oferta e procura – por leis de mercado. É preciso lembrar que nenhuma outra arte esteve tão sujeita a critérios desse tipo. Enquanto o cinema permanece em tal situação, será sempre difícil para uma verdadeira obra cinematográfica ver a luz do dia, e mais ainda tornar-se acessível a um público mais amplo.

Os critérios que distinguem arte e não arte, arte e impostura, são certamente tão relativos, vagos e impossíveis de demonstrar, que nada seria mais fácil que substituir os critérios estéticos por métodos de avaliação puramente utilitários, que podem ser ditados tanto pelo desejo do maior lucro financeiro possível quanto por um motivo ideológico qualquer. Ambos estão igualmente distantes dos verdadeiros objetivos da arte.

A arte é, por natureza, aristocrática e seletiva em seus efeitos sobre o público. Pois, mesmo em suas manifestações "coletivas", como o teatro ou o cinema, esses efeitos estão associados às emoções mais íntimas de cada pessoa que entra em contato com a obra. Quanto mais um indivíduo se deixa prender e afetar por essas emoções, mais significativo será o lugar ocupado pela obra em sua experiência.

No entanto, a natureza aristocrática da arte de forma alguma exime o artista da responsabilidade para com seu público e até mesmo, se assim preferirem, para com as pessoas em geral. Pelo contrário: em função da consciência especial que tem do seu tempo e do mundo em que vive, o artista torna-se a voz daqueles que não podem expressar sua concepção da realidade. Nesse sentido, o artista é realmente *vox populi*. Essa é a razão pela qual ele é chamado a contribuir com o seu talento, o que significa servir ao seu povo.

Não consigo de modo algum entender o problema da chamada "liberdade" ou "falta de liberdade" de um artista. Ele nunca é livre. A nenhum grupo de pessoas falta mais liberdade. O artista está preso ao seu dom, à sua vocação.

Por outro lado, ele é livre para escolher entre expressar seu talento da maneira mais plena que puder, ou vender sua alma por trinta moedas de prata. A frenética busca de Tolstói, Dostoiévski e Gógol não foi estimulada pela consciência que tinham da sua vocação e do papel que lhes estava destinado?

Também estou convencido de que nenhum artista trabalharia para cumprir sua missão espiritual se soubesse que sua obra jamais seria vista por alguém. Ao mesmo tempo, porém, sempre que estiver trabalhando, ele deve colocar um véu entre ele e as outras pessoas, para se proteger contra a abordagem de temas genéricos, vazios e triviais. Pois a concretização das possibilidades criativas de um artista só pode ser obtida através de honestidade e sinceridade totais, aliadas à consciência de sua própria responsabilidade para com os outros.

Ao longo da minha carreira na União Soviética, fui muitas vezes acusado (uma acusação feita com muita frequência) de "ter-me distanciado da realidade", como se eu me houvesse isolado conscientemente dos interesses cotidianos do povo. Devo admitir, com toda sinceridade, que nunca entendi o significado dessas acusações. Não seria idealismo imaginar que um artista, ou qualquer outra pessoa, seja capaz de se marginalizar da sua sociedade e do seu tempo, de se "libertar" do tempo e do espaço em que nasceu? Sempre pensei que qualquer pessoa e qualquer artista (por mais distantes que possam ser as posições estéticas e teóricas dos artistas contemporâneos) devem ser necessariamente produto da realidade que os cerca. Um artista pode ser acusado

Stalker
Andrei Tarkovski durante as filmagens.

de interpretar a realidade a partir de um ponto de vista inaceitável, mas isso não é o mesmo que isolar-se dela. Sem dúvida, cada pessoa expressa seu próprio tempo e traz dentro de si as leis do seu desenvolvimento, embora nem todos se sintam inclinados a levar em consideração essas leis ou a encarar os aspectos da realidade que não lhes agradem. A arte, como afirmei anteriormente, atinge as emoções de uma pessoa, não sua razão. Sua função, por assim dizer, é modificar e libertar a alma humana, tornando-a receptiva ao bem. Quando vemos um bom filme, admiramos uma pintura, ou ouvimos música (partindo do pressuposto de que se trata do "nosso" tipo de arte) ficamos desarmados e arrebatados já de início – mas não por uma ideia, nem por um conceito. De qualquer modo, como dissemos antes, a concepção de uma grande obra é sempre ambígua, sempre tem duas faces, como diz Thomas Mann; ela é multifacetada e indefinida como a própria vida. O autor não pode, portanto, esperar que sua obra seja entendida de uma forma específica e de acordo com a percepção que tem dela. Tudo o que pode fazer é apresentar sua própria imagem do mundo, para que as pessoas possam olhar esse mundo através dos seus olhos e se deixem impregnar por seus sentimentos, dúvidas e ideias...

Tenho certeza de que o público é muito mais exigente, sutil e imprevisível em suas exigências do que costumam imaginar os responsáveis pela distribuição de obras de arte. E, assim, a percepção que um artista tem das coisas, por mais complexa ou refinada que possa ser, é capaz – eu diria mesmo que está destinada – a encontrar um público; e, por menor que este seja, estará em perfeita sintonia com a obra em questão. As longas discussões sobre o fato de uma obra fazer sentido para a chamada "grande massa" do público – para alguma mítica maioria – servem apenas para obscurecer toda a questão do relacionamento entre o artista e o público: em outras palavras, a questão de como o artista se relaciona com o seu tempo. Como Alexander Herzen escreveu em *Passado e pensamento*: "Nas suas obras verdadeiras, o poeta e artista é sempre nacional. Tudo o que fizer, seja qual for seu objetivo ou ideia numa obra, ele sempre expressará, queira ou não, algum aspecto do caráter nacional, e irá expressá-lo com mais vida e profundidade que a própria história nacional."

A relação entre o artista e o público é um processo bilateral. Ao permanecer fiel a si próprio e independente das temáticas de interesse imediato, o artista cria novas formas de percepção e eleva o nível de compreensão das pessoas. Por sua vez, a consciência cada vez maior da sociedade acumula um suprimento de energia que provoca subsequentemente o surgimento de um novo artista.

Se examinarmos as maiores obras de arte, veremos que elas existem como parte integrante da natureza e da verdade, independentes do autor ou do público. *Guerra e paz*, de Tolstói, ou *José e seus irmãos*, de Thomas Mann, são obras cuja dignidade as eleva muito acima dos interesses banais e corriqueiros das épocas em que foram escritas.

Esse distanciamento, essa forma de ver as coisas a partir de um ponto de vista exterior, de certa altura moral e espiritual, é o que faz com que uma obra de arte seja capaz de viver no tempo histórico, com impacto sempre renovado e sempre em mutação (já vi *Persona*, de Bergman, inúmeras vezes, e a cada vez percebi algo de novo no filme; como verdadeira obra de arte, *Persona* sempre permite que nos relacionemos pessoalmente com seu mundo, interpretando-o de modos diferentes sempre que voltamos a vê-lo.)

O artista não pode e não tem o direito de descer a certo nível abstrato e padronizado, em nome de uma concepção falsa de que, ao fazê-lo, se estaria tornando mais acessível e fácil de entender. Se assim fizer, estará colaborando para a decadência da arte – e queremos que ela floresça, acreditamos que o artista ainda tem recursos inéditos a descobrir, ao mesmo tempo que acreditamos que o público fará exigências cada vez maiores... De qualquer modo, é nisso que gostaríamos de acreditar.

Marx disse: "Quem quiser desfrutar a arte, deve ser educado artisticamente." O artista não se pode propor o objetivo específico de ser compreensível – seria tão absurdo quanto o seu contrário, ou seja, tentar ser incompreensível. O artista, seu produto e seu público formam uma entidade indivisível, como se fossem um só organismo interligado pela mesma corrente sanguínea. Se as partes do organismo entrarem em conflito, será preciso fazer um tratamento especializado e tomar todos os cuidados possíveis. Nada poderia ser mais nocivo do que o nivelamento por baixo que caracteriza o cinema comercial ou as produções padronizadas da televisão: eles corrompem o público de forma imperdoável, negando-lhe a experiência da verdadeira arte.

Já perdemos quase inteiramente de vista o belo como critério artístico: em outras palavras, perdemos de vista a ânsia de expressar o ideal. Toda época é marcada pela procura da verdade. E, por mais horrível que seja, ela, mesmo assim, contribui para a saúde moral de um país. Seu reconhecimento é sinal da sanidade de uma época, e nunca pode estar em contradição com o ideal ético. As tentativas de ocultar a verdade, encobri-la e mantê-la em segredo, contrapondo-a artificialmente a um ideal ético deturpado, pressupondo que este último será repudiado aos olhos da maioria pela verdade imparcial, pode apenas significar que os critérios estéticos foram substituídos por interesses ideológicos. Só um testemunho fiel do tempo em que o artista vive pode expressar um ideal ético verdadeiro, não propagandístico.

Foi esse o tema de *Andrei Rublióv*. À primeira vista, é como se a cruel verdade da vida, tal como ele a observa, está em gritante contradição com o ideal harmonioso do seu trabalho. O ponto crucial da questão, porém, é que o artista não pode expressar o ideal ético do seu tempo, a menos que toque todas as suas feridas abertas, a menos que sofra e viva essas feridas na própria carne. É assim que a arte triunfa sobre a horrível e "ignóbil" verdade, tendo dela uma consciência clara, em nome do seu sublime propósito: é esse o papel a que ela está destinada. Afinal, quase se poderia dizer que a arte é religiosa, no sentido de ser inspirada pelo compromisso com um objetivo mais elevado.

Privada de espiritualidade, a arte traz em si sua própria tragédia. Pois, até mesmo para perceber o vazio espiritual do tempo em que vive, o artista deve ter qualidades específicas de sabedoria e compreensão. O verdadeiro artista está sempre a serviço da imortalidade, lutando para imortalizar o mundo e o homem nesse mundo. Um artista que não tente buscar a verdade absoluta, que ignore os objetivos universais em nome de coisas secundárias, não passa de um oportunista.

Quando termino um filme, e este, muito ou pouco tempo depois, e ao preço de muito ou pouco sangue e suor, é finalmente distribuído, confesso então que deixo de pensar nele. O filme desprendeu-se de mim, tornou-se autossuficiente, passou a ter vida própria, adulto e independente do seu autor, não posso mais exercer nenhum tipo de influência sobre ele.

Sei de antemão que não devo contar com uma reação unânime por parte do público, não só porque algumas pessoas irão gostar do filme, e outras o acharão detestável, mas porque é preciso levar em conta que ele será assimilado e analisado de várias maneiras diferentes até mesmo pelas pessoas que o receberem de espírito aberto. E o fato de que serão muitas as interpretações só pode deixar-me feliz.

Stalker
Os três atores principais no vagonete.

Parece-me absurdo e fútil avaliar o "sucesso" de um filme em termos aritméticos, em termos de ingressos vendidos. Claro que um filme nunca é recebido e interpretado de maneira uniforme. O significado de uma imagem artística é necessariamente inesperado, uma vez que se trata do registro de como um indivíduo viu o mundo à luz de suas próprias idiossincrasias. Tanto a personalidade quanto a percepção serão familiares a algumas pessoas, e totalmente estranhas a outras. É assim que tem de ser. Seja como for, a arte continuará a avançar como sempre fez, a despeito da vontade de quem quer que seja, e os princípios estéticos, no momento abandonados, serão continuamente superados pelos próprios artistas.

Em certo sentido, portanto, o sucesso dos meus filmes não me interessa, pois, quando estão terminados, não tenho mais poder algum de modificá-los. Ao mesmo tempo, porém, não consigo acreditar nos diretores que afirmam não se preocupar com a forma como o público irá reagir. Todo artista – não hesito em dizê-lo – pensa no encontro da sua obra com o público; o que ele pensa, espera e acredita é que essa sua produção se mostrará em sintonia com a época, e, portanto, vital para o espectador, atingindo o fundo da sua alma. Não existe contradição no fato de que não faço nada de especial para agradar ao público e, ainda assim, espero ansiosamente que meu filme seja aceito e amado por aqueles que venham a vê-lo. A ambivalência dessa posição parece-me constituir a própria essência da relação entre o artista e o público – uma relação plena de tensões.

Um diretor não pode ser bem compreendido por todos, mas tem o direito de ter seus próprios admiradores – mais ou menos numerosos – entre o público; essa é a condição normal de existência de uma personalidade artística, e também da evolução da tradição cultural da sociedade. Sem dúvida, cada um de nós deseja encontrar o maior número possível de pessoas com as quais tenha afinidades, que gostem e precisem de nós; mas não podemos prever nosso próprio sucesso, e não temos o poder de selecionar nossos princí-

Stalker
No bar.

pios de trabalho de forma a garantir esse sucesso. Assim que se começa a atender ao gosto popular, o que entra em jogo é a indústria de diversões, o *show business*, as massas e coisas do gênero, mas nunca a arte, que necessariamente obedece as suas leis imanentes de desenvolvimento, queiramos ou não.

Todo artista realiza seu trabalho de criação a seu próprio modo. No entanto, quer faça disso um segredo, quer não, o contato e a mútua compreensão com o público são o objeto invariável dos seus sonhos e esperanças, e todos se deixam igualmente abater pelo fracasso. Sabe-se que Cézanne, reconhecido e aclamado por seus colegas pintores, ficou muito infeliz ao saber que seu vizinho não gostava dos seus quadros; não que ele pudesse alterar algo em seu estilo. Posso compreender que um artista desenvolva um tema que lhe foi encomendado, mas não aceito a ideia de que alguém mais detenha o controle sobre a execução e o tratamento. Acho isso inteiramente fútil e descabido. Há razões objetivas que não permitem ao artista tornar-se dependente do público ou de quem quer que seja: caso ele o faça, todos os seus problemas, conflitos e angústias serão imediatamente deturpados por inflexões que não são suas. Pois o aspecto mais complicado, desgastante e penoso do trabalho do artista encontra-se estritamente no domínio da ética: o que dele se exige é honestidade e sinceridade absolutas para consigo mesmo. E isso significa ser honesto e responsável com o público.

Um diretor não tem o direito de tentar agradar a ninguém, nem de se submeter a limites no processo de criação da sua obra, em nome do sucesso, e, se o fizer, o preço a pagar será inevitável: seu projeto, seu objetivo e a realização deles não terão mais o mesmo significado para ele. Será como um jogo de "perde-ganha". Mesmo que saiba, antes de começar a trabalhar, que sua obra não atrairá o público, ele não tem o direito de introduzir modificações naquilo que foi chamado a fazer.

Púchkin expressou isso de maneira admirável:

És um rei. Vive só. Escolhe um caminho livre
E segue por onde te levar tua mente livre;
Aperfeiçoa os frutos das ideias que te são caras,
Sem nada esperar por teus nobres feitos.
Em ti estão as recompensas. De ti és o juiz supremo.
Ninguém, com mais rigor, julgará tua obra.
Judicioso artista, isso te apraz?

Quando digo que não posso influenciar a atitude do público para comigo, estou tentando definir minha própria tarefa de profissional. É tudo muito simples: fazer o que for necessário, dar o máximo de si e avaliar o próprio trabalho com o máximo rigor. Como, então, se pode pensar em "agradar o público" ou em "dar ao espectador um exemplo a ser seguido"? Que público? A multidão anônima? Robôs?

Não é preciso muito para apreciar a arte: uma alma sensível, sutil e sugestionável, receptiva ao bem e ao belo, com capacidade para a experiência estética espontânea. Na Rússia, meu público incluía muita gente que não podia vangloriar-se nem de muitos conhecimentos, nem de grande cultura. Acredito que a sensibilidade à arte é um dom inato que depende subsequentemente do aprimoramento espiritual de quem a possui.

A fórmula "as pessoas não vão entender" sempre me deixou furioso. O que quer dizer isso? Quem pode dar-se ao direito de expressar a "opinião das pessoas" e fazer declarações em nome delas como se estivesse citando a maioria da população? Quem pode determinar o que as pessoas irão ou não entender? Ou aquilo de que precisam, ou o que querem que lhes seja oferecido? Alguém já fez uma pesquisa, ou algum esforço minimamente consciencioso para descobrir quais são os verdadeiros interesses das pessoas, a sua maneira de pensar, as suas expectativas e esperanças – ou, até mesmo, as suas decepções? Faço parte do meu povo: vivi com meus concidadãos, passei pelo mesmo momento histórico vivenciado por qualquer pessoa da minha idade, observei e refleti sobre os mesmos processos e acontecimentos, e mesmo agora, no Ocidente, não deixei de ser filho do meu país. Sou um fragmento dele, uma partícula, e espero estar dando expressão a ideias que tenham raízes profundas em nossas tradições históricas e culturais.

Ao fazermos um filme, temos naturalmente certeza de que as coisas que nos estimulam e preocupam também interessam aos outros. Esperamos que os espectadores nos deem uma resposta sem que sejamos obrigados a adulá-los ou tentar cair em suas boas graças. O respeito ao público, ou a qualquer interlocutor, só pode basear-se na convicção de que ele não é mais estúpido que nós. No entanto, a condição *sine qua non* para o diálogo é a existência de alguma forma comum de linguagem. Como disse Goethe, quem quer uma resposta inteligente precisa fazer uma pergunta inteligente. O verdadeiro diálogo entre o diretor e o espectador só é possível quando ambos têm o mesmo grau de compreensão dos problemas, ou, pelo menos, quando a abordagem dos objetivos que o diretor se autoimpôs ocorre num mesmo nível.

Creio nem ser preciso dizer que, enquanto a literatura vem-se desenvolvendo há mais ou menos dois mil anos, o cinema ainda está tentando provar que está à altura dos problemas do seu tempo, assim como já o fizeram as outras artes mais antigas. Se o cinema pode ou não afirmar que produziu autores dignos de se colocarem no mesmo plano dos criadores das grandes obras-primas da literatura mundial, ninguém o sabe. Eu acho que não. A impressão que tenho é que isso talvez se deva ao fato de o cinema ainda estar tentando definir seu caráter específico e sua própria linguagem, um objetivo do qual talvez ele chegue bem perto em algumas ocasiões. A questão da especificidade da linguagem cinematográfica ainda não foi resolvida, e o presente livro apenas tenta elucidar um ou outro dos seus aspectos. De qualquer modo, no estado em que se encontra, o cinema moderno nos pede insistentemente que continuemos refletindo sobre suas virtudes enquanto forma artística.

Stalker
Duas fotos de cena de Anatoli Solonitsyn, o ator favorito de Andrei Tarkovski.

Ainda estamos em dúvida quanto ao "material" em que deve ser modelada a imagem cinematográfica, ao contrário do pintor, que sabe que vai trabalhar com as cores, ou do escritor, que atingirá seu público através das palavras. O cinema como um todo ainda está em busca daquilo que o determina; além disso, cada diretor está tentando encontrar sua voz individual, ao passo que todos os pintores usam cores, e uma infinidade de telas são pintadas. Se esse extraordinário meio de apelo às massas que é o cinema vai tornar-se um dia uma verdadeira forma de arte, muito trabalho ainda espera tanto pelos diretores quanto pelo público.

Concentrei-me deliberadamente nas dificuldades objetivas com que hoje se deparam diretores e públicos. A imagem artística é seletiva em seu efeito sobre os espectadores; isso faz parte da natureza das coisas. No caso do cinema, o problema torna-se ainda mais agudo pelo fato de que fazer filmes é um passatempo muito caro. Assim, o que temos no momento é uma situação em que o espectador é livre para escolher o diretor com o qual mais se identifica, ao passo que o diretor não tem o direito de declarar com franqueza que não lhe interessa aquele segmento do público de cinema que vai ver filmes apenas por diversão ou que os usa como válvula de escape para as tristezas, ansiedades e privações da vida cotidiana.

Não que devamos culpar o espectador por seu mau gosto – a vida não dá a todos as mesmas oportunidades de desenvolver suas percepções estéticas. É aí que se encontra a verdadeira dificuldade. De nada adianta, porém, fingir que o público é o "juiz supremo" do artista. Quem? Que público? Os responsáveis pela política cultural deveriam preocupar-se em criar certo clima, certo padrão de produção artística, em vez de iludir os espectadores com coisas notoriamente falsas e irreais, corrompendo-lhes o gosto de um modo irreversível. Esse, porém, não é um problema que cabe ao artista resolver. Infelizmente, ele não é responsável pela política cultural. Só podemos responder pelo nível das nossas obras. Se o público achar o seu tema realmente profundo e relevan-

Stalker
"O Stalker".

Stalker
Alissa Freindlich, mulher do Stalker, durante as filmagens.

te, o artista falará honestamente, sem omitir nada, sobre tudo aquilo que o preocupa.

Houve uma época, depois de ter feito *O espelho* – e depois de muitos anos de árduo trabalho dedicado à realização de filmes –, em que cheguei a pensar em desistir de tudo... Porém, assim que comecei a receber todas aquelas cartas (algumas das quais citei anteriormente), percebi que não tinha o direito de tomar uma atitude tão drástica, e que se havia pessoas entre o público capazes de tanta honestidade e franqueza, pessoas que realmente precisavam dos meus filmes, eu tinha de dar continuidade ao meu trabalho a qualquer custo.

Se há espectadores para os quais é tão importante e compensador estabelecer um diálogo especificamente comigo, que maior estímulo eu poderia desejar? Se algumas pessoas falam a mesma linguagem que eu, por que negligenciar seus interesses em nome de outro grupo de espectadores que me são estranhos e distantes? Eles têm seus próprios "deuses e ídolos", e não há nada em comum entre nós.

Tudo que o artista tem a oferecer ao público é a honestidade e a sinceridade na luta que trava com seu material. O público, por sua vez, avaliará o significado dos nossos esforços.

Se tentarmos agradar o público, aceitando acriticamente suas preferências, isso significaria apenas que não temos respeito algum por ele, que só queremos o seu dinheiro. Em vez de educarmos o espectador através de obras de arte inspiradoras, estaríamos apenas ensinando o artista a garantir seu lucro. De sua parte, o público – satisfeito com aquilo que lhe dá prazer – continuaria firme na convicção de estar certo, uma convicção no mais das vezes sem fundamento. Deixar de desenvolver a capacidade crítica do público equivale a tratá-lo com total indiferença.

VII. A responsabilidade do artista

Para começar, gostaria de retomar a comparação, ou melhor, o contraste entre literatura e cinema. A única característica comum dessas duas formas de arte inteiramente autônomas e independentes é, a meu ver, a maravilhosa liberdade de usar o material como queira.

Já falei antes sobre a dependência mútua entre a imagem cinematográfica e a experiência do autor e do espectador. A prosa também, naturalmente, conta com a experiência emocional, espiritual e intelectual do leitor, como qualquer outra arte. Mas o peculiar na literatura é que, por mais minuciosos que sejam os detalhes colocados pelo autor em uma página, ainda assim o leitor irá "ler" e "ver" somente aquilo para que foi preparado pela sua – e só sua – experiência, pela conformação do seu caráter, já que estas formaram as predileções e idiossincrasias de gosto que se tornaram parte dele. Nem mesmo as passagens em prosa mais naturalistas e detalhadas permanecem sob o controle do artista: aconteça o que acontecer, o leitor irá percebê-las de maneira subjetiva.

O cinema é a única forma de arte em que o autor pode se considerar como o criador de uma realidade não convencional; literalmente, o criador do seu próprio mundo. No cinema, a tendência inata do homem para a autoafirmação encontra um dos seus meios de realização mais completos e diretos. Um filme é uma realidade emocional, e é assim que a plateia o recebe – como uma *segunda realidade*.

Por esse motivo a concepção amplamente difundida do cinema como um sistema de signos parece-me profunda e essencialmente errada. Percebo uma premissa falsa na própria base da abordagem estruturalista.

Estamos falando de diferentes tipos de relação com a realidade sobre os quais cada forma de arte fundamenta e desenvolve seu sistema específico de convenções. Nesse aspecto, coloco o cinema e a música entre as artes *imediatas*, já que não precisam de linguagem mediadora. Esse fator determinante fundamental sublinha o parentesco entre música e cinema e, pelo mesmo motivo, afasta o cinema da literatura, em que tudo é expresso através da linguagem, de um sistema de signos, de hieróglifos. A obra literária só pode ser recebida através de símbolos, de conceitos – pois é isso que as palavras são; mas o cinema, como a música, permite uma percepção inteiramente imediata, emocional e sensível da obra.

Através das palavras, a literatura descreve um acontecimento, um mundo interior, uma realidade externa que o autor deseja reproduzir. O cinema utiliza-se dos materiais oferecidos pela própria natureza, pela passagem do tempo, manifestos dentro do espaço que observamos ao nosso redor e no qual vivemos. Certa imagem do mundo surge na consciência do escritor, e ele então, através de palavras, a transporta para o papel. Mas a película cinematográfica imprime mecanicamente os traços do mundo incondicional que entram no campo de visão da câmera, e, a partir deles, é posteriormente construída uma imagem do todo.

Dirigir, em cinema, é literalmente ser capaz de "separar a luz das trevas e a terra das águas". O poder do diretor é tal que pode criar a ilusão de ser ele uma espécie de demiurgo; daí as sérias tentações a que sua profissão está sujeita, tentações que podem levá-lo bem longe na direção errada. Aqui, defrontamo-nos com a questão da enorme responsabilidade, específica do cinema, e quase "capital" em suas implicações, com que o diretor tem que lidar. Sua experiência é transmitida ao espectador vívida e imediatamente, com precisão fotográfica, de modo que as emoções deste último tornam-se semelhantes às de uma testemunha, se não realmente às de um autor.

Quero enfatizar ainda uma vez que, assim como a música, o cinema é uma arte que trabalha com a *realidade*. É por isso que me oponho às tentativas estruturalistas de encarar o quadro como um signo de alguma outra coisa, cujo sentido é resumido na tomada. Os métodos críticos de uma forma de arte não podem ser aplicados mecânica e indiscriminadamente a uma outra, e, no entanto, é isso que tal abordagem procura fazer. Tomemos um fragmento musical – trata-se de algo imparcial, livre de ideologia. Do mesmo modo um quadro cinematográfico é sempre uma partícula da realidade, privado de ideia; é apenas o filme como um todo que se pode considerar como tendo, num sentido definido, uma versão ideológica da realidade. A *palavra*, por sua vez, é, em si, uma ideia, um conceito, até certo ponto uma abstração. Uma palavra não pode ser um som vazio.

Nos *Contos de Sebastopol*, Lev Tolstói descreve com detalhes realistas os horrores do hospital militar. Por mais meticulosa que seja a sua descrição dessas terríveis minúcias, o leitor ainda é capaz de reelaborar aquelas imagens reproduzidas com crueza naturalista, modificá-las e adaptá-las de acordo com sua própria experiência, seus desejos e pontos de vista. Um texto é sempre assimilado de forma seletiva pelo leitor, que o relaciona às leis da sua própria imaginação.

Um livro lido por mil pessoas diferentes resulta em mil livros diferentes. O leitor com uma imaginação viva pode enxergar para além do relato mais lacônico, pode enxergar muito mais e com mais nitidez do que o próprio escritor havia previsto (na verdade, os escritores frequentemente esperam que o leitor vá mais além). Por outro lado, um leitor que seja limitado, inibido por limites morais e tabus, será capaz de ver a mais precisa e cruel descrição apenas através do filtro moral e estético que se desenvolveu dentro dele. No entanto, uma espécie de revisão ocorre no interior da consciência subjetiva, e esse processo é inerente ao relacionamento entre escritor e leitor; é como um cavalo de Tróia, em cujo ventre o escritor se insinua para influenciar a alma do seu leitor. Nele está oculta uma obrigação a que o leitor não pode fugir, e que o faz participar da autoria da obra.

Mas será que o público de cinema tem alguma liberdade de escolha?

Cada um dos quadros, cada cena ou episódio, não é apenas uma descrição, mas um fac-símile de uma ação, paisagem ou rosto. Portanto, normas estéticas são impostas ao espectador, acontecimentos concretos são mostrados de for-

Stalker
O cientista (Nikolai Grinko) fora da sala misteriosa, ao final da viagem.

ma inequívoca, e o indivíduo muitas vezes há de opor resistência a elas baseado na força da sua experiência pessoal.

Se nos voltarmos para a pintura, a título de comparação, perceberemos que sempre existe uma distância entre a imagem e o espectador, uma distância que foi definida de antemão e que determina certa reverência para com o que foi retratado, uma consciência de que o que está diante do observador – quer ele o compreenda ou não – é uma *imagem* da realidade: a ninguém ocorreria identificar um quadro com a vida. Obviamente pode-se questionar se o que aparece na tela é "verossímil" ou não, mas, no cinema, o espectador nunca perde a sensação de que a vida que está sendo projetada na tela está "real e verdadeiramente" ali. Em geral, uma pessoa irá julgar um filme através das leis da vida real, substituindo, sem perceber, as leis sobre as quais o autor baseou seu filme por leis derivadas da sua experiência comum e trivial do cotidiano. Daí decorrem certos paradoxos nos modos como os espectadores avaliam os filmes.

Por que a maioria dos espectadores prefere assistir a histórias exóticas no cinema, a coisas que nada têm a ver com suas vidas? – Eles acham que sabem o suficiente sobre suas próprias vidas, e que a última coisa que querem é ver ainda mais; e, desse modo, o que querem no cinema é a experiência alheia, e, quanto mais exótica e menos parecida com as suas ela for, mais desejável, instigante, e, a seus olhos, mais instrutiva ela será.

É claro que aqui entram em jogo fatores sociológicos. Que outro motivo levaria alguns grupos de pessoas a se voltarem para a arte apenas pela diversão, enquanto outros o fazem em busca de um interlocutor inteligente? Por que algumas pessoas só aceitam como real aquilo que é superficial, pretensamente "bonito", mas que é na verdade vulgar, de mau gosto, inferior e banal – enquanto outras são capazes da experiência estética mais genuinamente sutil? Onde deveríamos buscar as causas da surdez estética – na verdade, uma surdez às vezes moral – de um grande número de pessoas? De quem é a culpa? E seria possível ajudar tais pes-

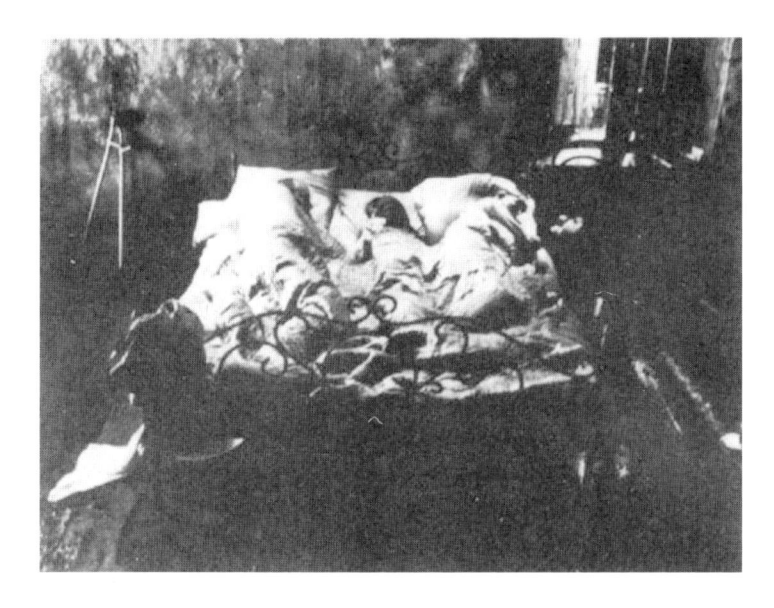

Stalker
Degeneração: a filha do Stalker.

soas a vivenciar a inspiração e a beleza e os nobres impulsos que a verdadeira arte desperta no espírito?

Acho que a resposta está na própria pergunta; mas, por enquanto, não quero preocupar-me com ela, apenas colocá-la. Por uma ou outra razão, sob sistemas sociais diversos, o público em geral é alimentado com imitações baratas, e ninguém está preocupado em despertar ou alimentar o gosto estético. No Ocidente, ao menos, dá-se ao público a possibilidade de escolha; os maiores diretores do cinema estão à disposição, caso o público queira vê-los – não há nenhuma dificuldade em vê-los; no entanto, a influência dessas obras é pouco significativa, a julgar pela frequência com que sucumbem na luta desigual contra os filmes comerciais que abarrotam as telas.

Devido à concorrência com o cinema comercial, um diretor tem uma *responsabilidade particular* para com seus espectadores, ou seja, por causa do poder único que o cinema tem de afetar uma plateia – na identificação da tela com a vida – o filme comercial mais insignificante e irreal exerce sobre o espectador privado de senso crítico e instrução o mesmo efeito mágico que uma pessoa de bom gosto irá obter de um verdadeiro filme. A diferença trágica e cruel é que, se a arte pode estimular emoções e ideias, o cinema de consumo, graças ao seu efeito fácil e irresistível, elimina irrevogavelmente qualquer traço de ideias ou sentimento. As pessoas deixam de sentir qualquer necessidade de beleza ou de espiritualidade, e consomem os filmes como se fossem garrafas de Coca-Cola.

O contato entre o diretor de cinema e o público é exclusivo do cinema, no sentido de que comunica uma experiência impressa na película através de formas intransigentemente afetivas, e, por isso, convincentes. O espectador sente necessidade dessas experiências substitutivas como compensação por aquilo que ele mesmo perdeu ou que lhe faltou; vai em seu encalço numa espécie de "busca do tempo perdido". E, em que medida essa experiência recém-adquirida será *humana*, depende apenas do autor. O que é uma responsabilidade enorme!

Por isso, acho bastante difícil entender quando os artistas falam de liberdade absoluta de criação. Não entendo o que querem dizer com tal espécie de liberdade, pois parece-me que, se optamos pelo trabalho artístico, encontramo-nos acorrentados pela necessidade, presos às tarefas que nós mesmos nos impomos e à nossa vocação artística.

Tudo está condicionado por um ou outro tipo de necessidade; e, se realmente pudéssemos encontrar alguém em condição de total liberdade, esse alguém seria como um peixe de águas profundas arrastado para a superfície. É curioso pensar que o inspirado Rublióv trabalhou dentro dos cânones estabelecidos! E, quanto mais tempo vivo no Ocidente, mais a liberdade me parece curiosa e equívoca. Liberdade para tomar drogas? Para assassinar? Para cometer suicídio?

Para ser livre, é preciso apenas sê-lo, sem pedir a permissão de ninguém. É preciso que se tenha os próprios postulados sobre aquilo que se é chamado a fazer, e guiar-se por eles, sem dobrar-se às circunstâncias ou ser cúmplice delas. Porém, essa espécie de liberdade requer um elevado grau de autoconsciência, consciência da responsabilidade para consigo próprio e, portanto, para com os outros.

Mas, ai de nós, a tragédia é que não sabemos ser livres – pedimos liberdade para nós mesmos em detrimento dos outros, e não queremos renunciar a nada de nós mesmos em prol do outro: isso seria usurpar nossos direitos e liberdades pessoais. Hoje todos nós estamos contaminados por um egoísmo extraordinário, e isso não é liberdade: liberdade significa aprender a exigir apenas de si mesmo, não da vida ou dos outros, e saber como doar: significa sacrifício em nome do amor.

Não quero que o leitor me compreenda mal: estou falando de liberdade em seu mais alto sentido moral. Não quero polemizar, ou lançar dúvidas sobre os valores e conquistas inquestionáveis que caracterizam as democracias europeias. Contudo, as condições dessas democracias colocam em relevo o problema do vazio espiritual e da solidão do homem. Parece-me que, na luta por liberdades políticas – por mais importantes que sejam –, o homem moderno perdeu de vista aquela liberdade que desfrutou em todas as épocas anteriores: a de ser capaz de se sacrificar ao tempo e à sociedade em que vive.

Fazendo uma retrospectiva dos filmes que fiz até hoje, surpreende-me o fato de que sempre pretendi falar de pessoas detentoras de liberdade interior, apesar de cercadas por outras interiormente dependentes e desprovidas de liberdade; de pessoas cuja aparente fragilidade nasce de uma convicção moral e de um ponto de vista moral, uma fragilidade que é na verdade um sinal de força.

O *Stalker* parece ser fraco, mas, em essência, é ele quem é invencível devido à sua fé e ao seu desejo de servir aos outros. Em última instância, os artistas dedicam-se à sua profissão não com o intuito de contar alguma coisa a alguém, mas como uma afirmação da sua vontade de servir as pessoas. Fico chocado com artistas que supõem que criam livremente a si mesmos, que supõem que isso seja realmente possível; pois cabe ao artista aceitar que ele é criação do seu tempo e das pessoas em meio às quais vive. Como disse Pasternak:

> *Alerta, artista, alerta,*
> *Não te entregues ao sono...*
> *És refém da eternidade*
> *E prisioneiro do tempo.*

E estou convencido de que, se um artista consegue realizar alguma coisa, isso só acontece porque é disso que os outros precisam – mesmo que não o saibam naquele momento. E assim a vitória é sempre do público, é ele quem ganha alguma coisa, enquanto o artista perde e paga.

Não posso imaginar minha vida de tal forma livre que me fosse dado fazer qualquer coisa que eu quisesse; tenho de fazer o que parece mais importante e necessário nas condições dadas. Além do mais, a comunicação com o público só é possível se ignorarmos os oitenta por cento de pessoas que, por algum motivo, acham que nossa função é diverti-las. Ao mesmo tempo, deixamos a tal ponto de respeitar esses oitenta por cento que estamos preparados para oferecer-lhes diversão, pois dependemos deles para nossa subsistência e nosso próximo filme. Que sinistra perspectiva!

Entretanto, para voltarmos àquele público minoritário que ainda busca impressões verdadeiramente estéticas, aquele público ideal em quem, inconscientemente, o artista deposita suas esperanças – esse tipo de espectador só irá responder com sinceridade a um filme quando este expressar aquilo que o autor viveu e sofreu. Respeito-os muito para querer ou para, de fato, ser capaz de enganá-los, e é por isso que me atrevo a falar do que é mais importante e precioso para mim.

Van Gogh – que declarava que "o dever é algo de absoluto", para quem "nenhum sucesso me agradaria mais do que ver minhas litografias dependuradas nas salas e oficinas de *simples operários*", e que se sentia identificado com a frase de Heerkomer "a arte, em todos os sentidos, é feita para você, o povo" – nunca teria pensado em tentar agradar a uma pessoa em particular, nem em levá-la a gostar dele. Ele encarava seu trabalho com muita seriedade, com plena consciência da sua importância social, e, quanto à sua função como artista, via-se "lutando", com todas as suas forças e até o último alento, com o material da vida, para exprimir aquela verdade ideal que se oculta em seu interior. Era dessa forma que ele via seu dever para com o povo: como um fardo e um privilégio. Ele escreveu em seu diário: "Quando um homem expressa claramente o que quer dizer, não seria isso, estritamente falando, o suficiente? Quando ele é capaz de exprimir suas ideias com beleza, não nego que seja mais agradável ouvi-lo; mas isso não acrescenta muito à beleza da verdade, que é bela em si mesma."

Uma vez que a arte é uma expressão das aspirações e esperanças humanas, ela tem um papel tremendamente importante a desempenhar no desenvolvimento moral da sociedade – ou, em todo caso, é isso que se espera dela; se fracassar, isso só pode significar que há algo de errado com a sociedade. Não se pode atribuir à arte apenas objetivos utilitários e pragmáticos. Um filme baseado em tais premissas não pode sustentar-se como entidade artística, pois o efeito do cinema – ou de qualquer outra forma de arte – sobre o observador é muito mais profundo e mais complexo do que tais termos admitem. A arte enobrece o homem pelo simples fato de existir. Ela cria aqueles vínculos intangíveis que unem o gênero humano numa comunidade e aquela atmosfera moral em que, como num meio de cultura, a arte irá novamente germinar e florescer. De outro modo, ela se transformará numa planta brava, como uma macieira em um pomar abandonado. Se a arte não é utilizada de acordo com sua vocação, ela morre, e isso significa que ninguém precisa dela.

Ao longo do meu trabalho percebi repetidamente que, se a estrutura emocional externa de um filme está baseada na memória do autor, quando as impressões da sua vida pessoal forem transmutadas em imagens cinematográficas, o filme conseguirá promover aqueles que o veem. Contudo, se uma cena foi concebida intelectualmente, segundo os dogmas da literatura, então não importa que tenha sido realizada com cuidado e de modo convincente: o espectador permanecerá frio diante dela. Na verdade, mesmo quando surpreender algumas pessoas por ser interessante e arrebatadora quando vista pela primeira vez, ela não terá força vital e não sobreviverá ao teste do tempo.

Em outras palavras, já que não se pode utilizar a experiência do público do modo como a literatura o faz, pressupondo a ocorrência de uma "assimilação estética" na consciência de cada leitor – no cinema isso é realmente impossível – é preciso comunicar a experiência com a maior sinceridade possível. Não que isso seja fácil; é preciso esforçar-se muito para consegui-lo! É por isso que mesmo hoje, quando todos os tipos de pessoas, muitas delas mal preparadas profissionalmente, têm a possibilidade de realizar filmes, o cinema ainda conta com uma pequena quantidade de mestres em todo o mundo.

Oponho-me radicalmente ao modo como Eisenstein utilizava o fotograma para codificar fórmulas intelectuais. Meu modo pessoal de comunicar experiências ao espectador é muito diferente. Sem dúvida, é preciso dizer que Eisenstein não tencionava comunicar sua própria experiência a ninguém, o que ele queria era apresentar ideias, pura e simplesmente; entretanto, para mim, esse tipo de cinema é totalmente estranho. Além disso, as regras de montagem de Eisenstein, a meu ver, contradizem os próprios fundamentos do processo único através do qual um filme atinge o espectador. São regras que privam o público daquela prerrogativa do cinema que diferencia seu impacto, na consciência do espectador, daquele provocado pela literatura ou pela filosofia, isto é, a oportunidade de vivenciar o que está ocorrendo na tela como se fosse sua própria vida, e de apropriar-se, como se ela fosse sua experiência impressa no tempo e mostrada na tela, relacionando sua própria vida com o que está sendo projetado.

Stalker
O poço na "Zona": são João Batista, detalhe do altar de Ghent dos irmãos Van Eyck, sob a água.

    Eisenstein transforma o pensamento em um déspota: não deixa nada "no ar", nada daquela intangibilidade silenciosa que talvez seja a qualidade mais fascinante de qualquer arte e que permite que um indivíduo se relacione com um filme. Meu desejo é realizar filmes que não tragam peças de oratória e propaganda, mas que ofereçam a oportunidade de uma experiência profundamente íntima. Trabalhando com esse objetivo, tenho consciência da minha responsabilidade para com o público de cinema, e acho que posso oferecer-lhe a experiência necessária e única que o leva a entrar voluntariamente no escuro de uma sala de projeção.

    Quem quiser, pode encarar meus filmes como encara um espelho e ver-se refletido neles. Quando a concepção de um filme é fiel à vida, e a concentração ocorre sobre sua função afetiva, mais que sobre as fórmulas intelectuais de "tomadas poéticas" (em outras palavras, tomadas em que a forma é claramente um receptáculo de ideias), então é possível que o espectador se relacione com aquela concepção à luz da experiência individual.

Stalker
Um descanso no decorrer da viagem.

Como já disse anteriormente, as preferências pessoais devem ser sempre ocultas: exibi-las pode conferir ao filme um significado imediato e atual, mas ele ficará limitado a essa utilidade passageira. Se quiser perdurar, a arte deve mergulhar profundamente em sua própria essência; só assim irá concretizar aquele potencial único para atingir as pessoas, que é, seguramente, sua virtude específica, e que nada tem a ver com propaganda, jornalismo, filosofia, ou qualquer outro ramo do conhecimento ou da organização social.

Um fenômeno é recriado verdadeiramente em uma obra de arte através da tentativa de reconstruir toda a estrutura viva das suas conexões interiores. E, nem mesmo no cinema, o artista tem liberdade de escolha quando seleciona e combina fatos extraídos de um "bloco de tempo" – por maior e mais denso que possa ser esse bloco. Sua personalidade, necessariamente e por sua livre vontade, irá influenciar a seleção e o processo de conferir unidade artística ao que é selecionado.

A realidade é condicionada por uma multiplicidade de conexões causais, e delas o artista só pode apreender algumas. Ele fica com aquelas que conseguiu apreender e reproduzir, que então se tornam uma manifestação da sua individualidade e da sua unicidade. Além disso, quanto mais ele aspirar a um relato realista, maior a responsabilidade em relação ao que faz. Sinceridade, honestidade e mãos limpas são as virtudes que dele se exige.

Stalker
Alexander Kaidanovski no papel título.

O problema (ou talvez seja a causa primeira da arte?) é que ninguém pode reconstruir a verdade completa diante da câmera. Aplicado ao cinema, portanto, o termo "naturalismo" não pode ter nenhum significado efetivo (isso não impede que os críticos soviéticos o utilizem como um termo injurioso para tomadas que considerem indevidamente brutais: uma das principais acusações feitas contra *Andrei Rublióv* foi a de "naturalismo", ou seja, a de uma deliberada estetização da crueldade por si mesma).

Naturalismo é um termo crítico aplicado a uma corrente específica da literatura do século XIX europeu, associado principalmente ao nome de Zola. Entretanto, nunca deixará de ser apenas um conceito relativo em arte, pois nada será jamais reproduzido de maneira totalmente naturalista. Imaginar o contrário não passa de um grande disparate.

Cada indivíduo tende a conceber o mundo conforme o vê e do modo como toma consciência dele. Mas, ai de nós, isso é falso! E coisas que existem "em si mesmas" só passam a ter existência "para nós" no decorrer da nossa própria experiência; a necessidade do homem de conhecer funciona desse modo, é esse seu significado. A capacidade das pessoas de conhecer o mundo é limitada pelos órgãos dos sentidos que a natureza lhes deu; e se, nas palavras de Nikolai Gumiliov[26], pudéssemos "fazer nascer" um "órgão responsável por um sexto sentido", então, obviamente, o mundo apareceria diante de nós em suas outras dimensões. Logo, todo artista é limitado na sua percepção, na sua capacidade de compreensão das conexões interiores do mundo que o circunda. Por isso, não há sentido em falar de naturalismo em cinema, como se os fenômenos pudessem ser registrados indiscriminadamente pela câmera, sem levar em consideração quaisquer princípios artísticos, registrá-los, por assim dizer, em seu "estado natural". Essa espécie de naturalismo não pode existir.

Com bastante frequência, os críticos simplesmente aproveitam-se do termo como uma desculpa teórica e "objetiva" para questionar o direito do artista de lidar com fatos que fazem o espectador estremecer de horror. Isso é rotulado como "um problema" pelo grupo de interesses dos "protetores", que se sente encarregado de assegurar que tudo seja brando aos olhos e aos ouvidos. Porém, Dovjenko e Eisenstein, que foram colocados em pedestais, poderiam ambos ser acusados de transgredir as regras nesse aspecto; o mesmo se poderia dizer de qualquer documentário sobre campos de concentração que sofresse limitações ao retratar a degradação e o sofrimento humanos.

Quando episódios isolados foram pinçados do contexto de *Andrei Rublióv* com a finalidade de me acusarem de "naturalismo" (por exemplo, a cena do cegamento e algumas tomadas do saque de Vladimir), confesso, sinceramente, que não entendi e ainda não entendo o porquê da acusação. Não sou um artista de salão, nem cabe a mim manter o público feliz.

Ao contrário, minha obrigação é dizer às pessoas a verdade a respeito da nossa existência comum, tal como ela surge à luz da minha experiência e da minha compreensão. Esta verdade não promete ser branda ou agradável; e é somente ao chegar a esta verdade e a este "realismo" que poderemos obter, dentro de nós, uma vitória sobre ela.

Se, por outro lado, eu devesse mentir através da minha arte, afirmando ao mesmo tempo que ela era fiel à realidade; se eu falsificasse meu próprio objetivo por trás da fachada de um espetáculo cinematográfico aparentemente "fiel à vida" e, portanto, convincente em seus efeitos sobre o público – então, com certeza, eu mereceria ser chamado a prestar contas...

Não foi por acaso que, no início deste capítulo, empreguei o termo "capital" para qualificar a responsabilidade do autor de cinema. Ao enfatizar a ideia desse modo – mesmo que o resultado seja um exagero – pretendi acentuar o fato de que a mais *convincente* das artes requer uma responsabilidade especial de parte daqueles que trabalham com ela: os métodos através dos quais o cinema afeta seus espectadores podem ser utilizados muito mais fácil e rapidamente para sua degradação moral e para a destruição das suas defesas espirituais do que os meios das formas de arte antigas e tradicionais. Realmente, prover as pessoas de forças espirituais e dirigi-las para o bem, é claro, sempre deve ter suas dificuldades...

A tarefa do diretor é recriar a vida: seu movimento, suas contradições, sua dinâmica e seus conflitos. É seu dever revelar qualquer partícula de verdade que ele descobriu – mesmo que nem todos achem essa verdade aceitável. É claro que um artista pode enganar-se; mas até mesmo seus erros, desde que sinceros, são providos de interesse, pois representam a *realidade* da sua vida interior, as peregrinações e batalhas em que o mundo exterior o arremessou (e, por acaso, alguém possui a verdade em sua totalidade?). Toda discussão a respeito do que pode ou não ser mostrado só pode ser uma tentativa mesquinha e imoral de distorcer a verdade.

Dostoiévski disse: "Sempre afirmam que a arte precisa refletir a vida e tudo o mais. Mas é um absurdo: o próprio escritor (o poeta) cria a vida de uma maneira tal que nunca havia existido inteiramente antes dele..."

A inspiração do artista forma-se em algum lugar no mais profundo recôndito de seu "eu". Não pode ser ditada por considerações práticas exteriores; não pode deixar de se relacionar com sua psique e sua consciência; ela nasce da totalidade da sua visão do mundo. Se for menos que isso, estará condenada desde o início a ser vazia e estéril. É perfeitamente possível ser um diretor ou um escritor profissional e não ser um artista: ser apenas um simples realizador de ideias alheias.

A verdadeira inspiração artística é sempre um tormento para o artista, a ponto de tornar-se um perigo para sua vida. Sua realização é equivalente a uma proeza física. É assim que sempre foi, apesar do equívoco bastante difundido de que tudo o que fazemos é contar histórias tão velhas quanto o mundo e aparecer diante do público como velhas avozinhas com lenços nas cabeças e o tricô nas mãos e entretê-los com todos os tipos de histórias. A história pode ser divertida ou interessante, mas terá apenas um objetivo para os espectadores: ajudá-los a passar o tempo com um palavrório oco.

O artista não tem nenhum direito a uma ideia com a qual não esteja socialmente comprometido, ou cuja realização possa implicar uma dicotomia entre sua atividade profissional e os outros aspectos da sua vida. No decorrer das nossas vidas pessoais, praticamos atos como pessoas honestas ou desonestas. Somos capazes de aceitar que uma ação honesta possa provocar-nos aflição, ou mesmo levar-nos a um conflito com nosso meio ambiente. Por que motivo não estamos preparados para os problemas que podem resultar das nossas atividades profissionais? Por que temos medo de ser responsabilizados quando nos lançamos à realização de um filme? Por que, antes mesmo de começar a fazê-lo, já nos precavemos para que o filme seja tão inócuo quanto insignificante? Não seria porque queremos receber uma compensação imediata por nosso trabalho em forma de dinheiro e conforto? Só podemos ficar chocados com a presunção dos artistas modernos se os compararmos, digamos, aos humildes construtores da Catedral de Chartres, cujos nomes nem conhecemos. O artista deveria diferenciar-se por uma entrega desinteressada ao dever; mas já faz muito tempo que nos esquecemos disso.

Em uma sociedade socialista, um operário de fábrica, ou um homem que trabalhe no campo, ambos responsáveis pela produção de coisas materialmente valiosas, consideram-se senhores da vida. E essas pessoas pagam para receber sua pequena cota de "diversão", que lhes é propiciada por artistas ansiosos por agradar. Tal ansiedade, porém, fundamenta-se na indiferença, pois os artistas aproveitam-se cinicamente do tempo livre de pessoas honestas, de trabalhadores, tirando vantagem da sua credulidade e de sua ignorância, da sua carência de educação estética, com a finalidade de destruir as suas defesas espirituais e ganhar dinheiro com isso. As atividades de um "artista" como esse são repugnantes. O trabalho de um artista só se justifica quando é crucial para a sua vida: quando não é uma ocupação

Stalker
Poema de Arseni Tarkovski:
Mas tem de haver mais.

Agora o verão se foi
E poderia nunca ter vindo.
No sol está quente.
Mas tem de haver mais.

Tudo aconteceu,
Tudo caiu em minhas mãos
Como uma folha de cinco pontas,
Mas tem de haver mais.

Nada de mau se perdeu,
Nada de bom foi em vão,
Uma luz clara ilumina tudo,
Mas tem de haver mais.

A vida me recolheu
A segurança de suas asas,
Minha sorte nunca falhou,
Mas tem de haver mais.

Nem uma folha queimada,
Nem um graveto partido,
Claro como um vidro é o dia,
Mas tem de haver mais.

Arseni Tarkovski
Texto original russo na p. 304

passageira, mas sim a única forma de existência para o seu "eu" reprodutor.

As implicações morais do ato de escrever um livro são de ordem bem diversa: em certo sentido, cabe ao autor decidir o tipo de livro que quer produzir, pois o leitor é quem irá decidir se vai comprá-lo ou deixá-lo pegando poeira nas prateleiras das livrarias. Em se tratando de cinema, só existe uma situação semelhante no sentido formal de que os espectadores podem escolher se vão ou não assistir a um filme. No entanto, devido ao enorme investimento de capital, o cinema é singularmente agressivo e persistente em seus métodos para arrancar o máximo de lucro de um filme. Um filme é vendido como uma safra ainda no campo, e isso só serve para tornar ainda maior nossa responsabilidade pela "mercadoria".

... Sempre me surpreendi com Bresson: sua concentração é extraordinária. Nada de casual jamais conseguiu insinuar-se em sua seleção rigidamente ascética dos meios de expressão; ele nunca poderia fazer um filme "às pressas". Sério, profundo e nobre, é um daqueles mestres para quem cada filme se transforma em um fato da sua existência espiritual. Aparentemente, ele só será levado a realizar um filme quando estiver nos limites de um estado interior de profunda inquietação. E por que motivo? – Quem pode saber...

Em *Gritos e sussurros*, de Bergman, há um episódio particularmente forte, talvez o mais importante do filme. Duas irmãs estão de volta à casa paterna, onde a irmã mais velha está à morte. A expectativa da sua morte é o ponto de partida do filme. Ali, ao se encontrarem sozinhas, elas são repentina e inesperadamente unidas por seus laços fraternos e pelo anseio por contato humano; elas conversam... conversam... conversam... São incapazes de dizer tudo o que querem... acariciam-se... A cena cria uma dolorosa impressão de aproximação humana... Frágil e desejada... E mais frágil e desejada ainda porque no cinema de Bergman tais momentos são fugazes e passageiros. Na maior parte do filme as irmãs não conseguem reconciliar-se, não conseguem perdoar-se mesmo diante da morte. Elas estão cheias de ódio, prontas a torturarem uma a outra e a si mesmas. Na cena em que se encontram fugazmente unidas, Bergman dispensa o diálogo e introduz na trilha sonora uma suíte para violoncelo de Bach, que está sendo tocada no gramofone; o impacto da cena é intensificado dramaticamente, ela se torna mais profunda, tem um alcance muito maior. Naturalmente, essa elevação, esse momento de bondade, não passa de uma óbvia quimera – é um sonho de algo que não existe nem pode existir. É aquilo que o espírito humano busca, aquilo por que anseia, e aquele momento específico permite que se tenha um vislumbre da harmonia, do ideal. Entretanto, mesmo esse momento ilusório propicia ao espectador a possibilidade de catarse, a possibilidade daquela purificação e libertação espiritual que é atingida através da arte.

Estou mencionando isso porque quero enfatizar minha própria crença de que a arte deve trazer em si a aspiração humana ao ideal, deve ser uma expressão da sua caminhada em direção a ele, de que a arte deve oferecer esperança e fé ao homem. E, quanto mais desesperançado for o mundo na versão do artista, maior talvez a clareza com que devemos enxergar o ideal que se opõe a ele – de outro modo seria impossível viver!

A arte simboliza o significado da nossa existência.

Por que será que o artista procura destruir a estabilidade a que a sociedade aspira? Em *A montanha mágica*, de Thomas Mann, Settembrini diz: "Espero, engenheiro, que o senhor nada tenha contra a malevolência. Eu a considero a mais brilhante arma da razão contra o obscurantismo e a fealdade. A malevolência, meu caro senhor, é a alma da crítica, e a crítica, a fonte do progresso e da cultura." É para acercar-se ainda mais do seu ideal que o artista procura destruir a estabilidade sobre a qual se assenta a sociedade. A sociedade busca estabilidade, o artista quer o infinito. Ao artista interessa a verdade absoluta, e por isso ele olha para o futuro e vê as coisas antes das outras pessoas.

E, quanto às consequências, não respondemos por elas, mas pela escolha entre cumprir ou não cumprir nosso dever. Um ponto de partida como esse impõe ao artista a obrigação de responder por seu próprio destino. Meu próprio futuro é um cálice que não é possível passar adiante – consequentemente, deve ser bebido.

Em todos os meus filmes, pareceu-me importante tentar estabelecer os vínculos que liguem as pessoas (para além dos da carne), aqueles laços que me ligam à humanidade, e que nos ligam a todos com tudo que nos circunda. Para mim, é indispensável ter a sensação de que eu mesmo sou um elo de ligação neste mundo, de que não há nada de casual no fato de eu estar aqui. Dentro de cada um de nós deve existir uma escala de valores. Em *O espelho*, meu objetivo foi fazer com que as pessoas sentissem que Bach e Pergolesi, a carta de Púchkin e os soldados que atravessam o Sivash, e também os acontecimentos mais íntimos, domésticos – que todas essas coisas são, em certo sentido, igualmente importantes enquanto experiência humana. Em termos da experiência espiritual de uma pessoa, aquilo que lhe aconteceu ontem pode ter exatamente o mesmo grau de significação que aquilo que aconteceu à humanidade há mil anos...

Em todos os meus filmes, o tema das raízes sempre teve uma importância muito grande: laços com a casa paterna, com a infância, com o país, com a Terra. Sempre achei que fosse importante deixar claro que também eu pertenço a uma tradição particular, a uma cultura, a um círculo de pessoas ou de ideias.

Para mim, são de grande significação as tradições da cultura russa que se iniciaram na obra de Dostoiévski. Na Rússia moderna, seu desenvolvimento é claramente incompleto; na verdade, elas tendem a ser desprezadas, ou mesmo ignoradas por inteiro. Existem muitas razões para que isso ocorra: em primeiro lugar, sua total incompatibilidade com o materialismo, e, depois, o fato de que a crise espiritual vivenciada por todos os personagens de Dostoiévski (que foi a inspiração para a sua obra e a dos seus seguidores) tam-

Excerto da carta de Alexander Púchkin para Pyotr Chaadayev
(citada em O espelho)

São Petersburgo, 19 de outubro de 1836.

[…] Naturalmente, o cisma separou-nos do resto da Europa e não participamos de nenhum dos grandes eventos que a agitaram; mas tivemos nossa missão específica. Foi a Rússia que conteve a conquista mongol dentro do seu amplo espaço geográfico. Os tártaros não se atreveram a cruzar nossas fronteiras ocidentais e a deixar-nos em sua retaguarda. Bateram em retirada rumo aos seus desertos, e a civilização cristã foi salva. Para que isso ocorresse, fomos obrigados a levar uma existência totalmente separada, e esta, embora nos tenha deixado cristãos, tornou-nos também inteiramente estranhos ao mundo cristão, de modo que o nosso martírio nunca entrou em choque com o vigoroso desenvolvimento da Europa católica. Você diz que a fonte de onde bebemos nosso cristianismo era impura, que Bizâncio era indigna e desprezível etc. – Ah, meu amigo, o próprio Jesus Cristo não nasceu judeu, e Jerusalém não era alvo de zombarias entre as nações? E serão os Evangelhos menos notáveis por isso? Nós recebemos os Evangelhos dos gregos, e suas tradições; não seu espírito pueril e contencioso. Os costumes de Bizâncio nunca foram os de Kiev. Até a época de Teófanes, o clero russo era digno de respeito: nunca foi maculado pela depravação papal, e, com certeza, nunca teria provocado a Reforma no exato momento em que a humanidade mais precisava de unidade. Concordo que, na atualidade, nosso clero seja retrógrado. Quer saber o motivo? – Porque usa barba, só por isso. Eles não pertencem à boa sociedade. No que diz respeito ao nosso significado histórico, não posso de maneira alguma compartilhar seu ponto de vista. As guerras de Oleg e Sviatoslav, e até mesmo as guerras de apanágio – não teriam sido justamente sinais daquela vida de aventura inquieta, de atividade inexperiente e sem objetivos que marca a juventude de qualquer povo? A invasão tártara é um espetáculo triste e impressionante. O despertar da Rússia, a emergência do seu poder, sua marcha rumo à unidade (a unidade da Rússia, é claro), os dois Ivans, o drama sublime que se iniciou em Uglich e foi concluído no Mosteiro de Ipatiev – seria tudo isso história, e não um sonho meio esquecido? E Pedro, o Grande, que é, por si só, uma história universal? E Catarina II, que levou a Rússia para as portas da Europa? E Alexandre, que a levou a Paris? E – com sinceridade – você não percebe algo de grandioso na situação presente da Rússia, algo que irá surpreender o futuro historiador? Você acredita que ele nos deixará fora da Europa? Apesar da minha dedicação pessoal ao imperador, de nenhum modo admiro tudo o que vejo ao meu redor; enquanto homem de letras, sinto-me amargurado; e, como homem de opinião formada, estou irritado; mas posso jurar-lhe que, por nada no mundo, trocaria meu país por outro, nem teria qualquer outra história além da dos nossos antepassados, tal como nos foi dada por Deus…

bém é encarada com desconfiança. Por que será que essa situação de "crise espiritual" é tão temida na Rússia contemporânea?

Acredito que uma melhora sempre se dá em decorrência de uma crise espiritual. Uma crise espiritual é uma tentativa de encontrar a si mesmo, de adquirir uma nova fé. É o quinhão partilhado por todos os que situam seus objetivos no plano espiritual. E como poderia ser de outro modo, quando a alma anseia por harmonia, e a vida é plena de discórdia? Essa dicotomia é o estímulo para a transformação, é simultaneamente a fonte da nossa dor e da nossa esperança: a confirmação da nossa profundidade e do nosso potencial espiritual.

Stalker também aborda essa questão: o herói atravessa momentos de desespero quando sua fé é abalada; mas, a cada vez, ele retorna com um renovado sentido da sua vocação de servir às pessoas que perderam suas esperanças e ilusões. Pareceu-me muito importante que o filme respeitasse a regra das três unidades: de tempo, espaço e ação. Se, em *O espelho*, eu estava interessado em introduzir cenas de documentários, sonho, realidade, esperança, conjecturas e recordações sucedendo-se umas às outras naquela confusão de situações que colocam o herói em confronto com as inelutáveis questões da existência, em *Stalker* eu queria que não houvesse nenhum lapso de tempo entre as tomadas. Meu desejo era que o tempo e seu fluir fossem revelados, que tivessem existência própria no interior de cada quadro; para que as articulações entre as tomadas fossem nada mais que a continuidade da ação, que não implicassem nenhum deslocamento temporal e para que não funcionassem como um mecanismo para selecionar e organizar dramaticamente o material – eu queria que o filme todo desse a impressão de ter sido feito numa única tomada. Uma abordagem simples e ascética como essa parece-me rica em possibilidades. Para ter um mínimo de efeitos exteriores, eliminei tudo que pude do roteiro. Por uma questão de princípio eu quis evitar que o espectador fosse distraído ou surpreendido por mudanças inexploradas de cena, pela geografia da ação e por um enredo muito elaborado – eu queria que a totalidade da composição fosse simples e silenciosa.

Com mais coerência que nunca, eu estava tentando fazer com que as pessoas acreditassem que o cinema, enquanto instrumento de arte, tem suas próprias possibilidades, e que estas são idênticas às da prosa. Eu queria demonstrar como o cinema, com sua continuidade, é capaz de observar a vida sem interferir nela de forma grosseira ou evidente. Pois é nisso que vejo a verdadeira essência *poética* do cinema.

Ocorreu-me que uma simplificação formal excessiva poderia correr o risco de parecer afetada ou maneirista. Para evitar isso, tentei eliminar quaisquer indícios de imprecisão ou alusão nas tomadas – aqueles elementos que são considerados como as marcas da "atmosfera poética". Essa espécie de atmosfera é sempre cuidadosamente elaborada; eu estava convencido da validade da abordagem oposta – não devo preocupar-me absolutamente com a atmosfera, pois ela é algo que emerge da ideia central, da realização daquilo que o autor concebeu. E, quanto mais precisamente a ideia central for formulada, quanto mais claramente o significado da ação se definir para mim, mais significativa será a atmosfera criada ao seu redor. Tudo começará a reverberar em resposta à nota dominante: as coisas, a paisagem, a entoação dos atores. Tudo há de ficar interligado e necessário. Uma coisa será ecoada por outra, numa espécie de intercâmbio geral, e, como resultado dessa concentração no que é mais importante, nascerá uma atmosfera (a ideia de criar atmosfera como um fim em si mesmo parece-me estranha; a propósito, é por isso que nunca me senti muito à vontade diante dos quadros dos impressionistas, que se propõem a registrar o momento em si, a comunicar o instantâneo; em arte, isso pode ser um meio, mas não um fim). Parece-me que em *Stalker*, onde tentei concentrar-me naquilo que era mais importante, a atmosfera resultante era mais ativa e emocionalmente instigante do que qualquer dos filmes que realizei anteriormente.

Stalker
Poema de Fyodor Tyuchev: Como amo teus olhos, minha amiga.

Como amo teus olhos, minha amiga,
E a chama radiante que neles dança,
Quando por um instante fugaz eles se erguem
E teu olhar voa célere
Como o relâmpago no céu.

Mas há um encanto mais poderoso ainda
Nos olhos voltados para o chão
No momento de um beijo apaixonado,
Quando brilha por entre as pálpebras baixas
A sombria, obscura chama do desejo.

Fyodor Tyuchev, 1803-1873
Texto original russo na p. 305

Então qual é o tema principal que deveria ecoar através de *Stalker*? Em termos gerais, é o tema da dignidade humana; o que é essa dignidade; e como um homem sofre se não tiver amor-próprio.

Permitam-me lembrar ao leitor que, quando os personagens do filme empreendem sua viagem rumo à Zona, seu destino é uma determinada sala, na qual, segundo dizem, o desejo mais íntimo de qualquer pessoa será realizado. E, enquanto o Escritor e o Cientista, conduzidos pelo *Stalker*, estão fazendo seu perigoso percurso pelo estranho território da Zona, seu guia conta-lhes em determinado ponto uma história verdadeira, ou talvez uma lenda, a respeito de um outro *Stalker*, apelidado Diko-óbraz. Ele se havia dirigido ao lugar secreto para pedir que o irmão, assassinado por sua culpa, voltasse à vida. Contudo, quando Diko-óbraz voltou para casa, descobriu que se havia tornado imensamente rico. A Zona tinha atendido o que era, na verdade, seu mais profundo desejo, e não o desejo que ele queria pensar que lhe era o mais precioso. E Diko-óbraz enforcou-se.

Desse modo, os dois homens atingiram seu objetivo. Haviam passado por muita coisa, refletido sobre si mesmos, reavaliado a si mesmos; e não têm coragem de ultrapassar a soleira da sala que lutaram para alcançar com o risco da própria vida. Eles se dão conta de que são imperfeitos no mais profundo e trágico nível de consciência. Conseguiram força para olhar para dentro de si mesmos – e ficaram horrorizados; mas, no final, falta-lhes a força espiritual para acreditar em si mesmos.

A chegada da mulher do *Stalker* no bar em que descansam coloca o Escritor e o Cientista diante de um fenômeno enigmático e incompreensível para eles. Eles têm diante de si uma mulher que passou por sofrimentos inimagináveis por causa do marido, com o qual teve um filho doente; entretanto, ela continua a amá-lo com a mesma devoção desprendida e irracional da sua juventude. Seu amor e sua devoção representam aquele milagre final que pode ser contraposto à descrença, ao cinismo e ao vazio moral que envenenam o mundo moderno, do qual tanto o Escritor quanto o Cientista são vítimas.

Talvez tenha sido em *Stalker* que senti pela primeira vez a necessidade de indicar clara e inequivocamente o valor supremo pelo qual, como se diz, o homem vive e nada lhe falta à alma.

... *Solaris* tratava de pessoas perdidas no Cosmo e obrigadas, querendo ou não, a adquirir e dominar mais uma porção de conhecimento. A ânsia infinita do homem por conhecimento, que lhe foi dada gratuitamente, é uma fonte de grande tensão, pois traz consigo ansiedade constante, sofrimento, pesar e desilusão, já que a verdade última nunca pode ser conhecida. Além disso, foi dada uma consciência ao homem, o que significa que ele é atormentado quando suas ações infringem a lei moral, e, nesse sentido, até mesmo a consciência envolve um elemento de tragédia. Os personagens de *Solaris* eram atormentados por desilusões, e a saída que lhes oferecemos era demasiado ilusória. Baseava-se em sonhos, na oportunidade de reconhecer as próprias raízes – aquelas raízes que para sempre ligam o homem à Terra onde nasceu. Contudo, até esses laços já se haviam tornado irreais para eles.

Até mesmo em *O espelho*, que trata de sentimentos profundos, eternos e permanentes, esses sentimentos eram uma fonte de espanto e incompreensão para o protagonista que não podia entender por que estava condenado a sofrer indefinidamente por causa deles, sofrer devido ao próprio amor e à própria afeição. Em *Stalker*, faço uma espécie de afirmação cabal: isto é, a de que basta o amor pela humanidade – milagrosamente – para provar que é falsa a suposição grosseira de que não há esperança para o mundo. Esse sentimento é o nosso valor comum e indiscutivelmente positivo. Apesar de já quase não sabermos amar...

O Escritor, em *Stalker*, reflete sobre a frustração de viver em um mundo de necessidades, um mundo onde até mesmo o acaso é o resultado de alguma necessidade que, no momento, está além da nossa compreensão. Talvez o Escri-

Nostalgia
Madona del Parto, *Piero della Francesca.*

tor parta rumo à Zona para encontrar o Desconhecido, para ficar surpreso e atônito diante dele. No final, entretanto, é apenas uma mulher que o surpreende com a sua fidelidade e a força da sua dignidade humana. Tudo estaria então sujeito à lógica? Tudo poderia ser analisado e classificado?

Nesse filme, o que pretendi foi demarcar aquele traço essencialmente humano que não pode ser anulado ou destruído, que se forma como um cristal no espírito de cada um de nós e constitui o seu maior valor. E, muito embora, a partir de um ponto de vista exterior, a viagem pareça terminar em fracasso, na verdade cada um dos protagonistas adquire algo de inestimável valor: a fé. Cada um torna-se consciente do que é mais importante que tudo. E esse elemento está vivo em cada indivíduo.

Portanto, eu não estava mais interessado no enredo fantástico de *Stalker* do que estivera no argumento de *Solaris*. Infelizmente, o elemento de ficção científica em *Solaris* foi tão evidente que se acabou tornando um fator de alienação. Foi interessante construir os foguetes e as estações espaciais – exigidos pelo romance de Lem –; contudo, parece-me agora que a ideia do filme se teria sobressaído com mais clareza e nitidez se houvéssemos conseguido prescindir inteiramente de todos esses elementos. Acho que a realidade para a qual um artista é atraído, como meio de dizer o que tem de dizer a respeito do mundo, deve – se me perdoam a tautologia – ser real em si mesma: em outras palavras, deve ser compreendida por uma pessoa, deve ser familiar a ela desde a infância. E, quanto mais real for o filme nesse sentido, mais convincente será a afirmação do autor.

A rigor, apenas a situação básica de *Stalker* poderia ser considerada fantástica. Ela era conveniente porque ajudava a delinear com mais nitidez o conflito moral do filme. Mas, em relação ao que realmente acontece com os personagens, não existe nenhum elemento de fantasia. A intenção do filme era fazer com que o espectador sentisse que tudo estava acontecendo aqui e agora, que a Zona está aqui, junto a nós.

As pessoas muitas vezes me perguntam o que significa a Zona, o que ela simboliza, e fazem conjecturas absurdas a propósito. Esse tipo de pergunta me deixa desesperado e enfurecido. A Zona não simboliza nada, nada mais do que qualquer outra coisa em meus filmes: a zona é uma zona, é a vida, e, ao longo dela, um homem pode-se destruir ou salvar. Se ele se salva ou não é algo que depende do seu próprio autorrespeito e da sua capacidade de distinguir entre o que realmente importa e o que é puramente efêmero.

Creio que tenho o dever de estimular a reflexão sobre o que é fundamentalmente humano e eterno em cada alma individual, e que, no mais das vezes, é ignorado pelas pessoas, embora elas tenham o destino em suas mãos. Elas estão sempre muito ocupadas, correndo atrás de fantasmas e reverenciando seus ídolos. No final das contas, tudo pode ser reduzido a um único e simples elemento, que é tudo com que alguém pode contar durante a sua existência: a capacidade de amar. Esse elemento pode germinar e crescer no interior da alma, até tornar-se o fator supremo que determina o significado da vida de uma pessoa. Minha função é fazer com que todos os que veem meus filmes tenham consciência da sua necessidade de amar e de oferecer seu amor, e que tenham consciência de que a beleza os está convocando.

VIII.
Depois de *Nostalgia*

Neste momento, o primeiro filme que fiz fora da minha terra natal já ficou para trás. Claro que o filme foi realizado com a aprovação oficial das autoridades cinematográficas, aprovação com que eu contava, já que estava fazendo o filme para meus compatriotas e com a pressuposição de que seria exibido na Rússia. Os acontecimentos posteriores, contudo, iriam demonstrar mais uma vez como meus objetivos e filmes são desgraçadamente alheios a determinados grupos oficiais do cinema.

Eu desejava fazer um filme sobre a nostalgia russa – a respeito daquele estado mental peculiar à nossa nação e que afeta os russos que estão longe da sua pátria. Encarei isso quase como um dever patriótico, segundo entendo o conceito. Queria que o filme fosse sobre o apego fatal dos russos às raízes nacionais, ao passado, à cultura, aos lugares onde nasceram, às famílias e aos amigos; um apego que carregam consigo por toda a vida, seja qual for o lugar em que o destino possa tê-los lançado. Os russos raramente são capazes de se adaptar com facilidade, de aceitar um novo estilo de vida. Toda a história da emigração russa corrobora a visão ocidental de que "os russos são maus emigrantes"; todos conhecem sua dramática incapacidade de serem assimilados, e a ineficácia desajeitada dos seus esforços para adotar um estilo de vida diferente do seu. Como eu poderia imaginar, enquanto realizava *Nostalgia*, que a asfixiante sensação de saudade que impregna esse filme se tornaria meu destino para o resto da vida, e que, até o fim dos meus dias, eu suportaria dentro de mim mesmo essa grande angústia?

Embora trabalhando todo o tempo na Itália, fiz um filme que era profundamente russo em todos os aspectos: moral, política e emocionalmente. O filme é sobre um russo enviado à Itália numa longa missão de trabalho e sobre as suas impressões do país. Meu objetivo, porém, não era fazer mais um daqueles relatos cinematográficos sobre as belezas da Itália que fascinam os turistas e são enviadas para o mundo inteiro na forma de milhões de cartões postais. Meu tema é um russo totalmente desorientado pelas impressões com que é bombardeado, e, ao mesmo tempo, a sua dramática incapacidade de compartilhar suas impressões com as pessoas que lhe são mais caras e também a impossibilidade de incorporar a nova experiência ao passado a que está preso desde o nascimento. Eu mesmo passei por algo semelhante quando me ausentei da minha pátria durante algum tempo: meu encontro com um outro mundo e com uma outra cultura e o princípio de uma ligação com eles provocaram uma irritação, quase imperceptível, mas incurável – algo como um amor não correspondido, um sintoma da impossibilidade de tentar apreender o que é ilimitado, ou de unir o que não pode ser unido; um indicador de quão limitada, quão restrita, deve ser a nossa experiência na terra; como um sinal das limitações que predeterminam a nossa vida, impostas não por circunstâncias exteriores (com as quais seria fácil lidar!), mas pelos nossos próprios "tabus" interiores...

Não canso de admirar aqueles artistas japoneses medievais que trabalhavam na corte do seu suserano até conquistarem o reconhecimento e fundarem uma escola, e que então, no ápice da fama, mudavam completamente suas vidas indo para um novo local onde recomeçavam a trabalhar sob um nome diferente e com um novo estilo. Alguns deles são conhecidos por terem vivido cinco vidas diferentes no decorrer da sua existência terrena. Trata-se de um fenômeno que sempre estimulou minha imaginação, talvez porque eu mesmo seja incapaz de realizar qualquer mudança na lógica da minha vida, ou então em minhas tendências humanas e artísticas; em mim, é como se elas me tivessem sido atribuídas por alguém de uma vez por todas.

Gorchakov, o protagonista de *Nostalgia*, é um poeta. Vai para a Itália com a finalidade de reunir material sobre Beryózovsky[27], um compositor russo, servo, sobre cuja vida está escrevendo o libreto de uma ópera. Beryózovsky é um personagem histórico. Demonstrou uma tal aptidão para a música que foi enviado por seu senhor para estudar na Itália, onde ficou por vários anos, deu concertos e foi muito aplaudido. Mas, no final, sem dúvida levado por aquela mesma inexorável nostalgia russa, acabou decidindo-se a voltar para a Rússia feudal, onde, pouco tempo depois, enforcou-se. Naturalmente, a história do compositor é deliberadamente colocada no filme como uma espécie de paráfrase da situação do próprio Gorchakov, do estado mental em que o vemos, claramente consciente de que é um marginal que só à distância pode observar a vida das outras pessoas, esmagado pelas lembranças do passado, pelos rostos dos que lhe são caros e que lhe tomam de assalto a memória juntamente com os sons e os cheiros da pátria.

É preciso que eu diga que, quando vi pela primeira vez todo o material filmado, fiquei surpreso ao encontrar nele um espetáculo de absoluta melancolia. O material era inteiramente homogêneo, tanto no tom quanto no estado mental nele impresso. Não se tratava de uma coisa que eu houvesse decidido realizar; o que era sintomático e singular no fenômeno diante de mim era o fato de que, independentemente das minhas intenções teóricas específicas, a câmera obedeceu sobretudo ao meu estado interior durante as filmagens: eu estava angustiado por ter-me separado da família e do modo de vida a que estava habituado, por estar trabalhando em condições inteiramente estranhas e até mesmo por estar-me expressando numa língua estrangeira. Fiquei simultaneamente surpreso e fascinado porque o que havia sido impresso no filme, e que agora me era revelado pela primeira vez no escuro da sala de projeção, vinha provar que minhas reflexões sobre o modo como a arte do cinema pode, e até mesmo deve, transformar-se em um molde da alma do indivíduo e comunicar uma experiência humana singular não eram apenas o fruto de uma especulação ociosa, mas uma realidade que se revelava naquele momento, indiscutível, diante dos meus olhos...

Mas, voltando ao tempo em que *Nostalgia* foi concebido e iniciado...

Eu não estava interessado no desenvolvimento do enredo, no encadeamento dos fatos – a cada filme que faço sinto cada vez menos necessidade deles. Minha preocupação

Nostalgia
As duas mulheres.

sempre esteve voltada para o mundo interior de uma pessoa, e para mim era muito mais natural fazer uma incursão pela psicologia que dera forma à atitude do herói diante da vida, pelas tradições literárias e culturais que formam a base do seu mundo espiritual. Sei muito bem que, do ponto de vista comercial, seria muito mais vantajoso ir de um lugar para outro, introduzir tomadas a partir de ângulos cada vez mais inventivos, usar paisagens exóticas e interiores majestosos. Mas, para o que estou essencialmente tentando fazer, efeitos externos simplesmente distanciam e confundem o objetivo que estou buscando. Meu interesse centra-se no homem, pois ele carrega um universo dentro de si; e, para encontrar a expressão para a ideia, para o significado da vida humana, não há necessidade de colocar por trás dela, por assim dizer, uma tela com muitos acontecimentos.

Talvez fosse supérfluo dizer que, desde o início, o cinema enquanto filme de aventura no estilo americano nunca teve nenhum interesse para mim. A última coisa que estou interessado em fazer é inventar atrações. De *A infância de Ivan* até *Stalker*, sempre tentei evitar a movimentação exterior, e procurei concentrar a ação dentro das unidades clássicas. Nesse sentido, até mesmo a estrutura de *Andrei Rublióv* surpreende-me hoje como inarticulada e incoerente...

Em última instância, eu queria que *Nostalgia* estivesse livre de tudo que fosse incidental ou irrelevante, e que pudesse antepor-se ao meu objetivo principal: o retrato de alguém em profundo estado de alienação em relação a si próprio e ao mundo, incapaz de encontrar um equilíbrio entre a realidade e a harmonia pela qual anseia, num estado de *nostalgia* provocado não apenas pelo distanciamento em que se encontra de seu país, mas também por uma ânsia geral pela totalidade da existência. Não fiquei satisfeito com o roteiro até o momento em que ele se unisse finalmente numa espécie de todo metafísico.

A Itália penetra na consciência de Gorchakov no momento do seu rompimento dramático com a realidade (não somente com as condições da vida, mas com a própria vida, que nunca satisfaz aquilo que o indivíduo espera dela) e estende-se acima dele em ruínas esplêndidas que parecem surgir do nada. Esses fragmentos de uma civilização simultaneamente universal e estranha funcionam como um epitáfio para a inutilidade do esforço humano, um sinal de que a humanidade escolheu um caminho que só pode conduzir à destruição. Gorchakov morre por ser incapaz de sobreviver à sua própria crise espiritual, por ser incapaz de "pôr em ordem" esse tempo que – evidentemente também para ele – está "fora dos eixos".

O personagem de Domenico, à primeira vista um pouco enigmático, tem uma relação particular com o estado mental do protagonista. Esse homem assustado, para o qual a sociedade não oferece nenhuma proteção, encontra dentro de si a força e a nobreza de espírito para se opor a uma realidade que considera degradante para o homem. Anteriormente um professor de matemática e agora um "marginal", ele zomba da própria "pequenez" e decide clamar contra o estado catastrófico do mundo atual, conclamando as pessoas a resistir. Aos olhos das pessoas "normais", ele parece apenas um louco, mas Gorchakov concorda com sua ideia – nascida de um profundo sofrimento – de que as pessoas devem ser resgatadas, não separada e individualmente, mas *em conjunto*, da insanidade impiedosa da civilização moderna...

De qualquer forma, todos os meus filmes foram realizados sob o ponto de vista de que as pessoas não estão sozinhas e abandonadas num universo vazio, mas ligadas por laços incontáveis ao passado e ao futuro: que, enquanto vive a sua vida, cada pessoa forja um elo com todo o mundo, na verdade, com toda a história da humanidade... Mas a esperança de que cada existência individual e cada ação humana tenha um significado intrínseco torna a responsabilidade do indivíduo em relação ao curso geral da vida humana incalculavelmente maior.

Num mundo em que existe a ameaça real de uma guerra capaz de aniquilar a humanidade, onde os males sociais existem em uma escala assustadora e onde o sofrimento humano clama aos céus, é preciso encontrar um modo de fazer com que as pessoas se encontrem umas com as outras. Esse é o dever sagrado da humanidade em relação ao seu próprio futuro e o dever pessoal de cada indivíduo. Gorchakov apega-se a Domenico porque sente uma profunda necessidade de protegê-lo da opinião "pública" dos bem alimentados e satisfeitos, da maioria cega para quem ele não passa de um lunático grotesco. Mesmo assim, Gorchakov é incapaz de salvar Domenico do papel que este implacavelmente escolheu – sem pedir que a vida afaste o cálice dos seus lábios...

Gorchakov fica surpreso com o bolchevismo pueril de Domenico, pois ele

Nostalgia
Gorchakov visita Domenico.

mesmo, como todos os adultos, é culpado por um certa acomodação – assim é a vida. Mas Domenico decide pôr fogo em si mesmo, na esperança louca de que esse último e monstruoso ato de publicidade convencerá as pessoas de que ele está preocupado é com elas, na esperança de fazer com que elas escutem seu último grito de advertência. Gorchakov é afetado pela integridade total, pela quase santidade do homem e do seu ato. Enquanto Gorchakov apenas reflete sobre o quanto ele se preocupa com as imperfeições do mundo, Domenico assume a responsabilidade de fazer algo em relação a elas, e o seu comprometimento é total: o derradeiro ato deixa claro que nunca houve qualquer elemento de abstração em seu senso de responsabilidade. Em comparação, a angústia de Gorchakov perante a sua falta de constância só pode parecer banal. Naturalmente, pode-se argumentar que ele é inocentado pela sua morte, uma vez que esta vem demonstrar o quão profundamente ele foi torturado.

Já disse que fiquei surpreso ao perceber a precisão com que meu estado de espírito foi transferido para a tela quando estava fazendo o filme: uma profunda, e cada vez maior, sensação de perda, de estar distante de casa e dos entes queridos, preenchia cada minuto da vida. Foi a essa consciência inexorável e insidiosa da nossa dependência do passado, semelhante a uma doença cada vez mais difícil de suportar, que dei o nome de *Nostalgia*... Do mesmo modo, eu gostaria de advertir o leitor de que seria uma atitude simplista identificar o autor com seu herói lírico. É natural que utilizemos no trabalho as nossas impressões imediatas da vida, já que, ai de nós, são as únicas de que dispomos. Mas, mesmo quando tomamos emprestados estados de espírito e enredos diretamente das nossas vidas, ainda assim dificilmente podemos identificar autor e criação. Para algumas pessoas, pode ser uma desilusão saber que a experiência lírica de um determinado autor raramente coincide com aquilo que ele realmente faz na vida...

O princípio poético de um autor emerge do efeito que a realidade circundante exerce sobre ele. Esse princípio pode se erguer acima dessa realidade, questioná-la, entrar em implacável conflito com ela; e, não somente com a realidade exterior ao autor, mas também com a que ele tem dentro de si. Muitos críticos consideram, por exemplo, que Dostoiévski descobriu profundos abismos dentro de si, que seus santos e seus vilões são igualmente projeções do seu eu. Entretanto, nenhum deles é inteiramente Dostoiévski. Cada um dos seus personagens condensa o que ele observa e pensa a respeito da vida, mas não se pode dizer que algum deles encarne todos os aspectos da sua personalidade.

Em *Nostalgia*, eu queria desenvolver o tema do "fraco", que não é um lutador no que se refere a seus atributos exteriores, mas a quem, não obstante, eu vejo como um vencedor nesta vida. *Stalker* pronuncia um monólogo em defesa dessa fraqueza que é o verdadeiro preço e a esperança da vida. Sempre gostei das pessoas que são incapazes de se adaptarem à vida de modo prático. Nunca houve heróis em meus filmes (com exceção talvez de Ivan) mas sempre houve pessoas cuja força reside em sua convicção espiritual e que assumem a responsabilidade por outros (e isso, é claro, inclui Ivan). Tais pessoas frequentemente assemelham-se a crianças, só que com a motivação de adultos; do ponto de vista do senso comum, sua posição é tão irrealista quanto desinteressada.

Rublióv, o monge, olhava para o mundo com olhos infantis, indefesos, e pregava o amor, a bondade e a não resistência ao mal. E, embora testemunhando as mais brutais e devastadoras formas de violência, que parecia ter o controle do mundo e que o levou a uma amarga desilusão, no final retornou à mesma verdade, por ele redescoberta, a respeito do valor da bondade humana, do amor desinteressado que não mede esforços, a única dádiva que as pessoas podem oferecer umas às outras. Kelvin, que a princípio parecia ser um personagem limitado e medíocre, revela-se possuído por "tabus" profundamente humanos que o tornam organicamente incapaz de desobedecer à voz da sua própria consciência e de se esquivar ao pesado fardo da responsabilidade

Nostalgia
A casa de Domenico.

pela sua vida e pela dos outros. O herói de *O espelho* era um homem fraco e egoísta, incapaz de amar até mesmo os que lhe eram mais caros apenas pelo que eram, sem esperar nada em troca – ele só se justifica pelo tormento espiritual que o acomete perto do fim de seus dias, quando compreende que não tem como pagar seu débito para com a vida. *Stalker*, excêntrico e ocasionalmente histérico, também é incorruptível e afirma inequivocamente o seu compromisso espiritual diante de um mundo em que o oportunismo cresce como um câncer. Assim como *Stalker*, Domenico procura sua própria resposta, escolhe a sua própria forma de martírio, em vez de ceder à busca cínica e generalizada de privilégio material, numa tentativa de bloquear, com os seus próprios esforços, como exemplo do seu próprio sacrifício, o caminho pelo qual a humanidade se precipita irracionalmente rumo à própria destruição. Nada é mais importante do que a consciência, que se mantém alerta e proíbe o homem de se apoderar do que deseja da vida e depois acomodar-se, gordo e satisfeito. Tradicionalmente, a melhor parte da *intelligentsia* russa era guiada pela consciência, incapaz de autocomplacência, movida pela compaixão pelos desvalidos deste mundo e dedicada à sua busca da fé, do ideal, do bem; e foi tudo isso que eu quis enfatizar na personalidade de Gorchakov.

Estou interessado no homem pronto a servir uma causa nobre, no homem relutante – ou até mesmo incapaz – de subscrever os dogmas geralmente aceitos de uma "moralidade" mundana; no homem que reconhece que o significado da existência está, acima de tudo, na luta contra o mal dentro de nós mesmos, para que no decorrer de uma vida possamos dar pelo menos um passo em direção à perfeição espiritual; pois a única alternativa a isso é, infelizmente, a que conduz à degeneração espiritual. Nossa existência cotidiana e a pressão geral para a acomodação facilitam bastante a escolha desta última alternativa...

O personagem central de meu mais recente filme, *O sacrifício*, também é um homem fraco na compreensão vulgar e mesquinha do termo. Não é um herói, mas é um homem honesto, um pensador que se mostra capaz de sacrifício em nome de um ideal nobre. Ele se mostra à altura da situação, sem tentar abandonar sua responsabilidade transferida para outros. Corre o perigo de não ser entendido, pois sua ação decisiva é tal que só pode parecer catastroficamente destrutiva para os que o rodeiam: esse é o trágico conflito do seu papel. Contudo, ele dá o passo crucial, infringindo por meio dele as regras do comportamento "normal" e expondo-se à acusação de loucura, porque está consciente da sua ligação com a realidade máxima, com aquilo que poderia ser denominado destino do mundo. Em tudo isso, ele está apenas obedecendo a sua vocação, do modo como a sente em seu coração – não é o senhor do seu destino, mas seu servidor; e pode ser que através de esforços individuais como esse, que ninguém nota ou compreende, a harmonia do mundo seja preservada.

A fraqueza humana que considero atraente desconsidera o expansionismo individual, a afirmação da personalidade em detrimento de outras pessoas ou da própria vida e o impulso para usar outras pessoas para obter satisfação e a

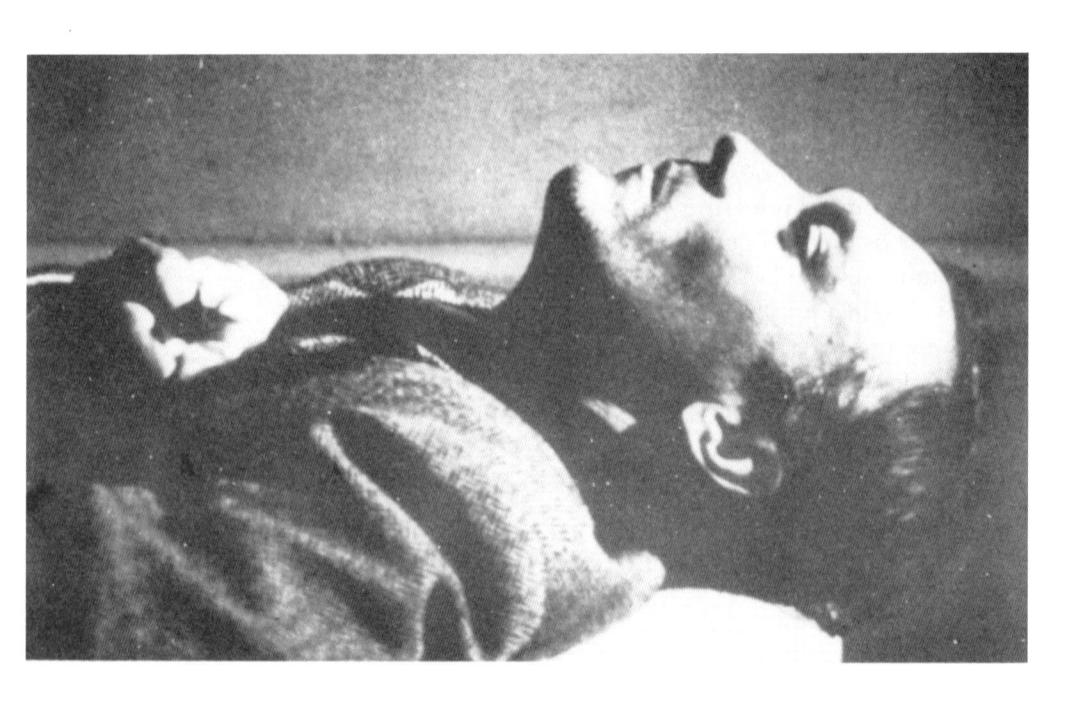

Nostalgia
Gorchakov, depois do combate.

Meu caro Pyotr Nikolayevich

Há dois anos que estou na Itália, e estes dois anos foram muito significativos, tanto para meu trabalho de compositor quanto para minha vida pessoal.

Na noite passada tive um estranho pesadelo. Eu estava escrevendo uma importante ópera, para ser executada no teatro do meu amo, o conde. O primeiro ato passava-se em um grande parque cheio de estátuas, e essas estátuas eram representadas por homens nus, maquilados com tinta branca, e que eram obrigados a ficar imóveis, de pé, durante um longo tempo. Eu mesmo estava representando o papel de uma dessas estátuas, e sabia que, se me movesse, um castigo terrível me esperava, pois meu amo e senhor estava ali em pessoa, observando-nos. Podia sentir o frio subindo por meus pés, e ainda assim não me movi. Por fim, justamente quando senti que não tinha mais forças, acordei. Estava cheio de medo, pois sabia que isso não era nenhum sonho, mas a própria realidade.

Eu poderia tentar assegurar-me de nunca mais voltar à Rússia, mas pensar nisso é como pensar na morte. Não posso acreditar que, pelo resto da minha vida, não me seja dado rever a terra onde nasci: as bétulas e o céu da minha infância.

Cumprimentos afetuosos do seu pobre e abandonado amigo,

Pavel Sosnovsky.

concretização de objetivos individuais. Na verdade, sou fascinado pela capacidade que tem um ser humano de resistir a forças que impelem os seus semelhantes para a competição, para a rotina da vida prática: e esse fenômeno contém o material de muitas e muitas outras ideias para meus futuros trabalhos.

É nisso que se baseia também o meu interesse por *Hamlet*, sobre o qual pretendo realizar um filme em futuro próximo. Essa peça das mais sublimes coloca o eterno problema do homem que é moralmente superior a seus pares, mas cujas ações necessariamente afetam e são afetadas pelo desprezível mundo real. É como se um homem pertencente ao futuro fosse obrigado a viver no passado. E a tragédia de Hamlet, tal como a entendo, está não em sua morte, mas no fato de ter sido obrigado, antes de morrer, a renunciar à sua busca da perfeição e transformar-se em um assassino comum. Depois disso, a morte só pode ser uma saída bem-vinda, pois de outro modo ele teria que se suicidar...

Em relação a meu próximo filme, pretendo imprimir sinceridade e convicção cada vez maiores em cada tomada, utilizando-me das impressões imediatas provocadas em mim pela natureza, nas quais o tempo terá deixado sua marca. A natureza existe no cinema através da fidelidade naturalista com que é registrada; quanto maior a fidelidade, maior a nossa confiança em relação à natureza que vemos na tela, e, ao mesmo tempo, mais precisa a imagem criada: a inspiração da própria natureza é trazida para o cinema em sua verossimilhança autenticamente natural.

Nos últimos tempos, tenho participado de muitos debates com os espectadores, e tenho notado que, ao afirmar que não existem símbolos ou metáforas em meus filmes, eles mostram uma incredulidade patente. Continuam a perguntar, repetidamente, qual é, por exemplo, o significado da chuva em meus filmes; por que a chuva figura em um filme após o outro, e, também, por que as reiteradas imagens de vento, fogo, água? Na verdade, não sei como lidar com perguntas desse tipo.

Afinal, a chuva é típica da paisagem em que me criei; na Rússia, são comuns essas chuvas longas, melancólicas e persistentes. E posso dizer que amo a natureza – não gosto das grandes cidades e sinto-me perfeitamente feliz quando estou longe da parafernália da civilização moderna, exatamente como me sentia maravilhosamente bem na Rússia, quando estava em minha casa no interior, com trezentos quilômetros separando-me de Moscou. A chuva, o fogo, a água, a neve, o orvalho, o vento forte – tudo isso faz parte do cenário material em que vivemos; eu diria mesmo da verdade das nossas vidas. Por isso, fico confuso quando dizem que as pessoas são incapazes de simplesmente saborear a natureza quando a veem representada com amor na tela, e que, em vez disso, procuram algum significado oculto que imaginam estar nela contido. É claro que a chuva pode ser encarada apenas como mau tempo, muito embora eu a utilize com a finalidade de criar um cenário estético particular que deve impregnar a ação do filme. Mas isso não significa absolutamente a mesma coisa que introduzir a natureza em meus filmes como um símbolo de alguma outra coisa – Deus me livre! No cinema comercial, na maioria das vezes, a natureza absolutamente inexiste; tudo o que nos é oferecido é a iluminação e os interiores mais propícios para uma filmagem rápida – o enredo é acompanhado por todos, e ninguém se preocupa com a artificialidade de um cenário mais ou menos correto, nem com o descuido em relação ao detalhe e à atmosfera. Quando a tela traz o mundo real para o espectador, o mundo como ele realmente é, de tal modo que possa ser visto em profundidade e a partir de todas as perspectivas, evocando seu próprio "cheiro", permitindo que o público sinta na pele sua umidade ou sua aridez – a impressão que temos é que o espectador perdeu a tal ponto a sua capacidade de simplesmente entregar-se a uma impressão estética imediata, emocional, que, no mesmo instante, ele sente a necessidade de se deter e perguntar: "por quê? Para quê? O que significa?"

A resposta é que desejo criar o meu próprio mundo na tela, em sua forma ideal e mais perfeita, do modo como o

Nostalgia
A visão enfraquecida
(Artificial Eye Film Company)

A visão enfraquecida – meu poder,
Duas setas invisíveis de diamante;
A audição falha, cheia de trovoadas passadas
E de murmúrios da casa de meu pai;
Músculos endurecidos que se vergam
Como bois cinzentos arando o campo;
E à noite, por detrás de meus ombros,
Não mais cintilam duas asas.

Sou uma vela consumida no festim.
Colhe minha cera ao alvorecer,
E esta página te contará um segredo:
Como chorar e onde ser orgulhoso,
Como distribuir o último terço
De prazer, e tornar fácil a morte,
E então, ao abrigo de um teto qualquer,
Brilhar, como uma palavra, com luz póstuma.

Arseni Tarkovski
Texto original russo na p. 306

vejo e sinto. Não estou tentando me esquivar à minha plateia, ou tentando ocultar do espectador alguma intenção secreta particular: estou recriando meu mundo com os detalhes que me parecem expressar com mais exatidão e plenitude o sentido indefinível da nossa existência.

Permitam-me esclarecer o que quero dizer com uma referência a Bergman: em *A fonte da donzela*, sempre fiquei fascinado com uma tomada da heroína moribunda, a garota que tinha sido monstruosamente estuprada. O sol de primavera brilha por entre as árvores, e, através dos galhos, vemos seu rosto – ela pode estar morrendo ou já estar morta, mas, em um ou noutro caso, não está mais sofrendo... Nosso pressentimento parece estar pairando no ar, suspenso como um som... Tudo parece ser suficientemente claro e, ainda assim, percebemos um hiato... Alguma coisa está faltando... Então, a neve começa a cair, a inesperada neve de primavera... que é a centelha penetrante de que precisávamos para levar nossos sentimentos a uma espécie de consumação: engolimos em seco, paralisados. A neve prende-se aos cílios da moça, e ali permanece: mais uma vez, o tempo está deixando suas marcas na tomada... Mas como, com que direito, alguém poderia falar sobre o significado da neve que cai, mesmo que, dentro do ritmo e do espaço de tempo da tomada, ela seja o elemento que conduz nossa consciência emocional a um clímax? Naturalmente, é impossível fazê-lo. Tudo o que sabemos é que essa cena foi a forma que o artista encontrou para transmitir com precisão o que estava acontecendo. De nenhum modo o objetivo artístico deve ser confundido com ideologia, ou, de outro modo, acabaremos perdendo os meios de perceber a arte de forma imediata e inequívoca, com a totalidade do nosso ser...

Posso admitir que a tomada final de *Nostalgia* contém um elemento metafórico, quando coloco a casa russa dentro da catedral italiana. Trata-se de uma imagem elaborada que tem laivos de literalidade: é um exemplo da situação do herói, da divisão interior que o impede de viver como até então vivera. Ou talvez, pelo contrário, é sua nova totalidade, na qual as colinas toscanas e o interior da Rússia fundem-se indissoluvelmente; ele os percebe como que pertencendo-lhe de forma inerente, incorporados ao seu ser e ao seu sangue, mas, simultaneamente, a realidade o está pressionando para que separe as duas coisas com o retorno à Rússia. E, assim, Gorchakov morre nesse novo mundo, onde essas coisas fundem-se naturalmente e por si mesmas, e que, em nossa estranha e relativa existência terrena foram divididas, por um motivo qualquer ou uma pessoa qualquer, de uma vez por todas. Do mesmo modo, se a cena carece de pureza cinematográfica, espero que não apresente um simbolismo vulgar; a conclusão parece-me razoavelmente complexa na forma e no significado, além de ser uma expressão figurativa do que está acontecendo com o herói, e não um símbolo de algo exterior, algo que tenha de ser decifrado...

Evidentemente, eu poderia ser acusado de incoerência. Contudo, cabe ao artista elaborar princípios e romper com eles. É impossível que existam muitas obras de arte que encarnem com precisão a doutrina pregada pelo artista. Em regra, uma obra de arte desenvolve-se numa complexa interação com as ideias teóricas do artista, que não podem abrangê-la na sua totalidade; a estrutura artística é sempre mais rica do que algo que possa ser encaixado em um esquema teórico.

E agora, depois de ter escrito este livro, começo a perguntar-me se minhas próprias regras não se estarão transformando num empecilho.

Agora, *Nostalgia* ficou para trás. Quando comecei a fazer o filme, nunca poderia imaginar que a minha própria e particularíssima nostalgia em breve tomaria posse da minha alma para sempre.

IX.
O sacrifício

A ideia para *O sacrifício* surgiu em mim muito antes que eu pensasse em *Nostalgia*. As primeiras anotações e os primeiros esboços, as primeiras linhas frenéticas, datam do tempo em que eu ainda morava na União Soviética. O núcleo devia ser a história de como o herói, Alexander, seria curado de uma doença fatal graças a uma noite passada na cama com uma feiticeira. Desde aqueles primeiros dias e durante todo o tempo em que trabalhei no roteiro, estive preocupado com a ideia de equilíbrio, de sacrifício, do ato sacrificial, com o *yin* e o *yang* da personalidade; essas preocupações tornaram-se parte integrante do meu ser, e tudo que vivenciei, desde que passei a morar no Ocidente apenas serviu para tornar mais intensa essa preocupação. Preciso dizer que as minhas crenças básicas não mudaram desde que aqui cheguei; desenvolveram-se, aprofundaram-se, tornaram-se mais sólidas; ocorreram mudanças de intervalo, de proporção. Assim, enquanto evoluía, o projeto de meu filme também foi mudando de forma, mas espero que a ideia central tenha permanecido intacta.

O que me impeliu foi o tema da harmonia que nasce apenas do sacrifício, da dupla dependência do amor. Não se trata de amor mútuo: o que ninguém parece entender é que o amor só pode ser unilateral, que não existe outra espécie de amor, que, sob qualquer outra forma, não é amor. Se não houve entrega total, não é amor. É impotente, e no momento é nada.

Acima de tudo, estou preocupado com o indivíduo capaz de sacrificar a si mesmo e a seu modo de vida – sem se preocupar em saber se sacrifício é feito em nome de valores espirituais, pelo bem do próximo, para sua própria salvação, ou em nome de tudo isso. Tal comportamento exclui, por sua própria natureza, todos aqueles interesses egoístas que constituem uma base lógica "normal" para a ação; recusa as leis de uma visão de mundo materialista. É sempre absurdo e pouco prático. E, apesar disso – ou, na verdade, justamente por isso –, a pessoa que age desse modo realiza mudanças fundamentais nas vidas das pessoas e no curso da história.

O espaço que ela habita torna-se um ponto de contraste característico e raro em relação aos conceitos utilitários da nossa experiência, uma área em que a realidade – eu diria – está presente de forma extremamente forte.

Pouco a pouco, essa consciência levou-me a pôr em prática meu desejo de realizar um longa-metragem sobre um homem cuja dependência em relação a outros leva-o à independência e para quem o amor é simultaneamente a suprema servidão e a máxima liberdade. E, assim, quanto mais claramente eu distinguia a marca do materialismo na face do nosso planeta (independentemente de estar olhando para o Ocidente ou para o Oriente), quanto mais me deparava com pessoas infelizes e via as vítimas de psicoses, sintomas de uma incapacidade ou relutância em perceber por que a vida perdera toda a alegria e todo o valor, por que ela se tornara opressiva, mais eu me sentia comprometido com esse filme, como se ele fosse a coisa mais importante da minha vida. Parece-me que, atualmente, o indivíduo se encontra em uma encruzilhada, confrontado com a opção de uma existência fundamentada em um consumismo cego, sujeito ao avanço inexorável da nova tecnologia e à infinita multiplicação dos bens materiais, ou, então, de buscar um caminho que conduza à responsabilidade espiritual, um caminho que, enfim, pode significar não apenas sua salvação pessoal, mas também a salvação da sociedade como um todo; em outras palavras, voltar-se para Deus. Esse é um problema que ele tem que resolver sozinho, pois só a ele cabe descobrir uma vida espiritual equilibrada para si mesmo. Ao resolvê-lo, ele pode se aproximar do estado em que pode ser responsável pela sociedade. Este é o passo que se transforma num sacrifício, no sentido cristão de autossacrifício.

Mais uma vez somos lembrados da máxima segundo a qual nossa vida nesta terra foi criada para a felicidade, e que nada é mais importante para o homem. E, embora isso só pudesse ser verdade caso se alterasse o significado da palavra felicidade – o que é impossível –, tanto no Ocidente quanto no Oriente (não me estou referindo ao Extremo

Oriente) uma voz dissidente não seria levada a sério pela maioria materialista.

Pressuponho que o homem moderno, em sua maioria, não está preparado para negar a si mesmo e a seus interesses pelo bem de outras pessoas ou em nome do que é Maior, do que é Supremo; com maior prontidão, trocaria sua própria vida pela existência de um robô. Reconheço que a ideia de sacrifício, o ideal cristão do amor ao próximo, não desfruta de popularidade – e que ninguém pede o auto sacrifício. Este é encarado como idealista e pouco prático. Porém, os resultados do nosso modo de vida, do nosso comportamento, são bastante evidentes: a erosão da individualidade pelo egoísmo manifesto, a degeneração dos laços humanos em relacionamentos insignificantes entre grupos, e, o que é mais alarmante, a perda de qualquer possibilidade de retorno àquela forma de vida espiritual mais elevada que é a única digna da humanidade e que representa a única esperança de salvação do homem. Um exemplo irá ilustrar o que quero dizer com a importância primordial atribuída aos interesses materiais. A fome física pode ser aliviada de maneira bem simples através do dinheiro; atualmente, tendemos a utilizar a mesma fórmula ingenuamente marxista: "dinheiro = bens" em nossos esforços para fugir do sofrimento interior. Quando sentimos inexplicáveis sintomas de ansiedade, depressão ou desespero, prontamente nos entregamos aos cuidados de um psiquiatra ou, melhor ainda, de um sexólogo, que assumiram o lugar do confessor e que, achamos, acalmam nossas mentes e restituem-nas à normalidade. Tranquilizados, pagamo-lhes ao preço do dia. Ou, se sentimos necessidade de amor, dirigimo-nos a um bordel e novamente pagamos em dinheiro – não que precise, necessariamente, ser um bordel. E, tudo isso, apesar de sabermos perfeitamente bem que dinheiro algum pode comprar amor ou paz de espírito.

O sacrifício é uma parábola. Os acontecimentos significativos que contém podem ser interpretados de várias formas. A primeira versão era intitulada *A feiticeira*, e narrava a his-

O sacrifício
O "homenzinho " (Tommy Kjellquist) e Alexander (Erland Josephson) regando a árvore japonesa.

tória da cura espantosa do protagonista, que sofria de câncer. Como o médico da família lhe tivesse comunicado que seus dias estavam contados, Alexander, ao atender, um dia, à porta, deparou-se com um adivinho – o precursor de Otto na versão definitiva – que deu a Alexander uma instrução estranha, quase absurda: que ele fosse até certa mulher, tida como feiticeira, e passasse a noite com ela. O doente obedeceu, por ser sua única saída, e, pela graça de Deus, foi curado; a cura foi constatada pelo maravilhado doutor. E, então, numa noite triste e tempestuosa, a feiticeira aparece na casa de Alexander, que, a seu convite, deixou alegremente sua esplêndida mansão e sua vida respeitável e partiu com ela, levando apenas um velho sobretudo às costas. Em termos gerais, o filme devia ser não apenas uma parábola sobre o sacrifício, mas também uma história de como um indivíduo é salvo. E o que espero é que Alexander – como o herói do filme, finalmente realizado na Suécia em 1985 – se tenha curado em um sentido mais significativo: não se trata apenas de ser curado de uma doença física (e, além do mais, fatal); tratava-se também de regeneração espiritual, expressada na figura de uma mulher.

Curiosamente, enquanto as imagens do filme estavam sendo concebidas, e, na verdade, durante todo o tempo em que a primeira versão do roteiro estava sendo escrita, independentemente do que ocorria em minha vida naquele período, os personagens começaram a sobressair de modo cada vez mais claro, e a ação a se tornar progressivamente mais estruturada e específica. Era quase que como um processo independente invadindo minha vida. Além disso, enquanto ainda fazia *Nostalgia*, não pude fugir à sensação de que o filme estava interferindo em minha vida. No roteiro de *Nostalgia*, Gorchakov tinha ido para a Itália apenas por uma breve estada, mas ficou doente e morreu por lá. Em outras palavras, ele falhou em seu propósito de voltar à Rússia não por vontade própria, mas por uma imposição do destino. Eu também não imaginava que, depois de terminar *Nostalgia*, eu permaneceria na Itália: mas, assim como Gorchakov, estou sujeito a uma Vontade Superior. Um outro fato lamentável veio acentuar esses pensamentos: a morte de Anatoli Solonitsyn, que havia desempenhado o papel principal em todos os meus filmes anteriores e que, eu supunha, desempenharia o papel de Gorchakov em *Nostalgia*, e o de Alexander em *O sacrifício*. Morreu da doença de que Alexander foi curado e que, um ano depois, me afligiria.

Não sei o que isso significa. Apenas sei que é muito assustador, e não tenho nenhuma dúvida de que a poesia do filme se tornará uma realidade específica, de que a verdade à qual ele se refere se materializará, far-se-á conhecida por si mesma, e – quer eu goste ou não – afetará minha vida. Uma pessoa não pode permanecer passiva depois de se ter apoderado de verdades de tal ordem, pois elas chegam até nós sem que o desejemos, e subvertem todas as ideias anteriores em relação ao significado do mundo. Em um sentido muito real, a pessoa se divide, consciente de que é responsável por outros; é um instrumento, um meio, obrigado a viver e a agir para o bem do próximo.

Assim, Alexander Púchkin considerava que todo poeta, todo verdadeiro artista (e eu sempre me considerei mais poeta que cineasta) – independentemente de querê-lo ou não – é um profeta. Púchkin encarava a capacidade de olhar através do tempo e predizer o futuro como um dom terrível, e o papel que lhe coube causou-lhe indizível tormento. Ele tinha uma posição supersticiosa em relação a sinais e augúrios. Basta que recordemos como, quando estava correndo de Pskov para Petersburgo no momento do Levante Decembrista, o poeta tomou o caminho de volta porque uma lebre havia cruzado seu caminho; aceitou a crença popular de que isso era um presságio. Em um dos seus poemas, escreveu sobre a tortura que sofreu por ser consciente do seu dom da presciência, e da responsabilidade de ter sido escolhido para poeta e profeta. Eu me esquecera das suas palavras, mas o poema voltou-me com nova significação, quase que como uma revelação. Sinto que a pena que escreveu esses versos, em 1826, não era empunhada somente por Alexander Púchkin:

Cansado da fome espiritual
Em meio a um deserto triste meu caminho fiz,
E um anjo de seis asas veio a mim
Num lugar onde havia uma encruzilhada.
Com dedos leves como o sono
Tocou as pupilas de meus olhos
E minhas proféticas pupilas abriu
Como olhos de águia assustada.
Quando seus dedos tocaram meus ouvidos,

Estes se encheram de rugidos e clangores
E ouvi o tremor do céu
E o voo do anjo da montanha
E animais marinhos nas profundezas
E crescer a videira do vale.
E, então, pressionou-me a boca
E arrancou-me a língua pecadora,
E toda a sua malícia e palavras vãs,
E tomando a língua de uma sábia serpente
Introduziu-a em minha boca gelada
Com sua mão direita encarnada.
Então, com sua espada, abriu meu peito
E arrancou-me o coração fremente,
E no vazio de meu peito colocou
Um pedaço de carvão em chamas.
Fiquei como um cadáver, deitado no deserto,
E ouvi a voz de Deus clamar:
"Levanta, profeta, e vê e ouve,
Sê portador da minha vontade –
Atravessa terras e mares
E incendeia o coração dos homens com o verbo. "

O sacrifício tem, fundamentalmente, a mesma índole que meus filmes anteriores, mas é diferente no sentido de que coloquei a ênfase poética deliberadamente sobre o desenvolvimento dramático. Em certo sentido, meus filmes mais recentes têm sido impressionistas quanto à estrutura: os episódios – com raras exceções – foram tirados da vida cotidiana e, por isso, vão ao encontro dos espectadores em sua totalidade. Ao trabalhar em meu mais recente filme, não procurei simplesmente desenvolver os episódios à luz da minha própria vivência e das regras da estrutura dramática, mas também procurei dar ao filme a forma de um todo poético no qual todos os episódios estivessem ligados harmoniosamente – algo que me preocupara bem menos em filmes anteriores. Como resultado, a estrutura geral de *O sacrifício* tornou-se mais complexa e tomou a forma de uma parábola

O sacrifício
*Adelaide (Susan Fleetwood),
Julia (Valérie Mairesse),
Marta (Filippa Franzén) e
Viktor (Sven Wollter)
jantando.*

O sacrifício
Alexander e Viktor.

poética. Em *Nostalgia* praticamente não há desenvolvimento dramático, exceto a briga com Eugenia, a autoimolação de Domenico e as três tentativas de Gorchakov para atravessar o poço com a vela; em *O sacrifício*, ao contrário, o conflito entre os personagens atinge um ponto em que eles precisam agir. Tanto Domenico quanto Alexander estão prontos para a ação, e a sua disposição de agir nasce do pressentimento de transformação iminente. Ambos trazem a marca do sacrifício, e cada um faz de si mesmo uma oblação. A diferença é que o ato de Domenico não produz resultados palpáveis.

Alexander, um ator que abandonou os palcos, está perpetuamente esmagado pela depressão. Tudo enche-o de cansaço: as pressões da mudança, a discórdia na família, e sua percepção instintiva da ameaça representada pelo progresso inexorável da tecnologia. Ele chegou ao ponto de odiar o vazio do discurso humano, do qual procura fugir adotando um silêncio no qual espera encontrar a paz. Alexander oferece ao público a possibilidade de participar do seu ato de sacrifício e de ser influenciado por seus resultados – não, espero, no sentido daquela "participação do público", tão comum entre diretores tanto na União Soviética quanto nos Estados Unidos (e, por consequência, na Europa também) e que se tornou uma das duas principais tendências do cinema atual (sendo a outra denominada "cinema poético", em que tudo é deliberadamente incompreensível, e o diretor precisa elaborar explicações para o que fez).

A metáfora do filme é coerente com a ação e não precisa de esclarecimento. Eu sabia que o filme estaria aberto a várias interpretações, mas evitei deliberadamente indicar conclusões específicas, pois achei que o público deveria encontrá-las de modo independente. Na verdade, era minha intenção provocar reações diferentes. Naturalmente, tenho minhas próprias opiniões acerca do filme, e acho que a pessoa que for vê-lo estará capacitada para interpretar os acontecimentos que ele retrata e decidir-se quanto às várias sequências que o compõem e quanto às suas contradições.

Alexander volta-se para Deus em oração. Em seguida, resolve romper com sua vida, tal como até então a vivera; destrói todas as ligações com o passado, não deixando nenhuma possibilidade de volta, destrói sua casa, separa-se do filho a quem ama acima de tudo. E então cai em silêncio, num comentário final sobre a desvalorização das palavras no mundo moderno. Pode ser que pessoas religiosas vejam nas ações que se seguem à oração a resposta de Deus à pergunta do homem: "o que poderia ser feito para evitar um desastre nuclear?" – isto é, recorrer a Deus. Pode ser que quem tenha um elevado senso do sobrenatural interprete o encontro com a feiticeira, Maria, como a cena central que explica tudo o que ocorre posteriormente. Sem dúvida, haverá outros para quem todos os acontecimentos do filme não representarão mais que os frutos de uma imaginação doentia, já que, na realidade, não está ocorrendo nenhuma guerra nuclear.

Nenhuma dessas reações tem qualquer relação com a realidade apresentada no filme. A primeira e a última cena – o ato de regar a árvore infrutífera, que, para mim, é um símbolo de fé – são os pontos altos entre acontecimentos que se desenrolam com intensidade cada vez maior. Ao final do filme, Alexander não apenas prova que está certo e demonstra que está preparado para se elevar extraordinariamente, mas também o médico, que, de início, surge como um personagem simplista, cheio de saúde e inteiramente dedicado à família de Alexander, transforma-se de tal forma que é capaz de sentir e compreender a atmosfera venenosa que domina a família e o seu efeito letal. Ele se mostra capaz não apenas de expressar uma opinião própria, mas também de a romper com o que agora considera desprezível e emigrar para a Austrália.

Em consequência do que ocorre, desenvolve-se uma nova intimidade entre Adelaide, a esposa excêntrica de Alexander, e a criada, Júlia; um relacionamento humano desse tipo é algo completamente novo para Adelaide. Durante quase todo o filme sua função é invariavelmente trágica: ela

O sacrifício
Adelaide, Otto (Allan Edwall), Marta, Julia, Viktor e Alexander, reunidos para o aniversário de Alexander.

sufoca tudo que se lhe apresente com a menor aspiração à individualidade, à afirmação da personalidade; esmaga a tudo e a todos, inclusive o marido – sem querer agir dessa forma por um instante sequer. Ela é quase incapaz de refletir. Sofre em razão da sua própria falta de espiritualidade, mas, ao mesmo tempo, é esse sofrimento que lhe confere o poder destrutivo, tão incontrolável em seus efeitos quanto uma explosão nuclear. Ela é uma das causas da tragédia de Alexander. O seu interesse pelas outras pessoas está em proporção inversa aos seus instintos agressivos, à sua paixão pela autoafirmação. Sua capacidade de apreender a verdade é limitada demais para lhe permitir entender um outro mundo, o mundo do próximo. Além disso, mesmo que pudesse perceber esse mundo, ela não teria capacidade ou disposição para entrar nele.

Maria é a antítese de Adelaide: modesta, tímida, permanentemente insegura. No início do filme, algo semelhante à amizade seria impensável entre ela e o dono da casa; as diferenças que os separam são muito grandes. Entretanto, numa determinada noite, eles se encontram, e essa noite é o momento decisivo na vida de Alexander. Diante da catástrofe iminente, ele percebe o amor dessa mulher simples como uma dádiva divina, como uma justificação de toda a sua vida. O milagre que surpreende Alexander transfigura-o.

Não foi nada fácil encontrar protagonistas para os oito papéis, mas acho que cada membro do elenco final está perfeitamente identificado com seu personagem e suas ações.

Não tivemos problemas técnicos ou de qualquer outro tipo durante a filmagem, até um momento, perto do final, quando todos os nossos esforços pareciam prestes a resultar em nada. De repente, na cena em que Alexander põe fogo à casa – uma tomada única com seis minutos e meio de duração – a câmera quebrou. Só fomos perceber isso quando a construção já estava totalmente em chamas, ardendo até o fim diante dos nossos olhos. Não pudemos apagar o fogo, nem pudemos fazer uma única tomada; quatro meses de trabalho árduo e dispendioso por nada.

Então, numa questão de dias, construiu-se uma nova casa, idêntica à primeira. Parecia um milagre, e isso prova o que as pessoas são capazes de fazer quando movidas pela convicção – e não somente as pessoas, mas os próprios produtores, os super-homens.

Ao filmarmos essa cena pela segunda vez, ficamos muito apreensivos, até que ambas as câmeras foram desligadas – uma pelo assistente de câmera, a outra pelo profundamente ansioso Sven Nikvist, aquele brilhante mestre da iluminação. Então, relaxamos; quase todos nós chorávamos como crianças, e, quando nos abraçamos, percebi como era íntimo e indissolúvel o laço que unia nossa equipe.

O sacrifício
Maria (Gúdrun Gisladóttir) observando a casa em chamas.

Talvez outras cenas – as sequências de sonho ou as três cenas da árvore estéril – sejam mais significativas a partir de determinado ponto de vista psicológico do que aquela em que Alexander incendeia a casa no sombrio cumprimento da sua promessa. Mas, desde o início, eu estava determinado a concentrar os sentimentos do espectador no comportamento, à primeira vista inteiramente absurdo, de alguém que considera indigno – e, portanto, realmente pecaminoso – tudo o que não seja uma necessidade vital.

Eu queria que aqueles que assistissem ao filme fossem diretamente afetados pela situação de Alexander, que sentissem sua nova vida e o tempo distorcido da sua percepção. Talvez seja por isso que a cena do incêndio dure pelo menos seis minutos completos; não poderia ter sido de outra forma.

"No início era o Verbo, mas você está silencioso como um salmão mudo", diz Alexander ao filho no começo do filme. O garoto está-se recuperando de uma operação de garganta e está proibido de falar. Ouve em silêncio enquanto o pai conta-lhe a história da árvore estéril. Mais tarde, horrorizado com as notícias de desastre iminente, o próprio Alexander faz um voto de silêncio: "[…] emudecerei, nunca mais direi nenhuma palavra a ninguém, renunciarei a todos os laços que me ligam à minha vida. Senhor, ajudai-me a cumprir esta promessa."

Deus atende à prece de Alexander, e as consequências são simultaneamente terríveis e agradáveis. Por um lado, o resultado prático é que Alexander rompe irrevogavelmente com o mundo e suas leis, leis que até então aceitara como suas. Ao agir assim, não só perde sua família, mas também – e, para os que o rodeiam, esta é a mais assustadora de todas as coisas – coloca-se ao largo de todas as normas aceitas. E, contudo, é exatamente por isso que encaro Alexander como um homem escolhido por Deus. Ele é capaz de pressentir o perigo, a força destrutiva que impele o mecanismo da sociedade moderna rumo ao abismo. E deve-se tirar a máscara para que a humanidade seja salva.

Até certo ponto, os outros participantes também podem ser encarados como escolhidos e chamados por Deus. Otto, com seu dom de prognosticar, é um colecionador, como diz, de acontecimentos inexplicáveis e misteriosos. Ninguém conhece seu passado ou sabe como e quando chegou na aldeia onde acontecem tantas coisas estranhas.

Para o filhinho de Alexander, assim como para a feiticeira, Maria, o mundo está cheio de prodígios impenetráveis, pois ambos se movem num universo de imaginação, não de "realidade". Contrariamente aos empiristas e aos pragmatistas, não acreditam somente no que podem tocar, mas, antes, percebem a verdade com o olho da mente. Nada do que fazem conforma-se aos critérios "normais" de comportamento. São possuídos pelo dom que era conhecido na antiga Rússia como a marca do "tolo sagrado", aquele peregrino ou mendigo andrajoso cuja simples presença afetava pessoas que levavam vidas "normais", e cujos presságios e autonegação estavam sempre em contradição com as ideias e regras estabelecidas do mundo como um todo.

Atualmente, os membros da sociedade civilizada, a grande maioria sem fé, adotam uma perspectiva completamente positivista, mas mesmo os positivistas não conseguem perceber o absurdo da tese marxista de que o Universo é eterno, ao passo que a Terra é simplesmente fortuita. O homem contemporâneo é incapaz de ansiar pelo inesperado, por acontecimentos anômalos que não correspondam à lógica "normal"; não está preparado nem para admitir a ideia de fenômenos não programados, quanto mais para acreditar em seu significado sobrenatural. O vazio espiritual resultante deveria ser suficiente para fazê-lo parar e pensar. Em primeiro lugar, porém, ele tem de entender que o caminho da sua vida não é julgado por padrões humanos, mas está nas mãos do Criador, em cujo arbítrio deve confiar.

Uma das maiores tragédias do mundo moderno é o fato de que os problemas morais e os inter-relacionamentos éticos estão fora de moda; foram colocados em posição secundária e despertam pouca atenção. Muitos produtores fogem dos filmes de autor porque encaram o cinema não como arte, mas como um meio de fazer dinheiro; a tira de celuloide transforma-se em mercadoria.

Nesse sentido, *O sacrifício* é, entre outras coisas, um repúdio ao cinema comercial. Meu filme não pretende sustentar ou refutar ideias específicas ou defender este ou aquele modo de vida. O que eu quis foi propor questões e demonstrar problemas que vão diretamente ao núcleo das nossas vidas e, desse modo, levar o espectador de volta às fontes dormentes e ressequidas da nossa existência. Figuras, imagens visuais, estão muito mais capacitadas para realizar essa finalidade do que quaisquer palavras, particularmente hoje, quando o mundo perdeu todo o mistério e magia, e falar tornou-se mero palavrório – vazio de significado, como observa Alexander. Estamos sendo sufocados por uma avalanche de informações, contudo, ao mesmo tempo, nossos sentimentos permanecem intocados pelas mensagens de suprema importância que poderiam mudar nossas vidas.

Em nosso mundo, há uma divisão entre o bem e o mal, entre a espiritualidade e o pragmatismo. Nosso mundo humano é construído, modelado, de acordo com leis materiais, pois o homem atribuiu à sua sociedade as formas da matéria morta e assumiu suas leis para si próprio. Por isso, ele não acredita no espírito e repudia Deus. Vive apenas de pão. Como pode ver o Espírito, o Milagre, Deus, se essas entidades não cabem na estrutura, se são supérfluas a partir de seu ponto de vista? E, contudo, ocorrem fatos miraculosos mesmo no domínio do empírico – na física. E, como sabemos, a grande maioria dos físicos contemporâneos eminentes, por alguma razão, realmente acreditam em Deus.

Certa vez, conversei sobre esse assunto com o falecido físico soviético Lev Landau. O cenário foi uma praia pedregosa na Crimeia.

"O que é que o senhor acha", perguntei, "Deus existe ou não?"

Seguiu-se uma pausa de mais ou menos três minutos.

Então, ele me olhou com ar de desamparo.

"Creio que sim."

Naquela época, eu era apenas um rapaz queimado de sol, completamente desconhecido, filho do célebre poeta Arseni Tarkovski: um joão-ninguém, apenas um filho. Foi a primeira e a última vez que vi Landau, um encontro único, casual; e então, tal sinceridade da parte do vencedor soviético do Prêmio Nobel.

Será que o homem tem alguma esperança de sobrevivência diante dos claros sinais de silêncio apocalíptico iminente? Talvez uma resposta para essa pergunta deva ser encontrada na lenda da árvore ressequida, desprovida da água da vida, na qual baseei esse filme que tem tamanha importância em minha biografia artística: o Monge, passo após passo e balde após balde, sobe a colina para regar a árvore seca, acreditando implicitamente que seu ato fosse necessário e em nenhum momento duvidando da sua crença no poder milagroso da sua fé em Deus. Viveu para assistir ao Milagre: certa manhã, a árvore explode em vida, os ramos cobertos de folhas novas. E esse "milagre", sem dúvida, nada mais é que a verdade.

Conclusão

Este livro foi escrito ao longo de muitos anos. Vendo-o agora, à luz de tudo que nele se afirma, ocorre-me a necessidade de indicar algumas conclusões. Posso ver que falta ao livro a unidade que poderia ter se houvesse sido escrito sem interrupções, mas, por outro lado, ele tem alguma importância para mim enquanto registro de como minhas ideias mudaram desde que comecei a fazer cinema: os pacientes leitores deste livro dispõem, agora, de um testemunho sobre o desenvolvimento dessas ideias até o momento presente.

Hoje parece-me muito mais importante falar nem tanto sobre a arte em geral, ou sobre a função do cinema em particular, mas, muito mais, sobre a própria vida, pois o artista que não tiver consciência do seu significado só muito dificilmente será capaz de fazer alguma afirmação coerente sobre a linguagem da sua própria arte. Resolvi, então, complementar este livro com algumas breves reflexões sobre os problemas do nosso tempo, da maneira como hoje me deparo com eles; sobre os seus aspectos que me parecem fundamentais para o significado da nossa existência, e cuja relevância vai muito além do presente momento.

Para poder definir minhas próprias tarefas, não só como artista, mas sobretudo como pessoa, descubro-me tendo que examinar o estado geral da nossa civilização e a responsabilidade pessoal de cada indivíduo enquanto participante do processo histórico.

Parece-me que nossa época é o clímax final de todo um ciclo histórico, no qual o poder supremo esteve nas mãos dos "grandes inquisidores", líderes e "personalidades notáveis", motivados pela ideia de transformar a sociedade numa organização mais "justa" e racional. Eles procuraram apoderar-se da consciência das massas, inculcando-lhes novas concepções ideológicas e sociais, e convocando-as para a renovação das estruturas sob as quais está organizada a existência, em nome da felicidade da maioria. Dostoiévski já advertira as pessoas contra os "grandes inquisidores", que se arrogam a responsabilidade pela felicidade alheia. Nós mesmos já vimos como a afirmação dos interesses de classe ou de grupo, acompanhada pela invocação do bem-estar da humanidade e da "prosperidade geral" resultam em flagrantes violações dos direitos do indivíduo, que se vê fatalmente isolado da sociedade; também vimos que, em função da sua base "objetiva" e "científica" na "necessidade histórica", esse processo vem a ser erroneamente percebido como a realidade básica e subjetiva da vida das pessoas.

Ao longo da história da civilização, o processo histórico tem consistido basicamente no caminho "certo", no caminho "justo" – cada vez mais aperfeiçoado – concebido na mente dos ideólogos e políticos e oferecido ao povo em nome da salvação do mundo e de uma situação melhor para os homens que nele vivem. Para fazer parte desse processo de reorganização, a "minoria" precisava, a cada vez, renunciar ao seu modo de pensar e direcionar seus esforços para algo exterior ao indivíduo, a fim de se poder ajustar ao plano de ação proposto. Envolvido, assim, por uma atividade dinâmica extrínseca, em nome de um "progresso" que salvaria o futuro da humanidade, o indivíduo esqueceu-se de tudo que dizia respeito à sua realidade concreta, pessoal e autêntica; no turbilhão do esforço comum, passou a subestimar o significado da sua própria natureza espiritual, e o resultado foi um conflito ainda mais irreconciliável entre o indivíduo e a sociedade. Em meio à preocupação com os interesses de todos, ninguém se preocupou com seus interesses pessoais no sentido pregado por Cristo: "Ama o próximo como a ti mesmo." Ou seja, o indivíduo deve amar a si mesmo a ponto de respeitar em si o princípio divino e supra pessoal que não lhe permite perseguir seus interesses egoístas e pessoais, e que ordena que ele se entregue sem questionamentos ou reclamações, ou seja, que ame a todos. Isso exige um verdadeiro sentimento da própria dignidade: uma aceitação do valor objetivo e do significado do "Eu" que constitui o centro da nossa vida terrena, cuja estatura espiritual cresce e avança rumo à perfeição que não admite o mais leve indício de egocentrismo. Na luta por nossa própria alma, a fidelidade a nós mesmos exige um esforço sincero e incessante. É muito mais fácil escorregar do que elevar-se, ainda que apenas um pouco, acima dos nossos interesses estreitos e oportunistas. Um verdadeiro nascimento espiritual é uma coisa extraordinariamente difícil de ocorrer. É fácil sucumbir diante dos "pescadores de almas", renunciar à nossa vocação pessoal, numa busca ostensiva de objetivos mais elevados e gerais, e, ao fazê-lo, ignorar o fato de que estamos traindo a nós mesmos e à vida que nos foi dada para uma determinada finalidade.

Da forma como estão configuradas, as relações sociais permitem que o homem nada exija de si mesmo, que se sinta livre de todo dever moral e só tenha exigências a fazer aos outros, à humanidade em geral. Ele propõe aos outros que sejam humildes e se sacrifiquem, que aceitem seu papel na construção do futuro, mas não participa do processo e não aceita nenhuma responsabilidade pessoal pelo que acontece no mundo. As pessoas encontram mil maneiras de justificar esse não envolvimento e o fato de que não pretendem abrir mão de seus interesses egoístas para trabalhar pela causa mais nobre da sua verdadeira vocação. Ninguém quer, nem se decide a olhar lucidamente dentro de si próprio e assumir a responsabilidade por sua vida e sua alma. Partindo da premissa de que estamos todos "juntos", ou seja, de que a humanidade está construindo um determinado tipo de civilização, estamos o tempo todo fugindo da nossa responsabilidade pessoal, e, sem nos darmos conta disso, transferimos para os outros a responsabilidade por tudo que acontece. Em decorrência disso, o conflito entre o indivíduo e a sociedade torna-se cada vez mais desesperador, e a muralha de estranhamento que se interpõe entre o homem e a humanidade torna-se cada vez mais alta.

A questão fundamental é que vivemos numa sociedade que foi estruturada pelos nossos esforços "combinados", e não pelos esforços de alguém em particular, na qual as pessoas fazem reivindicações para os outros, e não a si mesmas. Consequentemente, o indivíduo passa a ser um instrumento das ideias e ambições dos outros, ou então se torna ele próprio um désposta que manipula e usa as energias dos seus semelhantes sem se preocupar por um só instante com os direitos do indivíduo. A noção de que cada um é responsável por si próprio parece ter desaparecido, vítima de um equivocado "bem comum", a serviço do qual o homem adquire o direito de ser tratado com total falta de responsabilidade.

O abismo entre o material e o espiritual vem crescendo desde o momento em que delegamos aos outros a solução dos nossos problemas. Vivemos num mundo governado por ideias que outros desenvolveram, e ficamos diante de apenas duas opções: a conformidade aos padrões dessas ideias, ou a sua rejeição e contestação – uma posição cada vez menos promissora.

Trata-se, convenhamos, de uma situação grotesca e assustadora.

Estou convencido de que o conflito só pode ser resolvido se a motivação individual estiver em harmonia com o movimento social. O que se quer dizer com "sacrificar-se pelo bem comum"? Não se trata de um trágico choque entre o pessoal e o geral? Se uma pessoa não fundamentar seu senso de responsabilidade pelo futuro comum numa convicção interior do papel que lhe cabe, se ela simplesmente sentir-se no direito de manipular os outros, de dirigir suas vidas e de impor-lhes determinado papel no desenvolvimento da sociedade, o conflito entre o indivíduo e a sociedade tornar-se-á ainda mais amargo.

O livre-arbítrio deve significar que temos a capacidade de avaliar os fenômenos sociais, bem como nossas relações com as outras pessoas, e de escolhermos livremente entre o bem e o mal. A liberdade, porém, é inseparável da consciência, e, mesmo se for verdade que todas as ideias desenvolvidas pela consciência social são um produto da evolução, a consciência, pelo menos, não tem nada a ver com o processo histórico. A consciência, como conceito ou como sentimento, é, *a priori*, imanente ao homem, e abala os fundamentos da sociedade que surgiu da nossa civilização. A consciência trabalha contra a estabilização dessa sociedade; suas manifestações costumam estar em desacordo com os interesses – ou mesmo com a sobrevivência – da espécie. Em termos da evolução biológica, a consciência nada significa enquanto categoria, mas, por alguma razão, ela ainda assim está presente, acompanhando o homem ao longo da sua existência e do seu desenvolvimento como raça.

É muito claro para todos que o progresso material do homem nunca esteve em harmonia com seu desenvolvimento espiritual. Chegamos a um ponto em que parecemos dominados por uma incapacidade fatal de exercer qualquer domínio sobre nossas conquistas materiais e de utilizá-las para o nosso bem. Criamos uma civilização que ameaça destruir a humanidade.

Diante do desastre em escala global, parece-me que a única questão a ser levantada diz respeito à responsabilidade pessoal do homem e à sua disposição para o sacrifício, sem as quais não podemos considerá-lo um ser espiritual.

O espírito de sacrifício de que falo é aquele que deve constituir o modo de vida essencial e natural de, potencialmente, todos os seres humanos, e não algo que deva ser visto como uma desgraça ou uma punição impostas contra a nossa vontade. Refiro-me ao espírito de sacrifício que se expressa no serviço voluntário aos outros, aceito com naturalidade como a única forma viável de existência.

No mundo de hoje, porém, as relações pessoais fundamentam-se quase que exclusivamente na ânsia de nos apropriarmos de tanto quanto for possível daquilo que pertence ao próximo, ao mesmo tempo que defendemos com unhas e dentes os nossos próprios interesses. O paradoxo de tal situação é que quanto mais humilhamos nosso semelhante, menos satisfeitos nos sentimos e maior se torna o nosso isolamento. É esse o preço a pagar pelo pecado de não seguirmos por livre e espontânea vontade o caminho heroico do desenvolvimento do nosso potencial humano, aceitando-o de todo coração como a única possibilidade e a única coisa a que aspiramos.

Tudo que significar menos que essa aceitação total só exacerba o conflito entre o indivíduo e a sociedade; o homem passa a ver a sociedade como o instrumento de uma violência praticada contra ele.

O que testemunhamos, no momento, é o declínio do espiritual, enquanto o material já se tornou há muito tempo um organismo dotado de uma corrente sanguínea própria e passou a constituir o fundamento das nossas vidas, cada vez mais paralisadas e esclerosadas. Está claro a todos que o progresso material em si não faz ninguém feliz, mas nem por isso paramos de multiplicar freneticamente suas "conquistas". Chegamos ao ponto em que, como diz *Stalker*, o presente já se fundiu com o futuro, ou seja, o presente já traz em si todas as premissas de uma inevitável catástrofe. Percebemos isso e, mesmo assim, nada conseguimos fazer para impedir que ela aconteça.

As ligações entre o comportamento do homem e seu destino foram destruídas, e esse trágico antagonismo é a causa do sentimento de instabilidade que domina o mundo moderno. Em essência, o que um homem faz tem, naturalmente, uma importância fundamental; no entanto, pelo fato de ter sido condicionado a crer que nada dependa dele e que sua experiência pessoal não afeta o futuro, ele chegou à premissa falsa e mortal de que não participa da realização do seu próprio destino.

Nosso mundo tem presenciado um tal rompimento de tudo que deveria ligar o indivíduo à sociedade, que se tornou da máxima importância restabelecer a participação do homem em seu próprio futuro. Isso exige que ele volte a acreditar em sua alma e no sofrimento dela e estabeleça uma relação entre os seus atos e a sua consciência. Deve aceitar o fato de que esta última nunca estará em paz enquanto suas ações estiverem em desacordo com as coisas em que ele acredita; o reconhecimento disso deve dar-se através do sofrimento da sua alma, que lhe exige admitir sua responsabilidade e sua culpa. Assim, o homem não poderá justificar-se por meio de fórmulas fáceis e convenientes acerca da

Nostalgia
Recordações de casa.

influência fatal das outras pessoas – nunca de nós mesmos – sobre o que acontece. Estou convencido de que qualquer esforço para restabelecer a harmonia no mundo só pode ser bem-sucedido através da reintegração do sentimento de responsabilidade individual.

Marx e Engels observaram, em certo ponto da obra, que a história escolhe para o seu desenvolvimento as piores alternativas existentes, o que é bastante verdadeiro se abordarmos a questão sob o ponto de vista da nossa existência material. Ambos chegaram a essa conclusão numa época em que a história já esgotara as últimas gotas de idealismo, quando o homem, enquanto ser espiritual, já deixara de ter importância no processo histórico. Observaram a situação tal como ela se apresentava na época, sem analisar suas causas, que se resumiam ao fato de o homem não reconhecer que é responsável pela própria espiritualidade. Ao ser transformada numa máquina alienada e sem alma, a história passou imediatamente a exigir que vidas humanas fizessem o papel de porcas e parafusos que a manteriam funcionando.

O resultado foi que o homem passou a ser visto, acima de tudo, como um animal socialmente útil (o problema é definir o que significa utilidade social). Ao enfatizarmos a utilidade social da atividade das pessoas, chegando a ignorar os direitos da personalidade, cometemos um erro imperdoável e criamos todas as premissas de uma tragédia.

O problema da liberdade não pode estar desvinculado da experiência e da educação. Em sua luta pela liberdade, o homem moderno reivindica a libertação do indivíduo, no sentido de que lhe seja permitido fazer tudo que desejar. Isso, porém, não passa de uma ilusão de liberdade, e, se o homem seguir por esse caminho, só encontrará novas desilusões. A liberação das energias espirituais do indivíduo só é possível através de um árduo e demorado esforço. A educação deve ser substituída pela autodisciplina: de outro modo, o homem só será capaz de entender a liberdade que obtêve em termos de consumismo vulgar.

A esse respeito, a situação do Ocidente nos oferece um vasto material para meditação. Liberdades democráticas inquestionáveis coexistem com uma crise espiritual óbvia e monstruosa que atinge cidadãos "livres". Por que, apesar de toda a liberdade de que o indivíduo desfruta no Ocidente, o conflito entre a pessoa e a sociedade se manifesta aqui de forma tão aguda? Creio que a experiência ocidental vem provar que a liberdade não pode ser uma coisa gratuita, como a água de uma fonte, que não custa um centavo e não exige de ninguém qualquer esforço moral; se é assim que o homem vê as coisas, ele jamais poderá usar as vantagens oferecidas pela liberdade para mudar sua vida para melhor. A liberdade não é uma coisa que se possa incorporar de uma vez por toda à vida de um homem: deve ser constantemente conquistada através de um esforço moral. Em relação ao mundo exterior, o homem não desfruta, essencialmente, de liberdade alguma, pois não está sozinho; a liberdade interior, porém, é algo que ele já tem desde o início, desde que tenha a coragem e a determinação de usá-la, aceitando o fato de que sua experiência *interior* tem importância *social*.

O homem verdadeiramente livre não pode sê-lo num sentido egoísta, nem a liberdade individual pode ser o resultado do esforço comum. Nosso futuro não depende de ninguém, a não ser de nós mesmos. No entanto, estamos habituados a pagar por tudo com o esforço e o sofrimento dos outros – nunca com o nosso. Recusamo-nos a admitir o fato simples de que "tudo está ligado neste mundo"; nada existe de fortuito, uma vez que somos dotados de livre arbítrio e do direito de escolher entre o bem e o mal.

As oportunidades de afirmarmos nossa liberdade são, naturalmente, limitadas pela liberdade dos outros, mas é preciso dizer, mesmo assim, que a incapacidade de ser livre é sempre o resultado da covardia e da passividade interiores, da falta de determinação em afirmarmos nossa vontade de acordo com a voz da consciência.

Na Rússia, as pessoas gostam muito de repetir as palavras de Korolenko[28], segundo o qual "o homem nasce para ser livre, assim como os pássaros nascem para voar". Parece-me que nada poderia estar mais longe da essência da vida humana do que essas palavras. Nunca consigo entender que significado pode ter, para nós, o conceito de "felicidade". Será, por acaso, satisfação? Harmonia? Mas o homem está sempre insatisfeito, pois nunca está voltado para alguma finalidade concreta e definitiva, mas para o próprio infinito.

... Nem mesmo a Igreja é capaz de satisfazer essa sede de Absoluto que caracteriza o homem, pois, infelizmente, ela só existe como uma espécie de apêndice, copiando ou, até mesmo, caricaturando as instituições sociais que organizam nossa vida cotidiana. No mundo atual, tão fortemente voltado para as coisas materiais e tecnológicas, a Igreja não parece nem um pouco capaz de restabelecer o equilíbrio através do apelo a um despertar espiritual.

Nesse contexto, parece-me que a função da arte seja a de exprimir a liberdade absoluta do potencial espiritual do homem. Creio que a arte foi sempre a arma de que o homem dispôs para enfrentar as coisas materiais que ameaçavam devorar-lhe o espírito. Não é por acaso que, durante quase dois mil anos de cristianismo, a arte se desenvolveu, por um enorme período de tempo, no contexto de ideias e objetivos religiosos. O simples fato de existir manteve viva, na humanidade discordante e antagônica, a ideia de harmonia.

A arte encarnou um ideal; foi um exemplo de perfeito equilíbrio entre princípios éticos e materiais, uma comprovação do fato de que esse equilíbrio não é apenas um mito que só existe nos domínios da ideologia, mas algo que pode concretizar-se nas dimensões do mundo dos fenômenos. A arte expressou a necessidade de harmonia do homem e sua presteza para lutar contra si mesmo, no interior da sua própria personalidade, numa tentativa de alcançar o equilíbrio pelo qual sempre ansiou.

Uma vez que a arte exprime o ideal e a aspiração do homem pelo infinito, ela não pode ser atrelada a objetivos consumistas sem ser violentada em sua própria natureza... O ideal exprime coisas que não existem no mundo que conhecemos, mas nos faz lembrar do que deveria existir no plano espiritual. A obra de arte é uma forma dada a esse ideal que no futuro deve pertencer à humanidade, mas que, no momento, deve ser patrimônio de poucos, e, em primeiro lugar, do gênio que permitiu que a consciência humana, com todas as suas limitações, entrasse em contato com o ideal corporificado em sua arte. Nesse sentido, a arte é, por natureza, aristocrática; ela estabelece uma diferença entre dois níveis de potencial, instaurando um movimento que vai dos níveis mais baixos aos mais altos, à medida que a personalidade caminha rumo à perfeição espiritual. Não estou, por certo, sugerindo nenhuma associação entre o termo "aristocrático" e alguma conotação de classe; muito pelo contrário, pois, uma vez que a alma busca uma justificativa moral e o significado da existência, e nessa busca segue pela via do aperfeiçoamento, todos se encontram na mesma posição, e todos têm o mesmo direito de pertencer ao grupo dos espiritualmente eleitos. A divisão fundamental dá-se entre os que querem beneficiar-se dessa possibilidade, e aqueles que a ignoram. A arte, porém, está continuamente convidando as pessoas a fazerem uma reavaliação de si próprias e de suas vidas, à luz do ideal a que ela dá forma.

O sentido da existência humana, definido por Korolenko como o direito à felicidade, faz-me lembrar do Livro de Jó, em que se expressa um ponto de vista exatamente oposto: "O homem nasce para o trabalho, como as faíscas das brasas se levantam para voar." Em outras palavras, o sofrimento faz parte da existência humana, e, na verdade, de que outra maneira seríamos capazes de "voar para o alto"? E o que significa sofrimento? De onde se origina? Da insatisfação, do abismo entre o ideal e o ponto em que nos encontramos? Muito mais importante que sentir-se "feliz" é afirmar a própria alma na luta por aquela liberdade que é, no verdadeiro sentido, divina.

A arte afirma tudo o que existe de melhor no homem – a esperança, a fé, o amor, a beleza, a prece… Aquilo com que sonha, as coisas pelas quais espera… Quando alguém que não sabe nadar é lançado na água, o instinto diz ao seu corpo quais movimentos deve fazer para salvar-se. O artista também é levado por uma espécie de instinto, e sua obra leva mais longe a busca do homem por tudo que é eterno, transcendente, divino – muitas vezes a despeito da natureza pecaminosa do próprio poeta.

O que é a arte? É boa ou má? Vem de Deus ou do Diabo? Da força do homem ou da sua fraqueza? Seria talvez uma promessa de comunhão, uma imagem da harmonia social? Seria essa a sua função? Como uma declaração de amor: a consciência da nossa mútua dependência. Uma confissão. Um ato inconsciente que, não obstante, reflete o verdadeiro sentido da vida – amor e sacrifício.

Por que, ao olharmos para trás, vemos a trajetória percorrida pela humanidade pontuada por desastres e cataclismos? O que realmente aconteceu com todas aquelas civilizações? Por que lhes faltou a respiração, por que perderam a vontade de viver e a força moral? Seria possível acreditar que tudo aconteceu simplesmente em função de privações materiais? Essa sugestão parece-me grotesca. Além disso, estou con-

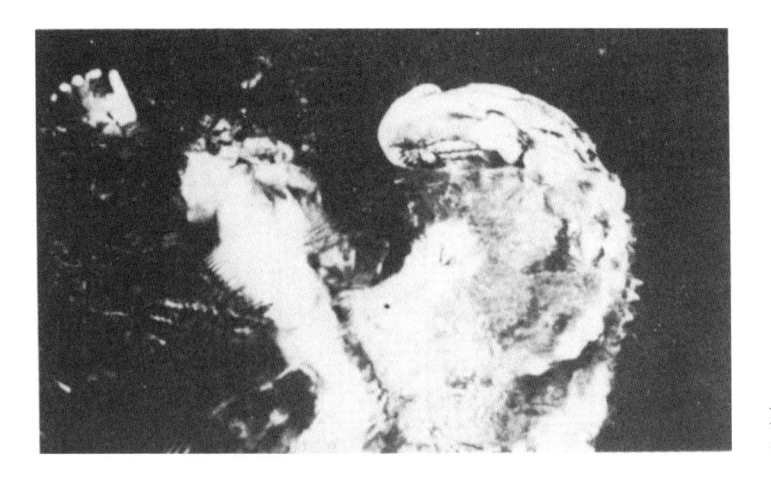

Nostalgia
O anjo sob a água.

vencido de que o fato de estarmos hoje na iminência de destruir outra civilização pode ser perfeitamente explicado pela nossa incapacidade de levar em conta o lado espiritual do processo histórico. Não queremos admitir para nós mesmos que muitas das desventuras que assediam a humanidade são o resultado de nos termos tornado imperdoáveis, culpados e irremediavelmente materialistas. Ao nos vermos como os protagonistas da ciência, e para tornarmos ainda mais convincente nossa objetividade científica, fragmentamos o processo unitário e indivisível do desenvolvimento humano, e, ao fazê-lo, deixamos a descoberto uma única mola (embora claramente visível), que declaramos ser a causa principal de tudo, usando-a não apenas para explicarmos os erros passados, mas também para esboçarmos nossos projetos futuros. Ou talvez a queda daquelas civilizações signifique que a *história* espera, pacientemente, que o homem faça a opção certa, depois da qual ela não mais será levada a um impasse, nem será forçada a destruir uma tentativa frustrada atrás da outra, na expectativa de que a próxima possa ter mais sucesso. Há algo de certo na opinião amplamente difundida de que não se aprende nada com a história, e de que a humanidade ignora a experiência acumulada. Sem dúvida, cada catástrofe sucessiva é uma prova

Nostalgia
Tomada final: "A casa russa dentro da catedral italiana.

de que a civilização em causa estava equivocada; e, quando o homem precisa começar tudo de novo, isso só pode ser uma confirmação de que, até então, o seu objetivo não era a perfeição espiritual.

Em certo sentido, a arte é uma imagem do processo que já chegou ao fim, da culminação desse processo; uma imitação da posse da verdade absoluta (embora apenas na forma de uma imagem), que desimpede o longo – na verdade, talvez interminável – caminho da história.

Há momentos em que se anseia por repousar, ceder, entregar-se por inteiro a alguma concepção integral do mundo – a dos Vedas, por exemplo. O Oriente estava muito mais próximo da verdade do que o Ocidente, mas a civilização ocidental devorou o Oriente com as exigências materiais do seu estilo de vida.

Comparemos a música oriental com a ocidental. O Ocidente está sempre aos berros: "Eis-me aqui! Olhem para mim! Vejam-me sofrendo, amando! Como sou infeliz! Como sou feliz! Eu! Meu! Para mim!" Por sua tradição, o Oriente não diz uma só palavra sobre si mesmo. O indivíduo deixa-se absorver inteiramente por Deus, pela Natureza e pelo Tempo, encontrando-se em todas as coisas e descobrindo todas as coisas em si próprio. Pensemos na música taoísta... Na China, seiscentos anos antes de Cristo... Mas por que, neste caso, uma concepção tão extraordinária não triunfou, por que entrou em colapso? Por que a civilização que se desenvolveu a partir de tais bases não chegou até nós na forma de um processo histórico consumado? Deve ter entrado em conflito com o mundo materialista que os cercava. Assim como a personalidade entra em choque com a sociedade, aquela civilização chocou-se com outra. Foi destruída não só por essa razão, mas também por causa do confronto com o mundo materialista do "progresso" e da tecnologia. Aquela civilização, porém, foi o ponto final do verdadeiro conhecimento, o sal do sal da terra. E, segundo a lógica do pensamento oriental, qualquer tipo de conflito é essencialmente pecaminoso.

Todos nós vivemos num mundo imaginário, criado por nós. E assim, em vez de desfrutarmos seus benefícios, somos vítimas dos seus defeitos.

Para encerrar, gostaria de pedir ao leitor – confiando nele inteiramente – que acredite que a única coisa que a humanidade cria com espírito desinteressado é a imagem artística. Não é possível que o significado de toda a atividade humana esteja na consciência artística, no ato criativo inútil e desinteressado? Não poderíamos também dizer que nossa capacidade de criar é uma prova de que fomos criados à imagem e semelhança de Deus?

Notas

1. *Innokenti Smoktunovsky* (N. 1925) Famoso ator soviético do teatro e do cinema. Em *O espelho*, é ele quem lê o texto do "Narrador".
2. *Arseni Tarkovski* (N. 1905) Poeta lírico russo. Pai de Andrei Tarkovski, que frequentemente cita os poemas em seus filmes.
3. *Vladimir Bogomolov* (N. 1924) Escritor soviético cujo conto "Ivan" foi publicado em 1958.
4. *Alexander Grin* (1880-1932) Escritor, poeta e publicista russo.
5. *Mikhail Prishvin* (1873-1954) Escritor, poeta e publicista russo que se dedicou a descrições da natureza.
6. *Alexander Dovjenko* (1894-1956) Diretor de cinema ucraniano, cujos primeiros filmes naturalistas de vanguarda foram muito admirados por Tarkovski.
7. *Kenji Mizoguchi* (1898-1956) Diretor de cinema japonês, ator, jornalista e pintor que, através de tomadas longas e meditativas, e de inúmeras fusões, aborda, particularmente, a capacidade de devoção e amor das mulheres.
8. *Effendi Kapiyev* (1909-1944) Escritor e tradutor do Daguestão, cujos diários foram publicados postumamente em 1956.
9. *Alexander Blok* (1880-1921) Grande poeta russo e um dos maiores representantes do simbolismo russo.
10. *Vyacheslav Ivanov* (1866-1949) Eminente erudito e poeta dos primórdios do século xx.
11. *Vassili Zhukovsky* (1783-1852) Poeta pré-romântico e tradutor russo.
12. *Dimitri Merezhkovsky* (1866-1941) Poeta, romancista e crítico russo. Emigrou para Paris em 1920.
13. *Auguste Lumière* (1862-1954) e seu irmão, Louis, foram inventores e pioneiros franceses do cinema. Criaram o famoso *L'Arrivée d'un Train en Gare de la Ciotat*, realizado entre 1895 e 1897.
14. *Friedrich Gorenstein* Escritor soviético, autor do roteiro de *Solaris*, que vive atualmente em Berlim Ocidental.
15. *Pavel Florensky* (1882-?) Grande pensador religioso russo. Padre, morreu num campo de concentração.
16. *Leon Battista Alberti* (1404-1972) Arquiteto e historiador da arte. Viveu no período do Pré-Renascimento italiano.
17. *Chapayev* Filme clássico sobre a Revolução Russa, feito em 1934.
18. *Mikhail Romm* (1901-1971) Diretor de cinema soviético. Foi aluno de Eisenstein e professor de Tarkovski.
19. *Bashmachkin* O trágico e grotesco personagem principal do conto "O capote, de Gógol.
20. *Pascal Aubier* (N. 1942) Diretor francês cujos filmes seguem uma linha experimental. Trabalhou como assistente de Godard e Jancsó.
21. *Ivan Bunin* (1879-1953) Prolífico escritor russo. Deixou a Rússia em 1918, e, em 1933, tornou-se o primeiro russo a receber o Prêmio Nobel de Literatura.

22. *Vassily Shukshin* (1929-1974) Diretor de cinema, ator e escritor russo que participou, junto com Andrei Tarkovski, das aulas de direção dadas por Mikhail Romm.
23. *Otar Iosseliani* Diretor de cinema nascido na Geórgia. Um dos seus filmes mais famosos é *Enskadi*.
24. *Yakov Protozanov* (1881-1945) Diretor de cinema russo e soviético, um dos mais conhecidos no período anterior à Revolução. Mais tarde, emigrou para Paris e Berlim, retornando a Moscou em 1923.
25. *Ivan Mozhukhin* (1889-1939) Ator e diretor; a partir de 1919, trabalhou na França.
26. *Nikolai Gumuyov* (1886-1921) Escritor e crítico russo. Começou como simbolista e, em 1912, criou o grupo "acmeista". [Acmeísmo: estilo pós-simbolista da poesia russa.]
27. *Pavel Sosnovsky/Maximilian Beryózovsky* (1745-1777) Compositor ucraniano. Autor da ópera *Demofont* (1773). Trabalhou por muito tempo na Itália.
28. *Vladimir Korolenko* (1853-1921) Autor de contos e novelas, muitas delas tendo por cenário a Sibéria, e também de uma autobiografia.

Filmografia

1959

Segodnia uvolnenia ne budet (Hoje não haverá saída livre)

Direção: Andrei Tarkovski; codireção: Alexander Gordon; filme para a televisão.

1960

Katok i skripka (O rolo compressor e o violino)

Direção: Andrei Tarkovski; argumento e roteiro: Andrei Konchalovski, Andrei Tarkovski; fotografia (Sovcolor): Vadim Yusov; música: Viaceslav Ovcínnikov; montagem: L. Butuzova; cenografia: S. Agoian; roupas: A. Martinson; intérpretes: Igor Fomchenko (Sacha), Vladimir Zamanski (Sergei), Nina Archangelskaia (a garota), Marina Adjubei (a mãe), Jura Brusser, Slava Borisov, Sacha Vitoslavski, Sacha Ilin, Kolya Kozarev, Gena Kliakovski, Igor Korovikov, Jenia Fedicenko, Tania Prochorova, A. Maksimova, L. Semionova, G. Jdanova, M. Figner; produção: Mosfilm; diretor da produção: A. Karetin; duração: 55 min; primeira apresentação: 1961.

1962

Ivanovo Detstvo (A infância de Ivan)

Direção: Andrei Tarkovski; argumento: do conto *Ivan* de Vladimir Bogomolov; roteiro: Michail Papava, Vladimir Bogomolov; fotografia (BN): Vadim Yusov; música: Viaceslav Ovcínnikov; som: I. Zelenkova; montagem: L. Feiginova; cenografia: Evgeni Cernaiev; intérpretes: Kolya [Nikolai Burlyaev] (Ivan), Valentin Zubkoy (Kholin), Evgeni Jarikov (Galcev), Stepan Krylov (Katasonov), Nikolai Grinko (Griaznov), Dmitri Miliutenko (o velho), Valentina Maliavina (Macha), Irma Tarkovskaia (mãe de Ivan), Andrei Konchalovski (soldado de óculos), Ivan Savkin, V. Marenkov, Vera Mituric; produção: Mosfilm; diretor da produção: G. Kuznecov; duração: 95 min.

1966

Andrei Rubliov (Andrei Rublióv)

Direção: Andrei Tarkovski; argumento e roteiro: Andrei Tarkovski, Andrei Michalkov-Konchalovski; fotografia (BN e Sovcolor, Scope):

Vadim Yusov; música: Viaceslav Ovcínnikov; som: I. Zelenkova; montagem: L. Feiginova, T. Egoryceva, O. Chevkunenko; cenografia: Evgeni Cerniaev (com a colaboração de I. Novoderejkin, S. Voronkov); roupas: L. Novi, M. Abar-Baranovskaia; maquilagem: V. Rudina, M. Aliautdinov, S. Barsukov; intérpretes: Anatoli Solonitsyn (Andrei Rublióv), Ivan Lapikov (Kirill), Nikolai Grinko (Daniil Ciorny), Nikolai Sergeev (Feofan Grek), Irma Rauch [Tarkovskaia] (a boba), Nikolai Burlyaev (Boriska), Yuri Nazarov (o Grande Príncipe e o Príncipe Menor), Roland Bykov (o saltimbanco), Yuri Nikulin (Patrikey), Michail Kononov (Fomka), Stepan Krylov (o fabricante de sinos), Sos Sarkisian (Cristo), Bolot Beichenaliev (o cã tártaro), N. Grabbe, B. Matysik, A. Obuchov, Volodia Titov, N. Glazkov, K. Alexandrov, S. Bardin, I. Bykov, G. Borisovski, V. Vasilev, Z. Vor-kul, A. Titov, V. Volkov, I. Mirochnicenko, T. Ogorodnikova; produção: Mosfilm (Grupo Artístico dos Escritores e Cineastas); diretor da produção: T. Ogorodnikova; duração: 190 min; data da execução: 1966; primeira apresentação: 1969 (Festival de Cannes), 1971 (URSS)

1972

Soliaris (Solaris)

Direção: Andrei Tarkovski; argumento: do romance homônimo de Stanislaw Lem; roteiro: Andrei Tarkovski, Fridrich Gorenchtein; fotografia: (Sovcolor, Scope): Vadim Yusov; música: Eduard Artemev (e o *Prelúdio coral em Já menor* de Johann Sebastian Bach); cenografia: Michail Romadin; intérpretes: Donatas Banionis (Kris Kelvin), Natalia Bondarchuk (Hari), Yuri Yarvet (Snout), Anatoli Yarvet (Snout), Anatoli Solonitsyn (Sartorius), Vladislav Dvorjecki (Burton), Nikolai Grinko (o pai), Sos Sarkisian (Gibarian); produção: Mosfilm; duração (edição original): 165 min (na Itália: 115 min).

1974

Zerkalo (O espelho)

Direção: Andrei Tarkovski; argumento e roteiro: Andrei Tarkovski, Alexander Misarin; poemas de Arseni Tarkovski lidos por Innokenti Smoktunovski (na versão italiana por Romolo Valli); fotografia: (Sovcolor e BN): Georgi Rerberg; música: Eduard Artemev (e trechos de Bach, Pergolesi, Purcell); som: Semion Litvinov; montagem: L. Feiginova; cenografia: Nikolai Dvigubski; roupas: N. Fomina;

maquilagem: V. Rudina; intérpretes: Margarita Terekhova (a mãe/ Natalia), Filipp Yan-kovski (Alexei com cinco anos), Oleg Yankovski (o pai), Ignat Danilcev (Ignat/Alexei com doze anos), Anatoli Solonitsyn (o desconhecido), Nikolai Grinko (chefe da seção da tipografia), Alia Demidova (Liza), Yuri Nazarov (o instrutor militar), L. Tarkovskaia (a mãe, quando velha), T. Ogorodnikova, Yuri Sventikov, T. Revchetnikova, E. del Bosque, L. Correcher, A. Gutierrez, D. Garcia, T. Pames, Teresa e Tatiana del Bosque; produção: Mosfilm (Quarto Grupo Artístico); diretor da produção: E. Vaisberg; duração: 105 min.

1979

Stalker

Direção: Andrei Tarkovski; argumento: do conto *Piquenique às margens da estrada* de Arkadi e Boris Strugacki; roteiro: Arkadi e Boris Strugacki; fotografia: Alexander Kniajinski; música: Eduard Artemev (e trechos do *Bolero* de Ravel e da *Nona Sinfonia* de Beethoven); som: V. Sarun; montagem: L. Feiginova; cenografia: A. Merkulov; roupas: N. Fomina; maquilagem: V. Lvova; poemas de Fiodor Tiutcev e Arseniy Tarkovski; intérpretes: Alexander Kaidanovski (Stalker), Anatoli Solonitsyn (o escritor), Nikolai Grinko (o cientista), Alisa Freindlich (a mulher do Stalker), Natacha Abramova (a filha), F. Jurna, E. Kostin, R. Rendi; produção: Mosfilm (Segundo Grupo Artístico); diretor da produção: L. Tarkovskaia; duração: 161 min.

1983

Nostalghia (Nostalgia)

Direção: Andrei Tarkovski: argumento e roteiro: Andrei Tarkovski, Tonino Guerra; fotografia (Technicolor): Giuseppe Lanei; música: trechos de Debussy, Verdi, Wagner, Beethoven; som: Remo Ugolinelli; montagem: Erminia Mavarei, Amedeo Salfa; cenografia: Andréa Crisanti, Lina Nerli Taviani; maquilagem: Giulio Mastrantonio; intérpretes: Oleg Yankovski (Andrei Gorchakov), Erland Josephson [voz de Sérgio Fiorentini] (Domenico), Domiziana Giordano [voz de Lia Tanzi] (Eugenia), Patrizia terreno (mulher de Gorchakov), Milena Vukotic (mulher na piscina de Bagno Vignoni), Laura de Marchi, Delia Boccardo (mulher de Domenico), Raffaele Di Mario, Rater Furlan, Livio Galassi, Elena Magoia, Piero Vida; produção: Rai 2 TV – Sovin Film (Itália – URSS), realizada por Renzo

Rossellini e Manolo Bolognini para Opera Film Produzione; diretor da produção: Francesco Casati; duração: 130 min.

Tempo de viagem

Direção: Andrei Tarkovski; roteiro: Tonino Guerra; fotografia: Luciano Tovoli; montagem: Franco Letti; produção: Rai 2; documentário para televisão sobre o trabalho em *Nostalgia*, transmitido pela Rai em 29 de maio de 1983.

1986

Offret (O sacrifício)

Direção, argumento e roteiro: Andrei Tarkovski; fotografia (Eastman-color): Sven Nykvist; música: Johann Sebastian Bach (de *Paixão segundo Mateus*), música instrumental japonesa (flauta Shuso Watazumido), cantos tradicionais dos pastores suecos; som e mixagem: Owe Svensson, Bosse Persson; montagem: Andrei Tarkovski, Michal Leszczylowski; conselheiro técnico: Henri Colpi; cenografia: Anna Asp; roupas: Inger Pehrsson; intérpretes: Erland Josephson (Alexander), Susan Fleetwood (Adelaide), Valérie Mairesse Qulia), Allan Edwall (Otto), Gúdrun Gisladóttir (Maria), Sven Wollter (Viktor), Filippa Franzén (Marta), Tommy Kjellqvist (o garoto), Per Kállman, Tommy Nordhal (enfermeiros); produção: Instituto Sueco do Filme de Stocolmo/Argos Film S.A. (Paris), em colaboração com Film Four International (londres), Josephson & Nykvist HB, Sveriges Telev./SVT2, Sandrew Film & Theater AB com a participação do Ministério Francês da Cultura; duração: 145 min; diretor da produção: Katinka Farago.

As páginas seguintes contêm os textos originais dos poemas das páginas 47, 103, 117, 147, 169, 189, 193, 229, 237, 257.

* * *

          Я в детстве заболел
От голода и страха. Корку с губ
Сдеру — и губы облизну; запомнил
Прохладный и солоноватый вкус.
А все иду, а все иду, иду,
Сижу на лестнице в парадном, греюсь,
Иду себе в бреду, как под дуду
За крысоловом в реку, сяду — греюсь
На лестнице; и так знобит и эдак.
А мать стоит, рукою манит, будто
Невдалеке, а подойти нельзя:
Чуть подойду — стоит в семи шагах,
Рукою манит; подойду — стоит
В семи шагах, рукою манит.
                      Жарко
Мне стало, расстегнул я ворот, лег,—
Тут затрубили трубы, свет по векам
Ударил, кони поскакали, мать
Над мостовой летит, рукою манит —
И улетела...
             И теперь мне снится
Под яблонями белая больница,
И белая под горлом простыня,
И белый доктор смотрит на меня,
И белая в ногах стоит сестрица
И крыльями поводит. И остались.
А мать пришла, рукою поманила —
И улетела...

ПЕРВЫЕ СВИДАНИЯ

Свиданий наших каждое мгновенье,
Мы праздновали, как богоявленье,
Одни на целом свете. Ты была
Смелей и легче птичьего крыла,
По лестнице, как головокруженье,
Через ступень сбегала и вела
Сквозь влажную сирень в свои владенья
С той стороны зеркального стекла.

Когда настала ночь, была мне милость
Дарована, алтарные врата
Отворены, и в темноте светилась
И медленно клонилась нагота,
И, просыпаясь: «Будь благословенна!» —
Я говорил и знал, что дерзновенно
Мое благословенье: ты спала,
И тронуть веки синевой вселенной
К тебе сирень тянулась со стола,
И синевою тронутые веки
Спокойны были, и рука тепла.

А в хрустале пульсировали реки,
Дымились горы, брезжили моря,
И ты держала сферу на ладони
Хрустальную, и ты спала на троне,
И — боже правый! — ты была моя.
Ты пробудилась и преобразила
Вседневный человеческий словарь,
И речь по горло полнозвучной силой
Наполнилась, и слово *ты* раскрыло
Свой новый смысл и означало: *царь*.

На свете все преобразилось, даже
Простые вещи — таз, кувшин, — когда
Стояла между нами, как на страже,
Слоистая и твердая вода.

Нас повело неведомо куда.
Пред нами расступались, как миражи,
Построенные чудом города,
Сама ложилась мята нам под ноги,
И птицам с нами было по дороге,
И рыбы подымались по реке,
И небо развернулось пред глазами...

Когда судьба по следу шла за нами,
Как сумасшедший с бритвою в руке.

* * *

С утра я тебя дожидался вчера,
Они догадались, что ты не придешь,
Ты помнишь, какая погода была?
Как в праздник! И я выходил без пальто.

Сегодня пришла, и устроили нам
Какой-то особенно пасмурный день,
И дождь, и особенно поздний час,
И капли бегут по холодным ветвям.

Ни словом унять, ни платком утереть...

ЖИЗНЬ, ЖИЗНЬ

1

Предчувствиям не верю и примет
Я не боюсь. Ни клеветы, ни яда
Я не бегу. На свете смерти нет.
Бессмертны все. Бессмертно всё. Не надо
Бояться смерти ни в семнадцать лет,
Ни в семьдесят. Есть только явь и свет,
Ни тьмы, ни смерти нет на этом свете.
Мы все уже на берегу морском,
И я из тех, кто выбирает сети,
Когда идет бессмертье косяком.

2

Живите в доме — и не рухнет дом.
Я вызову любое из столетий,
Войду в него и дом построю в нем.
Вот почему со мною ваши дети
И жены ваши за одним столом,—
А стол один и прадеду и внуку:
Грядущее свершается сейчас,
И если я приподымаю руку,
Все пять лучей останутся у вас.
Я каждый день минувшего, как крепью,
Ключицами своими подпирал,
Измерил время землемерной цепью
И сквозь него прошел, как сквозь Урал.

3

Я век себе по росту подбирал.
Мы шли на юг, держали пыль над степью;
Бурьян чадил; кузнечик баловал,
Подковы трогал усом, и пророчил,
И гибелью грозил мне, как монах.
Судьбу свою к седлу я приторочил;
Я и сейчас, в грядущих временах,
Как мальчик, привстаю на стременах.

Мне моего бессмертия довольно,
Чтоб кровь моя из века в век текла.
За верный угол ровного тепла
Я жизнью заплатил бы своевольно,
Когда б ее летучая игла
Меня, как нить, по свету не вела.

ЭВРИДИКА

У человека тело
Одно, как одиночка.
Душе осточертела
Сплошная оболочка
С ушами и глазами
Величиной в пятак
И кожей — шрам на шраме,
Надетой на костяк.

Летит сквозь роговицу
В небесную криницу,
На ледяную спицу,
На птичью колесницу
И слышит сквозь решетку
Живой тюрьмы своей
Лесов и нив трещотку,
Трубу семи морей.

Душе грешно без тела,
Как телу без сорочки,—
Ни помысла, ни дела,
Ни замысла, ни строчки.
Загадка без разгадки:
Кто возвратится вспять,
Сплясав на той площадке,
Где некому плясать?

И снится мне другая
Душа, в другой одежде:
Горит, перебегая
От робости к надежде,
Огнем, как спирт, без тени
Уходит по земле,
На память гроздь сирени
Оставив на столе.

Дитя, беги, не сетуй
Над Эвридикой бедной
И палочкой по свету
Гони свой обруч медный,
Пока хоть в четверть слуха
В ответ на каждый шаг
И весело и сухо
Земля шумит в ушах.

ИГНАТЬЕВСКИЙ ЛЕС

Последних листьев жар сплошным самосожженьем
Восходит на небо, и на пути твоем
Весь этот лес живет таким же раздраженьем,
Каким последний год и мы с тобой живем.

В заплаканных глазах отражена дорога,
Как в пойме сумрачной, кусты отражены.
Не привередничай, не угрожай, не трогай,
Не задевай лесной наволгшей тишины.

Ты можешь услыхать дыханье старой жизни:
Осклизлые грибы в сырой траве растут,
До самых сердцевин их проточили слизни,
А кожу все-таки щекочет влажный зуд.

Все наше прошлое похоже на угрозу —
Смотри, сейчас вернусь, гляди, убью сейчас!
А небо ежится и держит клен, как розу,—
Пусть жжет еще сильней! — почти у самых глаз.

* * *

Вот и лето прошло,
Словно и не бывало.
На пригреве тепло.
Только этого мало.

Все, что сбыться могло,
Мне, как лист пятипалый,
Прямо в руки легло,
Только этого мало.

Понапрасну ни зло,
Ни добро не пропало,
Все горело светло,
Только этого мало.

Жизнь брала под крыло,
Берегла и спасала,
Мне и вправду везло.
Только этого мало.

Листьев не обожгло,
Веток не обломало...
День промыт, как стекло,
Только этого мало.

* * *

Люблю глаза твои, мой друг,
С игрой их пламенно-чудесной,
Когда их приподымешь вдруг
И словно молнией небесной
Окинешь бегло целый круг...

Но есть сильней очарованья:
Глаза потупленные ниц,
В минуты страстного лобзанья,
И сквозь опущенных ресниц
Угрюмый, тусклый огнь желанья.

* * *

Меркнет зрение — сила моя,
Два незримых алмазных копья;
Глохнет слух, полный давнего грома
И дыхания отчего дома;
Жестких мышц ослабели узлы,
Как на пашне седые волы;
И не светятся больше ночами
Два крыла у меня за плечами.

Я свеча, я сгорел на пиру.
Соберите мой воск поутру,
И подскажет вам эта страница,
Как вам плакать и чем вам гордиться,
Как веселья последнюю треть
Раздарить и легко умереть,
И под сенью случайного крова
Загореться посмертно, как слово.

4ª edição dezembro de 2023 | **Fonte** ITC New Baskerville
Papel Creamy Chenming 68 g/m² | **Impressão e acabamento** Imprensa da Fé